推特总统

PRESIDENT
TWITTER

Trump and the First Amendment

特朗普与
第一修正案

赵娟◎著

上海三联书店

致敬生命、致敬思想

谁能够筑城垣，围得住杜鹃？（序）

言论自由是宪法、宪法学的永恒主题。

以保护言论自由为核心内容的宪法第一条修正案，是《美国联邦宪法》的标志性条款，历来为美国宪法研究的重中之重。言论自由在美国被特别强调，其价值和功能渗透到社会生活的方方面面，几乎成为美国制度的信仰和整个国家的信仰。2020年至2021年，伴随美国大选过程和结果异议爆发的媒体与总统矛盾，以特朗普总统意图废除《通信规范法》第230条的豁免规则以约束推特平台、推特平台封杀特朗普总统推特账户、卸任后的特朗普以言论自由被侵害为由起诉推特公司达到高潮。如果说，2016年特朗普能够当选总统，推特功不可没，那么，此次大选，推特几乎抛弃了特朗普，与之前的助力行为截然相反。这其中，推特新型言论方式和交流类型的重要性可见一斑，多少有些"得新媒体者得天下"的意思。推特与总统的"相爱相杀"，蕴含着言论自由的形式和内容以及由此产生的种种纷争、张力与紧张关系，也透露出数字技术时代言论自由的新样态、新障碍、新挑战。这样的因缘际会，为我们探讨第一修正案问题提供了契机。

本书即围绕推特与总统在第一修正案领域的宪法关系展开，力图解答、回应其中的言论自由难题。法学的研究总是慢于法律的实践，似是一种定则。当理论家还在构建自己逻辑体系的严密性的时候，实践却总是在逻辑最严密处撕开一个口子，呈现出不同寻常的样貌或规则常理外的异数。特朗普总统，这位美国历史上行事风格最特立独行的总统，不按常理出牌的路数，给言论自由这个宪法经典范畴提出了种种前所未有的时代话题。这也决定了在现有第一修正案理论框架之下回应的难度与风险。即便如此,从言论自由基本原理出发进行探讨,应是合适的,也是必需的。正所谓,万变不离其宗,法学的实践品格及其解说离不开基础支撑。

在研究中,本书努力从宪法视角和路径进行讨论,基于专业立场判断,但并不因此刻意拘囿思路。这部分是因为,这个主题超越了宪法和法律领域本身。事实上,思路的延展或扩充,有时是不自觉的过程,无法控制,也控制不住。"谁能够筑城垣,围得住杜鹃?"这句话正是思考状态的写照。其实,这何尝不是言论自由的真谛? 思想、观点、见解、意见……人类的一切精神产物或思考本身,都是难以束缚的。禁锢终是徒劳。

作为阶段性思考的成果,本书难免存在不足之处,敬请诸位读者朋友批评、指正。

目　　录

导言 推特、总统与宪法

这是一部专门研究第一修正案的理论著作。在展开具体探讨之前,有必要对几个基础性问题作出简要说明。

一、主题确定

本书以"推特总统:特朗普与第一修正案"为题,这里首先需要回答的是,为什么是"推特总统"? 为什么是"特朗普与第一修正案"?

"推特总统"作为一个名词,可以看作是特朗普(Donald J. Trump)总统的别称。[①] 特朗普总统以使用推特账户频发推文著称,举世皆知。"推特"二字概括了这位美国前总统的特别之处。或许,没有比"推特总统"更合适作为特朗普总统的标签了,当今世界恐无第二人可以担得起这个名号。绝对一点说,"推特总统"的可识别性、可识别度极强,不会指称特朗普之外的任何一个人。

不仅如此,"推特总统"作为一种具象,集中反映了时代、权力、言论、技术以及新的统治方式等一系列事物的表征。从"维基白宫"到"推特总统",是互联网时代,特别是数字媒体发展给政府权力带来的

---

① 给总统加上"特色头衔"是一种研究习惯。例如 Jack Goldsmith, *The Terror Presidency: Law and Judgment inside the Bush Administration*, W. W. Norton & Company, 2007。

变化。总统作为宪法机构行使宪法权力。特朗普总统对于推特账户的使用,呈现了数字技术时代新型权力形式。数字媒体是言论媒介,也是权力行使媒介。"推特总统"之说的时代性也正在于此。

最重要的是,"推特总统"作为一种状态描述,表达了推特和总统之间的关系。在宪法学视野下,推特平台与特朗普总统之间的宪法关系,主要集中在宪法第一修正案所保护的言论自由领域。总统拉黑推特评论区、推特关闭总统账号、总统以推特等社交媒体存在系统性偏见为由否定《通信规范法》第230条豁免立法、总统言论的形式及其空间,等等,都涉及第一修正案原理的不同侧面,是第一修正案研究的重要内容。因此,"推特总统"的具体化是"特朗普与第一修正案"。

推特与总统之间因言论自由而发生的宪法关系,是展开第一修正案研究的基础。与以往不同的是,此处附加了数字技术的背景,推特即是数字媒体的代表。在推特这个数字技术背景下,作为总统的特朗普与第一修正案之间的实质关系,是总统行为——尤其是推特技术形式下的言论及其相关活动——所蕴含的第一修正案意义。"特朗普与第一修正案"就是研究总统言行的第一修正案问题,更进一步看,研究主题是第一修正案,推特、总统这两个关键词及其相互关系,均服务于第一修正案这个主题。可以说,在今天,研究第一修正案问题而不讨论特朗普对于推特的利用,是不可想象的。而且,新技术手段、新民主样态、新政治分化等前所未有的因素,给言论自由司法裁判带来了难题和挑战;也使得言论自由之权力—权利格局的内在张力,较之于以往更加突出和加剧,是否会导致言论自由宪法关系的重构,即是一个司法回应的困局;尤其是,数字时代第一修正案领域急速扩张的趋势,还会持续多久、多远,以至于言论自由成了阻挡一切政府规制的宪法挡箭牌,对已有秩序构成潜在危害;等等,都是第一修正案的时代命题。因此,从"推特总统"到"特朗普与第一修正案",二者之间是由表及里的递进关系,"推特总统"的实质是"特朗普与第一修正案"。换言之,推特总统是主题的浓缩或提炼,特朗普与第一修正案是主题的舒展或构成。

值得一提的是,早在特朗普 2016 年总统大选胜利入主白宫之初,就有学者以"言论自由和推特总统"为题,[1]探讨了这位新总统与言论自由的关系。论文通过观察和分析特朗普在竞选过程中和新政府运作 6 个月的言论——主要是在推特账户上发表的推文,得出结论(也是预测):第一修正案会被攻击。不过,论文认为,这种攻击不会对第一修正案造成损害,权利的保守性质使得第一修正案不会被强拉着向后倒退。尤其是,第一修正案受到攻击,但未必不是一件好事,这"提醒我们,权利就像是肌肉,如果我们不再使用它们,它们就会萎缩"。[2] 言下之意,特朗普入主白宫对第一修正案的影响——负面影响,需要积极应对,也将激发人民对第一修正案的捍卫、运用和思考。这篇文章可以说是"神预言",四年任期届满特朗普作为总统离任,留下了关涉第一修正案的种种问题,无论是问题的数量、范围还是复杂程度都是前所未有的,这不能不说是一种"命定"。这也表明,选择特朗普与第一修正案作为主题,是立足当下,从实践出发研究第一修正案理论的恰当视角。

二、思路展开

在研究思路上,本书拟围绕主题,针对突出问题有次序地展开,特别聚焦于推特和总统之间言论自由宪法关系的"焦点""疑点"和"难点"。通过分析和处理一个个问题点,回应和探究它们之间内在关联和融会之处,以提炼见解和升华主题。

全书除导言、结论部分外,由七章构成。第一章"第一修正案(法)概要",阐述第一修正案案例法的基本体系;第二章"言论自由的推特时代",分析推特平台的表达功能、相关规制立法与司法实践以

---

[1] Neil Richards, *Free Speech and the Twitter Presidency*, 2017 U. ILL. L. REV. ONLINE [1] (2017).

[2] *Ibid*.

及言论自由难题;第三章"推特封号总统的宪法是非",探讨推特封号、总统命令、卸任总统起诉推特等行为的宪法问题;第四章"《通信规范法》第 230 条检视",回应围绕《通信规范法》第 230 条豁免规则的争议并分析该条款的未来走向;第五章"总统拉黑推特评论之诉",剖析代表性案件 Knight 案决定及其与公共论坛原理和政府言论原理的关联;第六章"总统的言论自由",讨论总统言论自由的一般性与特殊性;第七章"挑战—回应模式下的第一修正案",澄清数字技术时代第一修正案"变与不变"的内在机理。结论部分将整体归纳本书研究的核心观点和结论,分析言论自由的用途与滥用的情形及缘由,阐释作为美国宪法现象(也是社会现象)的"第一修正案主义"及其发展趋势。

第一修正案研究通常分为两大部分:一是第一修正案的言论自由研究,二是第一修正案的宗教自由研究。本书的内容属于前者。出于主题考虑和需要,本书将讨论的范围集中在言论自由问题,主要针对第一修正案的言论自由条款、新闻(出版)自由条款和集会请愿条款,除非特别必要,基本不涉及宗教信仰自由条款,并且将言论自由(freedom of speech)与表达自由(freedom of expression)两个名词在同一个意义上使用。关于案例名称,已有中文译名的,直接加以采用;尚无中文译名的,则使用原英文名称,或译成中文。研究中,拟采用规范分析与案例研究相结合的方法,充分运用一手英文案例、立法资料和理论文献,努力还原事实和规范并加以研讨。得益于数字技术时代信息传播的快捷优势,本书能够关注相关发展动态,实时跟踪、及时补充这一主题的最新信息和资料,尽可能准确呈现主题的样貌。

三、研究预期

"在适用宪法时,我们思考的不只是过去,更是未来"。[1] 宪法的

---

[1] Weems v. United States, 217 U. S. 349 (1910).

既然和未然，都是法官进行宪法解释和裁判时所必须考量的。[①] 与整体上宪法的与时俱进相一致，第一修正案也是历史和时代的聚合物。第一修正案的既然和未然，也必须被法官乃至全体法律专业人士所考量。在既然与未然之间，探究言论自由理论的贯通、演进和发展，把个中问题说清楚，则是学者的责任。

本书呈现的就是把问题说清楚的努力。在宽泛层面，第一修正案涉及国家信仰、标志，具有宏大叙事的背景和空间，但归根结底，第一修正案是宪法规范，在性质上属于法学论题，这就决定了必须从法学专业立场来讨论。这种专业立场，本质上就是要求研究者或研究本身必须就事论事。就事论事是视角，也是定力。这样的强调是有意义的，事实上所有法律理论研究都必须首先回到法律问题本身。即使是扩展，也需要有扩展的基础或起点。就像风筝，飞得再远，也离不开手中的线，一旦脱了线，风筝就成了"浮云"。因此，本书也是（或首先是）一种就事论事的努力。

当然，这不意味着，本书能够穷尽这一主题的所有专业问题，并给出至臻至善的完美答案。美国联邦最高法院斯托里大法官（Justice Story）曾在其著作的序言中写道："我没有这样的雄心壮志，创造宪法理论的任何新框架，或者通过巧妙的精明心机和博引旁搜的置疑，来扩大或缩小宪法的权力。如果我将宪法的奠基者和支持者关于宪法权力所主张的、政府的确实实践所确认和证明的真正观点成功地带给读者，我的目的就充分实现了。"[②]这也是本书所要明示的。必须承认，理论研究存在限度或难以企及之处。作为中文世界第一修正案研究的时代之作，本书力求的是为这一领域宪法理论的深化作出原创性贡献。如果读者能够领略到第一修正案的一系列时代命题及其在理论和实践层面的回应与解说，并从中获得启发和思考，即是本书之幸。

---

① See William J. Brennan Jr., *The Constitution of the United States: Contemporary Ratification*, 27 S. TEX. L. REV. 433 (1986).

② ［美］约瑟夫·斯托里：《美国宪法评注》，毛国权译，上海三联书店 2006 年版，全本序言，第 12 页。

第一章 第一修正案(法)概要

在美国宪法中,言论自由当属一项不可或缺的权利。宣布保护言论自由的第一条修正案,居于宪法文本的修正案之首。言论自由的探讨可以在不同层面展开,我们的研究重点是司法过程或者案例法意义上的言论自由。本章简要阐述第一修正案司法实践形成的言论自由诉讼规则体系,这个体系可以称作"第一修正案案例法"或"言论自由案例法",更简略的称谓是"第一修正案法"(law of the first amendment)或"言论自由法"(free speech law)。进一步看,司法过程中,第一修正案与第一修正案法有时可以在同一个意义上使用。司法语境下的第一修正案,就是第一修正案法,而非仅指宪法条文本身。即便如此,仍然有必要将文本规范作为探讨的起点。

一、宪法定位

《美国联邦宪法》(*The Constitution of the United States of America*)第一条修正案规定:"国会不得制定关于下列事项的法律:确立国教或禁止信教自由;剥夺言论自由或出版自由;或剥夺人民和平集会和向政府请愿申冤的权利。"根据权力分立原则和司法实践,第一修正案文本中的"国会不得"事实上已经扩展为"联邦政府、州政府及其所有分支不得",即政府(government)不得剥夺人民的言论自由,言论自由作为宪法权利约束所有公权力机构。所以,作为一般规则,言论自由是人民向政府主张的自由或权利。

　　尽管言论自由指向所有公权力,但是,不同权力分支所扮演的角色并不相同。美国宪法实施的一个基本定式是:宪法宣布、确认自由(或权利);立法限制自由;执法在具体行为中可能侵害自由;司法在个案中对于限制自由的立法、执法行为进行司法审查,判断立法和执法限制是否符合宪法。一般情况下,立法不会主动规定自由,它是宪法自由的限制者,而非自由的主动立法实施者。换言之,自由的最大敌人是立法机构或称立法政府。因此,言论自由问题基本上是法院司法裁判过程中对于第一修正案的解释问题,言论自由受到保护的范围和程度由司法确定。当然,理论上立法机构行使立法权力,针对言论进行立法规制(regulation),是不受司法干涉的。问题在于,这种立法,特别是针对言论内容的立法——对于言论内容的规制,存在被法院判断为违反宪法第一修正案的风险——当具体个人(或组织)在争诉中对立法提起合宪性挑战之时。因而立法机构在针对言论进行立法时,是需要首先审视合宪性的。

　　第一修正案明确要求国会"不得制定"剥夺言论自由之法,但是,立法往往会以各种理由限制言论自由,值得首要警惕,执法也会在执行限制言论之法时侵害言论自由,司法通过判断被诉的立法和执法行为是否侵犯言论自由,承担救济者之责。当然,司法机构本身也受到第一修正案约束——在裁判过程中实施宪法,不同案件的审理存在不同情形。但是,即使是民事案件,也不能出现"法院所运用的法律规则包含着宪法缺陷"之类的问题,[1]这就是针对司法机构的宪法要求。简而言之,立法、执法侵犯言论自由,司法对被侵犯的言论自由进行救济。如果说没有规定言论自由的宪法是不可想象的,那么,没有司法介入和救济,言论自由就是没有实际意义的。所以,用"宪法确认自由,立法和执法限制自由,司法救济自由"来概括也是适当

---

[1] New York Times Co. v. Sullivan, 376 U. S. 254 (1964).

的。对于言论自由而言,立法和执法存在侵犯的问题,法院一般不存在侵犯的问题,只存在保护程度问题。法院不是一个积极行动者,因为它处理的是人民针对政府的言论自由争诉,无争诉则无裁判,这里的政府通常是立法和执法政府。更有意思的是,言论是否受到宪法保护,基本上是法院说了算。即使法院没有说哪类言论受第一修正案保护——尚未在司法决定中加以判断,也并不意味着立法就可以对那类言论加以规制,立法一旦禁止或限制,就会面临违反宪法的风险,可能受到司法审查。在这个意义上,言论自由保护的司法主导性功能显现出来——被动但主导。这是立法和司法关系在言论自由领域的体现,之所以存在这样的情形,在于言论自由本身不是绝对的,就像所有的自由都不是绝对的。国会对言论进行规制的权力没有被绝对排除——国会可以规制,但是否构成第一修正案意义上禁止的"剥夺",则是由法院判断。从另外一个角度看,"剥夺"的衡量实际上是"限制或规制"的衡量。限制或规制,达不到剥夺的程度,即是合宪——没有违反第一修正案。

确实,法院被认为是填补宪法规范与保护现实之间缝隙的机构。如果说,美国宪法对于言论自由的保护规格是很多其他宪法体制所不可比拟的,在美国,作为一个宪法问题,言论自由的价值要高于其他自由的价值,比如平等和隐私,因而言论自由受到保护的程度要高于其他的宪法权利,那么,法院,特别是联邦最高法院,功不可没。有学者断言,在第一修正案领域,所谓法官们"自由—保守"的分裂——不时在其他领域发生的情形,通常是不存在的。法院作为一个机构系统,表现出对言论自由进行宪法保护的强烈责任感和坚定承诺。第一修正案案件中法院成员之间出现的分歧,一般不是意识形态上的,只是在将哪些规则适用于某个特定案件即如何适用第一修正案法处理具体争诉上存在不同意见。[①] 这种情形

---

① See Robert A. Sedler, *Property and Speech*, 21 Wash. U. J. L. & POL'y 123 (2006).

也发生在不同法院之间,经常的情况是,基本相同的案件事实,不同的法院——可能是联邦系统的上诉法院和地区法院,也可能是州系统的法院——裁判的结果不同,原因在于对于案件涉及的第一修正案问题的定性和归类不同,适用的原则或原理就不同,裁判结果自然不同。① 在程序和结果上,以联邦最高法院的裁判为最终裁判。联邦最高法院是司法权行使的终点,因为在救济程序上已经"诉无可诉",自然也就以联邦最高法院对于案件的言论自由问题性质的认定和原理的适用为标准。

与言论自由宪法实施模式相对应,学术研究离不开司法实践,这也决定了所有的第一修正案研究都不可能撇开案例来谈理论。不仅如此,案例本身给言论自由研究提供了丰富的实证素材——实质是法院对于第一修正案的理解,体现在具体案件的决定中。学术研究和司法实践之间存在一种良性的互动关系,当然,研究的视角各不相同,理论家通常偏重于抽象价值探讨,更加的形而上;法律家则注重案件判决的各个要素,更加的形而下。即便是形而上的探讨,也离不开案例的支持,抽象的价值问题需要通过案例来阐释。离开司法实践去研究言论自由或美国宪法,是不可想象的。"宪法研究,至少部分是关于联邦最高法院在美国宪法体制中的角色和功能的研究"。② 不夸张地说,第一修正案研究文献汗牛充栋,正是显示了言论自由司法实践的多姿多彩。

在诸多关于第一修正案的学术成果中,宪法学教授赛德勒(Robert A. Sedler)的研究独树一帜,他从宪法诉讼的真实世界切入,结合亲自参加庭诉的实务经验,通过梳理和提炼联邦最高法院言

---

① 比如,2018 年 9 月至 2019 年 2 月,前后相隔 5 个月,北卡罗来纳州上诉法院(由不同法官组成的审判团体),对两个相似案件得出了不同裁判结论。前一个案件否定了第一修正案保护,后一个案件则肯定第一修正案保护。参见 Nathan W. Wilson, *Frog Eyes and Pig Butts*: *The North Carolina Stalking Statute's Constitutional Dilemma and How to Remedy It*, 99 N. C. L. REV. 479 (2021)。

② Robert A. Sedler, *Constitutional Law Casebooks*: *A View from the Podium*, 79 MICH. L. REV. 1020 (1981).

论自由案件的结论和依据，归纳出系统性的第一修正案法。[①] 这一研究为我们理解和把握第一修正案的文本内涵、实践意义提供了清晰的思路和方法，本章对于"分析基础"和"规则谱系"的探讨，即主要参考了赛德勒教授的相关著述，希望给读者一个概要性认识——初步搭建起诉讼实践中的第一修正案规则结构或言论自由司法框架。

二、分析基础

对于第一修正案分析而言，需要首先弄清楚两个基础性的问题，一是明确言论自由的范围，二是明确言论自由的理论。

（一）范围

第一修正案的文字表述非常明确、绝对、肯定，但是，跟其他所有的宪法权利一样，言论自由并不绝对，都是有限度的权利。因此，什么构成言论，又进而构成第一修正案所保护的言论，言论自由的范围有多大，言论自由之宪法保障的目的又是什么，宪法保护的言论自由的边界在哪里，等等，都需要法院来认识和判断。可以说，在不同的案件，在不同的时期，法院对这个问题的回答并不是一致的。几乎在每个时代，法院都必须面对既旧又新的难题，法院中不同法官之间的观点交锋，实际上是社会交流和争论或社会辩论的延续。此时，显示的是一种内外的对话，内部是法官们对于言论自由的交流，外部是法院裁判对于社会的影响，以及社会对于法院裁判的反应。与其他不少敏感的宪法权利一样，言论自由案件的判决总会引起社会反响和争论，或多或少，法院会成为争议的中心。这种情势，是言论自由在

[①] See Robert A. Sedler, *The First Amendment in Litigation: The Law of the First Amendment*, 48 Wash. & LEE L. REV. 457 (1991); Robert A. Sedler, *The Settled Nature of American Constitutional Law*, 48 Wayne L. REV. 173 (2002); Robert A. Sedler, *The Law of the First Amendment Revisited*, 58 WAYNE L. REV. 1003 (2013).

整个社会的重要程度的显示。第一修正案堪为美国宪法的标杆——言论自由标志着宪法的性质,言论自由受到保护的程度,反映了政府权力的样态和个人权利的风貌,以及宪法对于社会变迁的回应状况。

既然言论自由的权利并非绝对,那么,在范围上即意味着,不是所有的言论或涉及言论和作品的行为都会构成第一修正案意义上的表达自由。在司法实践中,第一修正案分析不适用于某些言论和某些类型的涉及言论或作品的行为,这些言论和行为大致有以下四类。

1. 非法言语行为(unlawful verbal acts)[①]

某些犯罪的事实,比如伪证、贿赂、非法教唆,都是通过言语的手段或方式来完成的,这并不能使得它们的刑事犯罪性质减弱。对这些犯罪的惩罚,不会被第一修正案所限制。某种行为,政府认定是非法的,不能仅仅因为是通过言论或作品的方式来实施的,就终止对于非法的认定(或就变得不是非法的了)。这些行为都可以用"非法言语行为"来指代。除某些刑事犯罪之外,"非法言语行为"还包括通过言语或作品进行的歧视,这里禁止的是歧视行为,实施歧视行为的方式与宪法目的无关。此外,一个人对另外一个人发出的"挑衅言辞"(Fighting Words),不受第一修正案保护。第一修正案也不保护诸如"在拥挤的剧院高声谎报失火"的行为,政府可以合宪地禁止任何人试图以这种方式引起恐慌。

然而,不受保护的"言语行为"(verbal act)一词,仅仅适用于非法的、不涉及观点的表达或事关公共利益主题讨论的行为。政府不能因为某些表达的所谓危害或某些讨论被认为会对个体或公众造成伤害,就简单地把某个特定观点的表达或关涉特定公共利益事项的讨论归为"非法",以回避第一修正案的约束。因此,非法的"言语行为",不能被援引用来将所谓的有害表达排除出第一修正案的保护。政府对由表达引起的伤害所强加的侵权责任,必须根据第一修正案

[①] See Robert A. Sedler, *The Law of the First Amendment Revisited*, 58 WAYNE L. REV. 1003 (2013).

法证明是合理的。

2. 淫秽（obscenity）[1]

"淫秽"指淫秽表达，主要包括言辞和行为。在一般意义上，有关性行为描写的书籍、杂志、电影、电视或互联网作品，受到第一修正案的保护，政府不能禁止那些它认为"不道德"或"侮辱女性"的色情表达。但是，联邦最高法院已经将"淫秽"从这类色情表达中排除出来，理由是淫秽"完全不具有维护社会的重要性"，第一修正案的制定者并没有意图要把它包括在保护范围之内。出于这些目的，淫秽的定义非常狭窄。对淫秽的宪法检测清楚地表明：含有描述和描绘性行为的严肃的书籍、电影、其他作品，即使是以非常形象逼真的方式进行描述，也完全受到第一修正案的保护。

因为第一修正案并不保护淫秽，政府可以合宪地禁止淫秽的传播（给希望得到这类言论的人），并且可获得禁止此类传播的禁令（injunction）。然而，为了防止由于政府压制不受宪法保护的淫秽作品，而造成对传播受宪法保护的色情作品产生寒蝉效应，第一修正案要求政府确定程序，将这种可能的寒蝉效应降低到最小程度，并且确保不会对受宪法保护的色情作品造成实际的压制。最重要的宪法要求程序是，法院通过由政府发起的对抗性诉讼过程对淫秽作出司法裁定之前，政府不得预先禁止涉嫌淫秽的作品传播。

3. 儿童色情（child pornography）[2]

儿童色情是指有儿童参与的性行为描写的作品，比如以图片、电影、视频或互联网形式出现的作品。因为，政府有理由认为，有儿童参与的性行为描写，会对迫使参与到这类活动中的儿童造成严重的伤害，阻止这种伤害的政府利益，构成了一个超级重要的政府目标。基于这一理由，法院已经判决，儿童色情不包含在第一修正案所保护

---

[1] See Robert A. Sedler, *The Law of the First Amendment Revisited*, 58 WAYNE L. REV. 1003 (2013).

[2] *Ibid*.

的言论自由的范围之内,政府可以禁止儿童色情的传播,不需要考虑这些作品其本身在法律上是不是淫秽的。因为儿童色情不受保护的性质,是基于它对儿童造成的伤害,因此,政府不得合宪地禁止并不涉及真实儿童的儿童性行为描述,比如利用看上去像儿童的成人完成的色情作品,或利用计算机图像生成技术而制作的虚拟儿童色情作品。

4. 政府言论(government speech)[1]

第一修正案并不适用于政府自身的言论。当政府选择说话或发言之时,它可以选择传播它想要传播的内容和信息,在任何方面,该信息的传递均不受第一修正案法的约束。因此,政府可以利用其基金或公有财产去传播其想传播的信息。同样的,第一修正案允许政府对政府资金的接受者施加条件,或者推进与政府政策目标相关的利益。在第一修正案不适用于政府自身言论方面,通常而言公众没有第一修正案的权利去获得政府占有的信息。政府可以拒绝披露其自身控制的信息,也可以拒绝公众进入或使用政府设施。不过,法院已经判决,公众享有进入刑事审判和刑事诉讼所有阶段的第一修正案权利。

(二) 理论

这里的"理论",可以理解为第一修正案价值或功能的司法认识和总结。在广义上,本章讨论的第一修正案的宪法规范定位、分析基础、规则谱系、"言论"和"自由"以及后面几章的探讨内容,都可以被作为第一修正案理论来对待;此处的理论是狭义上的,特指专门解说为什么宪法保护表达以对抗政府滥用权力的理论或阐释第一修正案意义的理论。[2] 按照赛德勒教授的理解,这个理论是联邦最高法院发

---

[1] See Robert A. Sedler, *The Law of the First Amendment Revisited*, 58 WAYNE L. REV. 1003 (2013).

[2] 第一修正案理论是言论自由研究领域的核心主题之一,学说众多。参见 Alexander Tsesis, *Balancing Free Speech*, 96 B. U. L. REV. 1 (2016)。

展出的思想的自由市场理论(The Marketplace of Ideas),简称思想市场理论。[1]

思想市场理论的提出者是霍姆斯大法官(Justice Holmes)。在1919年"抵制征兵第四案"中,[2]霍姆斯发表了最著名的反对意见:"在我看来,对表达见解实行迫害是完全符合逻辑的。如果你对自己的假定和权力不加怀疑,并一心想达到某种结果,你自然会把自己的意愿表达在法律之中,并扫除一切反对障碍。允许反对言论似乎表明你认为其言论无足轻重——就像有人说他能够化圆为方,或你怀疑自己的权力和假设。但一旦人们理解时间曾推翻过一度富有战斗力的许多信念,他们终于坚信:他们所期望的至善,最好通过思想的自由交流获得;对真理的最佳检验,在于思想在市场竞争中获得接受的力量,并且这项真理是其愿望得以实现的唯一基础。无论如何,这是我们的宪法理论;它是一场试验,正如任何生活都是一场试验。每年每月,我们都必须把命运押在对未来的预见之上,而这种预见必然基于不完善的知识。"[3]在之后的一系列案件中,联邦最高法院运用思想市场理论并不断发展之,牢固确立了其作为第一修正案理论的地位,第一修正案司法运行在思想市场理论的框架下展开。

按照这个理论,第一修正案的价值和功能是确保所有的思想进入到思想市场,相互竞争,寻求赢得作为整体公众的接受。这意味着,根据第一修正案,不存在像错误思想之类的问题,政府不能把它认为的错误思想排除出市场,如果有人散布在我们看来是"坏"的言论,比如拥护种族主义之类的言论,那么,处理的方法是"更多的言论,不是强制沉默"。思想市场理论是最重要的第一修正案原则——内容中立原则——的基础。根据内容中立原则,政府不得因为表达的内容而宣布禁止表达。另外,如果一个合法的规制对于不同类型

---

[1] See Robert A. Sedler, *The Law of the First Amendment Revisited*, 58 WAYNE L. REV. 1003 (2013).

[2] Abrams v. United States, 250 U. S. 616 (1919).

[3] 译文引自张千帆:《美国联邦宪法》,法律出版社2011年版,第358页。

的表达因为它们的内容而区别对待——因为表达的内容而对不同类型的表达区别对待,也违反第一修正案。这就意味着,根据第一修正案,不存在"坏思想"之说,所有的思想,"好的和坏的",必须能够在思想市场上竞争;对于那些绝大多数人认为是"坏言论"的补救办法,必须是更多的言论,而不是强迫沉默。[①]"如果说第一修正案之下存在一个基本原理,那么就是政府不得禁止观点的表达,仅仅因为社会发现这种想法本身令人反感或不愉快"。[②] 在操作层面,思想市场理论只表明:所有思想有权进入到市场并与其他思想进行竞争。这一理论存在内置不平等,因为它不允许政府去调控市场,以保证每一种思想都可以公平地和其他每一种思想竞争。思想市场被设计为保证进入,不是进入的平等。如果政府努力规制市场以实现市场的平等竞争,则违反第一修正案。正是基于这个原因,竞选资金规制试图平等化——国会竞选资金立法规制试图对接受公共资金的候选人与自筹资金的候选人,规定同等的资金供给,是违反第一修正案的。[③]

在实质上,思想市场理论是对美国民主制度运作的回应。因此,也可以从广泛的意义上将思想市场理论理解为言论自由的民主理论,体现了民主价值。言论自由不仅关涉自我表达即个人的表达实现,也是民主制度或民主政治的基础,因而是兼具个人和体制的权利。在个人层面,言论自由是保障自我实现的手段;在体制层面,言论自由是政府自治的前提。关于言论自由价值的讨论,存在很多学说。其中,一种经典思路是将言论自由的价值归为对于个人和对于体制两个方面,如上所述,言论自由是个人自我实现的手段,也是制度的保障。[④] 另一种现代思路则强调:对于民主政治和非民主政治,

---

① See Robert A. Sedler, *The Law of the First Amendment Revisited*, 58 WAYNE L. REV. 1003 (2013).

② Texas v. Johnson, 491 U. S. 397 (1989).

③ See Robert A. Sedler, *The Law of the First Amendment Revisited*, 58 WAYNE L. REV. 1003 (2013).

④ See Thomas I. Emerson, *Toward a General Theory of the First Amendment*, 72 YALE L. J. 877 (1963).

言论自由都具有价值。在前者，言论自由是民主制度的保障；在后者，在其他领域言论自由也有价值。比如，珀斯特(Robert C. Post)教授认为，在民主政治之外，言论自由也有重要价值和功能，尤其是，"处理委托人/代理人关系问题的信息流通对社会的有效管理至关重要；社会财富的产生需要实现市场效率的必要信息；同样，如果一个社会想增加它的智力资源和把握新情况，就不能缺少知识的必要信息流通。而法律的存在，就是为了推动和保护为实现这三个功能的必要信息流通。"[1]尽管言论自由的价值可以在更广泛的空间和领域去认识和研究，但是其对于民主政治的价值被认为是最为基础和最为重要的。这也可以解释，为什么在整体上政治言论(Political Speech)受到保护的程度是最高的，几乎被认为处于受到"绝对保护"的地位。[2]

　　总结上面的讨论，可以说范围与理论是两个方向不一样的分析基础：范围，是在做减法——言论自由并不是第一修正案文字本身("国会不得")命令(command)得那样绝对，有些虽然是言论，但是不在第一修正案的保护当中。若法院并没有在案件决定中宣布某种言论不在第一修正案的范围之内，那么，就是受到保护的。因此，第一修正案采用的是"保护推定"和"不保护例外"。作为不保护的例外，可以看作是对第一修正案"打折"，问题的关键在于，这个"折"必须是由法院来打，类型、幅度、数量等，由司法判断；理论，是在做加法——言论自由的这种价值足以使得"自由"成为绝对必要的权利，只要满足理论，都可能被认为是受到保护的，不会被排除出第一修正案的保护范围。前者即范围强调"言论"，后者即理论强调"自由"，二者密切关联，满足理论的言论，很少不是受到保护的言论；被排除的"言论"，亦无所谓"自由"。范围和理论的关联意义还表现在：在范围上，之所以将几乎所有言论都纳入第一修正案保护之中，只排除极少数或类

---

① [美]罗伯特·C. 珀斯特：《论信息流通》，桂舒、赵娟译，《北大法律评论》2008 年第 9 卷第 1 辑。

② See Alexander Meiklejohn, *The First Amendment is an Absolute*, 1961 Sup. CT. REV. 245 (1961).

型的言论,就在于言论或思想的真理性或谬误性不可以被政府所判断或指定。相反,思想的生命力取决于在思想的市场竞争中的力量,因而第一修正案向所有言论或思想开放;从理论的角度看,只有将几乎所有言论都纳入第一修正案的保护之中,思想市场才具有竞争的基础——相当于样本的足够多样和丰富,才有充分的活力,不至于被少数的思想所垄断或控制。

三、规则谱系

明确了范围和理论之后,在诉讼过程,第一修正案分析依靠实践中的司法规则或审查标准,即联邦最高法院在经年累月的案件审理中形成的裁判第一修正案问题的规则。通常的情况是,当面对一个言论自由案件的时候,法院要做的工作就是"确认和适用"(identification and application)——运用规则辨析争诉的性质和类型、将对应的规则适用到案件的裁判中去。在这个意义上,掌握了规则,即解决了争诉。[1] 这多少有点类似于"对号入座式"或"自动售货机式"的运作——输入案件→输入规则→导出裁判结果,规则就像是一个"基本法律工具包"(a basic legal toolkit)。虽然这样的认识有过于简单之嫌,但或许离实际并不太远。这些司法实践规则,形成了一个具有内在关联的第一修正案规则谱系或体系。根据赛德勒教授的总结,这个规则体系主要由联邦最高法院在第一修正案案件决定过程发展出来的概念、原则、具体原理、特殊先例组成。[2]

(一) 概念

寒蝉效应概念(The Chilling Effect Concept,或译作冷却效应概

---

① See Robert A. Sedler, *The Law of the First Amendment Revisited*, 58 WAYNE L. REV. 1003 (2013).

② *Ibid*.

念、泼冷水效应概念），是第一修正案规则中基本且普遍的概念。

这一概念的含义是，如果政府对于言论的规制，使得发言者（speaker）由于畏惧其言论所面临的严重法律后果而选择不发表或不充分发表言论，那么政府规制就产生了寒蝉效应，就是违反宪法的。第一修正案规则最初就是为了应对政府压制异议和不受欢迎的思想而发展起来的，所以，法院一直关注政府针对表达的法律和行为规制或法律实施所产生的寒蝉效应。这个概念是过度包含原理和纽约时报规则的基础，而且，对表达产生严重的寒蝉效应的可能性，是认定政府表达规制行为无效（不合法）的分析基础。正因为如此，寒蝉效应概念遍布于整个第一修正案诉讼中。对于可能产生的严重的寒蝉效应的关注，会极大影响法院在特定第一修正案案件中的决定。在司法实践中，寒蝉效应几乎是所有言论自由案件涉及的概念，有时也被称作寒蝉效应原理，不完全排除其被直接作为认定政府规制言论违宪的根据的可能。问题的另外一个认识角度是：当很难找到一个确定的原则或者原理加以适用的时候，概念和理论是能够拿来用的，因而成为分析言论自由问题不可或缺的工具或依据。总之，这个概念不是抽象的、孤立的存在。①

就裁判根据而言，单纯依靠概念，通常不能直接得出结论，但对寒蝉效应的认定，是衡量政府规制对于言论自由施加负担的重要方法。当然，有没有或会不会产生寒蝉效应、产生多大程度的寒蝉效应，仍然存在讨论的空间。但是，就常识而论，寒蝉效应是容易被辨识和辨析的。比如，一旦当人们知道说错了话要承担严重的法律后果，特别是巨额赔偿责任，那么，这样的负担足以让人噤声，不敢说话。这是对政府规制言论的结果——效果——的判断，足以否定规制的合宪性。人的趋利避害，是一种理性选择，本身无所谓对错；是法律，包括立法或者司法决定，可能对人的行为的激励——导引——

---

① See Robert A. Sedler, *The Law of the First Amendment Revisited*, 58 WAYNE L. REV. 1003 (2013).

做或不做,完全不同。因此,这个概念本身也存在理性人假定或标准问题。①

(二) 原则

第一修正案原则(First Amendment Principle),是言论自由司法实践总结出来的一般性准则或定律,以适用于裁判过程,主要包括内容中立、严格适合、保护冒犯言论、不发言权利。这些原则具有独立意义,它们的适用可以决定特定案件的结果,即,原则可以作为直接得出判决结论的根据,既是分析基础又是裁判根据;它们也可以被吸收到具体原理中,这时它们就会成为那个原理的重要组成部分。简言之,裁判过程可能同时存在原则和原理的运用。②

1. 内容中立(中性)原则(The Content Neutrality Principle)

在实际诉讼中的适用性上,内容中立原则是最重要的第一修正案原则。根据这个原则,政府不得因为内容禁止任何表达。一个在其他方面合法有效的规制,如果其根据内容歧视不同类型的表达,那么,就是违反第一修正案的。内容中立原则包含两个方面:观点的中立和分类的中立。根据该原则的观点中立这一层次——对此联邦最高法院没有承认任何例外,政府不能以支持或赞同一种观点的方式来规制表达;根据该原则的分类中立这个层次——对此联邦最高法院仅仅承认了有限的例外,政府通常不得以歧视不同类型表达的方式进行规制。

2. 严格适合原则(The Narrow Specificity Principle)

严格适合原则,或称狭义特定性原则,反映了法院对于任何言论规制所进行的更严格的审查标准,规制不能超过可以促进所声称的政府利益的必要限度。正如联邦最高法院指出的,因为第一修正案

---

① See Harry Kalven Jr. , *The Reasonable Man and the First Amendment*：*Hill*，*Butts*，*and Walker*，1967 Sup. CT. REV. 267 (1967).

② See Robert A. Sedler，*The Law of the First Amendment Revisited*，58 WAYNE L. REV. 1003 (2013).下面四个原则的内容根据此文概括。

的言论自由需要宽泛的呼吸空间,政府在这个领域仅可以进行严格适合的规制。所以,任何规制都会面临挑战——当其损及范围超过了促进其声称的政府利益的必要限度。根据这一原则,对于表达活动的绝对禁止常常被认定为违反宪法,因为,所声称的政府利益,可以采用比绝对禁止更小损害的手段或方式来促进。

3. 保护冒犯(性)言论(The Protection of Offensive Speech)

根据这项原则,政府不能因为思想本身或其方式对许多人来说是非常令人厌恶的,就限制某种思想的表达。因此,任何时候政府试图以令人厌恶为理由来证明限制的正当性,都是不能成立的。

4. 不发表言论的权利(The Right to Refrain from Speaking)

联邦最高法院判决,第一修正案保护不发表言论的权利,简称不发言权利。共有两个层面:一是第一修正案一般禁止政府强行要求披露个人的信仰或结社信息。比如,第一修正案禁止州政府假借测定"性格和健康"之名,调查律师资格申请者的政治信仰和结社信息;二是包括不与特定思想发生关联的权利。这意味着政府不能强迫一个人表达他不同意的观点,禁止政府强迫公立学校的学生向美国国旗致敬,或强制一个人在其汽车上展示其不认同的某种意识形态的车牌。

(三) 具体原理

具体的第一修正案原理(Specific First Amendment Doctrines),简称具体原理。此处的 Doctrines(原理)一词,也译作学说或教义。原理与上述原则的关系是,有时原理和原则不可分,原理可能更复杂一些,原则更直接一些,在分析的内容的繁简程度上不一样,原理反映的是在言论自由案件裁判中提炼出来的具有普遍意义的规律或规则。也可以这样来理解:原理跟原则没有性质上的差异,属于原则的具体化或特别化,是言论自由规制的合宪性判断的特别司法学说,比原则更加繁复。不仅如此,这些学说,与概念、原则以及理论都存在关联性,或是概念、原则的体系化发展,或是概念、原则在特定事实上的运用,或者是其他情形。

许多具体的第一修正案原理产生于联邦最高法院在第一修正案案件中的决定,反映了法院平衡表达自由的利益与其他的社会利益的努力。有些原理,比如过宽范围原理,适用于任何表达规制行为,其他的一些原理被用于处理特定种类的表达的规制。一旦一个具体原理对于一个被挑战的表达规制是适用的,那么,这个原理的适用就决定了规制的合宪性。[①]

1. 过宽范围原理(The Overbreadth Doctrine)

过宽范围(或过分宽泛)原理,也称"表面违法或明显违法"原理,来源于寒蝉效应概念。其要义是:为了阻止因规制言论或适用于表达行为的范围过宽和意思含糊的立法及其施行所产生的寒蝉效应,这种立法可以因它们表面的实质性过宽范围或者模糊而被挑战,无须考虑挑战法律的当事人的行为本身是否受到宪法保护。过宽范围原理在实践中非常重要,不仅因为它允许法律因为表面而被判无效,不需要考虑挑战立法的当事人的行为本身是不是受到宪法的保护,而且因为宪法分析不能超过法律条款本身。一旦一部法律因为其范围过宽而被判无效,它就真正不存在了,不能针对任何人在任何情况下被执行。在适用过宽范围原理时,法院必须查看法律条款,必须决定:法律条款是否包括了,或者可以合理地被解释为包括了大量的受到保护的言论。法律条款的范围越广或越笼统,就越有可能把受保护的言论归入了禁止的范围,就越有可能因其表面范围过宽被判定无效。[②]

2. 事前限制原理(The Prior Restraint Doctrine)

事前限制与事后追惩,是限制言论自由的两种方式。不同于事后追惩,事前限制是指政府预先禁止表达,被认为是对言论自由更严

① See Robert A. Sedler, *The Law of the First Amendment Revisited*, 58 WAYNE L. REV. 1003 (2013).

② *Ibid*.

重的损害,因为它对信息(特别是公共信息)的自由交流制造障碍,导致表达上的寒蝉效应。根据事前限制原理,政府寻求以任何方式实现预先禁止表达的目的或目标,都是违反第一修正案的。即事前限制适用"违宪推定"(the presumption of unconstitutionality),第一修正案禁止事前限制,除非政府能充分举证以证明预先禁止表达是正当的。从裁判实践来看,法院基本否定事前限制的合宪性,只在个别涉及国家安全、公正审判的案件中,事前限制的合宪性被例外地维持。①

3. 清楚和现存危险原理(The Clear and Present Danger Doctrine)

清楚和现存危险原理,也称作清楚与现存危险检测(clear-and-present-danger test),是检验政府是否可以合宪地禁止倡议非法行为的言论的标准,允许政府为了防止(言论)对政府合法保护的利益造成紧急的和严重的危险,限制第一修正案的言论自由。即对言论自由的限制须为政府防止立即发生严重危险之必要。这一原理诞生于第一次世界大战期间,由霍姆斯大法官在 1919 年的"抵制征兵第一案"中首次提出,②其后被运用于一些所谓"红色威胁案件"(The Red Scare Cases)的裁判中,③直至 1969 年"勃兰登堡案"被重构。④ 整体上,法院对这一检测的适用呈现出从"宽松把握和解释"到"严格把握和解释"的趋势,即对于"清楚与现存危险"的判断由容易满足这一检测到难以通过这一检测,因而实现对倡议非法行为的言论提供更有力的宪法保护。表现在,初期承认政府可以合宪地禁止诸如倡议暴力推翻政府之类的言论,宽松地维持针对某些激进革命

---

① See United States v. Progressive, Inc. , 467 F. Supp. 990 (W. D. Wis.); Gentile v. State Bar of Nevada, 501 U. S. 1030 (1991).

② Schenck v. United States, 249 U. S. 47 (1919).

③ See Gitlow v. New York, 268 U. S. 652 (1925); Whitney v. California, 274 U. S. 357 (1927).

④ Brandenburg v. Ohio, 395 U. S. 444 (1969).

思想的立法的合宪性；目前严格把握这一检测，判决倡议非法行为的言论受宪法保护，把不保护的情形严格限定在：这类言论的目的是煽动即刻发生的违法行为和可能煽动或产生违法行为。

4. 纽约时报规则(The New York Times Rule)

纽约时报规则，是关于政府官员和公共人物提出的诽谤诉讼和其他个人侵权诉讼的严格条件规则，形成于"纽约时报案"决定，[①]由"寒蝉效应概念"衍生而来。为了避免给有关公共利益主题的讨论带来寒蝉效应，纽约时报规则规定，有关公共官员或公共人物的虚假事实陈述不能被施加赔偿之责，除非原告能够令人信服地清楚证明被告具有"实际恶意"(Actual Malice)，即被告明知陈述是错误的或毫不在意地漠视陈述的真假。纽约时报规则还被适用于有关侵犯隐私权的诉讼和有关精神损害惩罚诉讼。纽约时报规则使媒体组织免于承担诽谤责任，反映了法院的判断：有关公共事务主题的信息广泛传播的公共利益，超过对于个人声誉和隐私利益的伤害。[②]

5. 商业言论原理(The Commercial Speech Doctrine)

商业言论(Commercial Speech)是指经营者为了获取交易机会而提议进行商业交易的言论，主要表现为有关产品或服务的任何形式的营利性或商业性广告。联邦最高法院已经通过判例，将商业言论纳入到了第一修正案所保护的言论自由之中，由此形成的商业言论原理，即为衡量政府对商业言论的规制是否合宪的根据。商业言论原理产生于1980年"哈德逊中游广告案"决定，[③]由"哈德逊中游广告检测"构成。这一检测要求四步分析法(four-part analysis)：(1)决定表达是否为第一修正案所保护，受到宪法保护的商业言论，必须有关合法行为，并且不带误导性；(2)政府主张规制商业言论的利益是

---

① New York Times Co. v. Sullivan, 376 U. S. 254 (1964).

② See Robert A. Sedler, *The Law of the First Amendment Revisited*, 58 WAYNE L. REV. 1003 (2013).

③ Central Hudson Gas & Electric Corporation v. Public Service Commission, 447 U. S. 557 (1980).

否是显著的；(3)规制是否直接促进所主张的政府利益；(4)规制对于实现这一利益是否必要。

6. 象征性言论原理(The Symbolic Speech Doctrine)

象征性言论原理起源于 1968 年的"焚烧征兵登记卡案",[1]在 1969 年"校禁黑色臂带案"、1989 年"焚烧国旗第一案"、1990 年"焚烧国旗第二案"等案件中被适用。[2] 根据这一原理,跟言语表达类似,如果某些非言语行为(non-verbal activity)表达观点,构成非言语言论(non-verbal speech)或表达式行为(expressive conduct),即属于象征性言论,受到言论自由的保护,政府对此规制必须经过合宪性检验。按照"焚烧征兵登记卡案"决定,政府可以限制非言语言论,如果政府行为满足四个要求:(1)在其宪法权力范围内;(2)与重要的或实质性的政府利益相关;(3)与对表达的压制无关;(4)为促进该政府利益所必要。这一审查标准意味着,只要言论规制与促进显著重要的政府利益严格适合,行为在其宪法权力范围内且无关压制言论,政府对非言语言论的限制就会得到法院的维持。当法院将这个标准应用于时间、地点或方式规制时,法院把这一标准变成三步检测,要求规制:(1)是内容中立的;(2)是严格适合于重要的显著的政府利益的;(3)是留下了开放的足够替代的交流通道的。[3]

7. 公共论坛原理(The Public Forum Doctrine)

公共论坛,是指政府负有宪法职责使之用于言论的政府财产。[4] 公共论坛原理是衡量政府限制政府财产上的表达的合宪性标准,鉴于表达发生在政府财产的特殊性,宪法允许政府可以对某些政

---

① United States v. O'Brien, 391 U. S. 367 (1968).

② Tinker v. Des Moines Independent Community School District, 393 U. S. 503 (1969); Texas v. Johnson, 491 U. S. 397 (1989); United States v. Eichman, 496 U. S. 310 (1990).

③ See John E. Nowak, Ronald D. Rotunda, *Principles of Constitutional Law* (Third Edition), Thomson/West Co., 2007, pp. 727 - 729.

④ See Erwin Chemerinsky, *Constitutional Law* (Second Edition), Aspen Publishers, 2005, p. 1348.

府财产上的表达施加限制,或者限制公众为了表达目的进入政府财产。据此,要满足第一修正案的要求,政府对于公共论坛的表达的规制必须是内容中立的,仅可以针对表达的时间、地点、方式,而时间地点方式规制,必须满足目的和手段上的要求:服务于重要的政府利益、留下公开充分的替代交流渠道。

公共论坛分析(或论坛分析)的关键在于,政府财产何时是或是否构成公共论坛,即公众何时可以为了交流的目的而使用政府财产,由此导致政府规制行为合宪性判断上的差异。假如财产构成公共论坛,则政府必须将财产开放给公众用于表达目的,且政府只能对表达的时间、地点、方式施加合理限制。联邦最高法院的判例显示,构成公共论坛主要包括构成传统(的)公共论坛(traditional public forum)和构成(被)指定(的)公共论坛(designated public forum),前者是指传统上被用于公众表达的政府财产,比如公共街道、公园;后者指不属于传统公共论坛的其他政府财产,若政府开放为公众表达所用,则成为指定公共论坛。传统公共论坛、指定公共论坛适用同样的论坛分析。

当政府财产属于非公共论坛(non-public forum),即绝大部分不被指定用于公共表达的政府财产,政府规制则享有较大的自由度。政府可以对进入非公共论坛的表达施加类型限制,只要限制与政府财产的使用目的合理相关;此外,为了保持财产的预期用途目的,政府可以禁止任何与特定时间特定地点的正常活动不相容的表达活动。这意味着,政府只能施以合理的限制,以防止干扰特定时间特定地点的正常活动,不可宣布非公共论坛禁止为表达目的而开放(不准许表达)。[①]

(四) 特殊先例

特殊先例,即第一修正案活动的特定领域的先例(Precedents in

[①] See Robert A. Sedler, *The Law of the First Amendment Revisited*, 58 WAYNE L. REV. 1003 (2013).

Particular Areas of First A mendment Activity)。在实践中,有些第一修正案案件的结果,受制于特殊先例的适用。这里所说的特殊先例,一般指那些在分析中不涉及或至少不直接涉及上述第一修正案原则和原理的先例。鉴于这些先例主要是针对特殊的言论活动或特殊领域的表达,其裁判因素或根据具有特殊性,不宜笼统地归入到上述的原则和原理中,所以将它们单独列出来,自成一类。当然,这种"排除"很难做到完全,因为先例本身可能就是法院运用原则和原理判断的结果,而法院在运用这些先例展开分析、得出结论时,有时仍然会用到原则和原理。①

特殊先例作为一种归类或类别,或是不精确的,其"实战"意义在于,可以为法院裁判言论自由案件提供直接的对应性的根据:法官一旦确定待审言论自由案件的事实及其发生的领域,即可选择适用对应先例,然后作出裁判。在这里,对"先例"一词的认识,不需要广义理解,因为如果从广义上理解,那么,本章的第一修正案的范围、理论、概念、原则、原理就都是先例,或含有先例的因素,至少是由先例形成或者总结出来的,这未免过于宽泛。此处的"先例",可以理解为"判决"或者"决定",特殊先例即特殊判决或特殊决定。更进一步看,这些特殊决定已经为法院处理特殊领域的言论自由案件或者特殊类型的言论自由案件提供了先例,实质上已经成为法院处理特殊类型案件的特殊原理。

较为重要的特殊领域的先例,主要涵盖以下六个方面。

1. **涉及司法管理的表达限制**(Restrictions on Expression Relating to the Administration of Justice)

法院已普遍驳回政府为其限制言论自由所作的辩护,政府辩称:限制言论是促进公平、高效的司法管理或者保护参与法律诉讼的人员隐私利益的必要条件。法院有时援引"严格适合原则",判决被挑

---

① See Robert A. Sedler, *The Law of the First Amendment Revisited*, 58 WAYNE L. REV. 1003 (2013).

战的限制范围,超过了促进其声称的"公平与效率"或"隐私保护"利益的必要限度。有时法院判决政府声称的利益并不充分,没有充分到足以限制表达来实现的程度。法院已经判决以下司法管理过程中的表达限制是违反宪法的:(1)绝对禁止证人在大陪审团审判程序已经完成之后披露其在陪审团面前的证词。(2)州法禁止刊登或广播性侵犯罪中受害人姓名——当报纸是从警方报告的无意披露中得知受害人姓名时。(3)法律禁止报纸披露被指控为少年犯的年轻人的名字——当报纸是从合法的私人来源获得信息时。(4)法律禁止披露秘密法律程序的信息——当一个非程序参与者已经合法地获得信息时。(5)法律对披露强奸罪受害人姓名的行为施加责任——当名字是从公开的法院文件中获得时。(6)命令禁止出版披露被指控犯有谋杀罪的11岁男孩的姓名或照片——如果记者是合法地出现在公开的法院听证程序,并且在来法院途中已经拍摄了照片。然而,法院可以禁止律师或当事人对未决诉讼发表公开声明,前提是:当这种声明会在案件中造成"重大偏见的实质可能性"。[1]

2. 竞选资金规制(Campaign Financing Regulation)

在这个领域最重要的案件"选举资金披露案"中,[2]联邦最高法院判决,金钱是言论(money is speech)。用于支持政治候选人和公共事务的资金支出,关涉第一修正案目的的表达自由。既然如此,第一修正案就对竞选资金的政府规制施加重大限制。从该案开始,联邦最高法院区别捐款限制和支持限制。法院判决对于政治候选人捐款限制合宪,根据是:不规制捐款将导致政治腐败、捐款不涉及捐款人的"直接言论"(direct speech)。因此,联邦最高法院维持了1971年《联邦选举竞选法》(*Federal Election Campaign Act*)所有对联邦官

---

[1] See Robert A. Sedler, *The Law of the First Amendment Revisited*, 58 WAYNE L. REV. 1003 (2013).

[2] Buckley v. Valeo, 424 U. S. 1 (1976).

员候选人竞选捐款的限制的合宪性。然而，涉及候选人或其他支持者的支出限制则完全不同，在该案，法院判决所有对个体或候选人支出的限制都是不合宪的。关于限制候选人的支出，法院明确驳回了政府声称"平衡候选人的财政资源"的理由的正当性。[①]

"选举资金披露案"确立了法院裁判竞选资金案件的基本分析框架，即捐款限制和支出限制两分法，并分别受制于第一修正案的宪法判断。在其后的一系列相关案件中，联邦最高法院针对政府形形色色的竞选基金限制作出了宪法判断。比如，1996 年判决限制政党独立支出的联邦立法违反宪法；[②]2000 年判决密苏里州对个人向本州职位候选人捐款设立上限的立法合宪；[③]2003 年判决国会立法《两党竞选资金改革法》(*Bipartisan Campaign Finance Reform Act*)中有关"软钱"和"议题宣传"条款合宪；[④]2010 年判决《两党竞选资金改革法》中禁止公司与工会独立开支的条款违宪；[⑤]2012 年判决蒙大拿州禁止公司将自有资金用于政治竞选的禁令违反宪法；[⑥]2014 年判决联邦关于个人在两年周期内向所有候选人提供的竞选捐款总额的限制无效；[⑦]2019 年推翻联邦第九巡回上诉法院关于阿拉斯加州限制个人竞选捐款数额立法合宪的判决，要求该法院重审该案，判断阿拉斯加州捐款限制是否与联邦最高法院第一修正案的先例相一致。[⑧] 值得一提的是，在 2021 年 Americans for Prosperity Foundation v. Bonta 案，[⑨]联邦最高法院判决：加利福利亚州立法关于慈善机构征集捐款必须向州检察长办公室披露其主要捐赠者身份的要

---

① See Robert A. Sedler, *The Law of the First Amendment Revisited*, 58 WAYNE L. REV. 1003 (2013).

② Colo. Republican Fed. Campaign Comm. v. FEC, 518 U. S. 604 (1996).

③ Nixon v. Shrink Missouri Government PAC, 528 U. S. 377 (2000).

④ McConnell v. Federal Election Commission, 540 U. S. 93 (2003).

⑤ Citizens United v. Federal Election Commission, 558 U. S. 310 (2010).

⑥ Am. Tradition P'ship v. Bullock, 567 U. S. 516 (2012).

⑦ McCutcheon v. FEC, 134 S. Ct. 1434 (2014).

⑧ Thompson v. Hebdon, 140 S. Ct. 348 (2019).

⑨ Americans for Prosperity Foundation v. Bonta, 594 U. S. ＿＿ (2021).

求,侵犯了第一修正案保护的结社自由。"尽管此案没有直接涉及竞选财务法,但是,法院作出了一个强有力的裁决——保护加入和支持组织而无须告知政府的核心权利。在这个过程中,法院也为挑战竞选财务领域的信息披露制度打开了大门"。[①]

3. 政府广播、有线电视和互联网规制(Governmental Broadcast,Cable,and Internet Regulation)[②]

在美国,广播规制问题传统上发生在美国联邦通信委员会(Federal Communication Commission,简称 FCC)有关无线电和电视频率的分配方面。FCC 一度实施"公平原则"(fairness doctrine),要求广播媒介提供合理机会,用于讨论在公共重要性问题上的冲突观点,后于 1987 年废止了这一原则。联邦最高法院在 1969 年 Red Lion 案判决,FCC 在该案中运用公平原则的行为,没有超越其权力范围,是对于国会政策的具体执行,公平原则及其在人身攻击和政治编辑规则中的具体运用,没有违反第一修正案。[③] 法院还已经判决,国会可以合宪地规定联邦官员候选人具有合法购买广播时间的权利,FCC 可以对一定的节目——一天中对儿童开放的时间、儿童很有可能观看或收听的——施加限制。尽管如此,第一修正案确实适用于政府对广播的监管,某些广播规制被认为是违反第一修正案的,比如,全面禁止从政府那里获得许可的广播电台发表社论。

关于有线电视规制问题,主要涉及国会《有线电视和消费者保护与竞争法》(*Cable Television and Consumer Protection and Competition Act of* 1992)相关规制内容。该法的"必载"(must-carry)条款,要求有线电视运营者将部分频道用于播放本地广播公司

---

① Joel M. Gora, *Free Speech Still Matters*, 87 BROOK. L. REV. 195 (2021).

② See Robert A. Sedler, *The Law of the First Amendment Revisited*, 58 WAYNE L. REV. 1003 (2013); Ronald J. Krotoszynski, Jr., Steven G. Gey, Lyrissa C. Barnett Lidsky, Christina E. Wells, *The First Amendment: Cases and Theory*, Aspen Publishers, 2008, pp. 427-465.

③ Red Lion Broad. Co. v. FCC, 395 U. S. 367 (1969).

的节目,联邦最高法院维持了这类条款的合宪性。联邦立法通常禁止有线电视运营者对于租赁频道或公共频道进行内容上的编辑控制,但在该法中,国会准许有线电视运营商,禁止在租赁频道和公共频道播放运营商"合理相信属于以明显冒犯的方式描述或描绘性或排泄器官行为或器官"的材料(materials)。该法进一步规定,如果运营商不能禁止这类材料在租赁频道播放,运营商必须为这些材料提供分离通道,通过扰频或以其他方式阻止其播放,仅在订阅者书面要求时才允许观看。立法还对主要用于涉及性行为节目编排的频道施以"分离和拦截"(segregate and block)要求,要求运营者尊重订阅者阻止任何不想要的节目的请求。法院维持了关于授权有线电视运营商禁止播放明显具有攻击性内容的法律条款的合宪性,但判决所有"分离和拦截"要求违宪。

在互联网规制方面,为了回应社会普遍关切的保护未成年人免受互联网有害内容的侵害问题,国会立法禁止"向任何小于 18 岁的收件人发送淫秽或不雅信息"和"以一定方式向 18 岁以下的人明知发送或显示明显具有攻击性的信息"。联邦最高法院判决了这两个条款违反宪法,因为过于模糊和宽泛,因而通不过第一修正案的严格审查。同样基于保护未成年人考虑,国会立法要求公共图书馆安装网络进入过滤软件,阻碍访问构成"淫秽或色情"的视觉描绘和"对未成年人有害"的视觉描述。联邦最高法院认为这一立法没有违反第一修正案,因为它允许图书馆应成人顾客的要求而关闭过滤功能,以及当未成年人为了"善意研究或其他合法目的"使用时关闭过滤功能。

4. 政府雇佣和合同(Government Employment and Contr-acting)

联邦最高法院判决,第一修正案适用于政府作为雇主和合同签约人发生的诉讼。决定政府雇员和签约人第一修正案权利的一般原则是,必须平衡雇员或签约人作为公民在评论公众关注事项时的利益,与政府通过其雇员或签约人提高公共服务效率的利益。在以下判决中,联邦最高法院运用这一原则认定政府的行为侵犯了当事人的第一修正案权利:一位教师因为向报纸邮寄了一封信,批评学校董事会处理学校预算提案的方式,遭到解雇;一位职位较低的雇员,在跟另一位雇员私下谈话时表示希望总统被暗杀,而被解雇;一个签约人因为批评县管理委员会而被终止其与县之间的垃圾运输合同的续期。针对一位政府雇员因分发有关内部办公室事务的调查问卷而被政府解雇的事实,联邦最高法院判决该雇员的第一修正案权利没有被侵犯。第一修正案也不保护公职人员在执行公务时所作的声明。[1]

联邦最高法院判决,政府禁止公务员参与党派政治活动,没有侵犯公务员的第一修正案权利。法院支持了政府的结论——参加党派政治活动,会干涉公务系统运作的公正和效率;法院还强调,禁止参加党派政治活动不影响公务员在党派政治竞选背景之外表达政治观点的能力。州和地方政府不得基于政党成员资格拒绝雇佣政府雇员,法院判决传统的"政党分赃"实践违反宪法,根据这种传统,赢得选举的政党,将解雇所有属于对方政党的雇员。法院的结论是,根据第一修正案,非政策制定和非秘密岗位的州和地方政府雇员,不得仅仅因为他们不属于执政党,也不受执政党的支持而被解雇。政府雇佣中的雇佣、晋升、调动和召回决定,均不能在此基础上作出。基于同样理由,一个城市拒绝与独立承包商——其在上次选举中支持现任市长的对手——签订政府合同,是不合宪的。[2]

5. 特殊环境的表达(Expression in Special Environments)

第一修正案明确适用于在特殊环境中——公立学校、监狱和军事区域等——发生的表达。法院承认,在规制这些特殊环境的表达上,政府具有正当合法利益,因为这些设施所要实现的是特殊功能。因此,法院倾向于支持学校环境的言论限制——只要能够证明与合法的教育目标相关;支持能够证明与监狱纪律相关的监狱环境表达限制;支持能够证明与有效的军事行动相关的军事区域表达限制。[3]

---

[1] See Robert A. Sedler, *The Law of the First Amendment Revisited*, 58 WAYNE L. REV. 1003 (2013).

[2] *Ibid*.

[3] *Ibid*.

在公立学校环境中,法院判决,学校可以处罚学生在学校集会上发表的含有性暗示的言论,强调校方管理委员会有权禁止学生在学校集会上发表"不适当的"言论。同样的,法院判决,学校可以处罚学生在学校举行的活动中展示横幅——其内容可以合理地被理解为提倡非法吸毒。法院还判决,校报的出版是获得学术学分的常规课程的一部分,教员可以对拟在校报上发表的学生作品的内容进行编辑控制。然而,法院判决,与第一修正案相一致,公立学校不得禁止学生配套黑色臂章在学校抗议越战。[1]

在监狱环境中,联邦最高法院已经判决,第一修正案允许监狱管理方,对服刑人员通信、接收来自于监狱外的出版物进行广泛控制。此处的检测标准是,审查规制是否与合法的监狱管理利益合理相关。运用这个标准,法院判决,当发现这些出版物不利于安全、良好秩序或监狱纪律,或者可能会主张犯罪活动时,监狱管理方可以排除出版物的传入。[2]

在军事区域中,服兵役人员的第一修正案权利,必须服从有效军事行动的迫切需要。当服役人员在基地或穿着军装时,可以受到严格限制。比如,联邦最高法院支持了一项军事规制:禁止现役军人在基地或着军装时或在外国时,未经驻军指挥官许可,在请愿书上征求签名或在基地分发材料。如果指挥官确定,签名或分发将"对武装部队成员的忠诚、纪律或道德造成危险,或者材料干涉军事任务的完成",则不得予以许可。法院已经判决,军队可以合宪地惩罚一名操守不当的军官——其力劝黑人士兵们拒绝在越南服役的命令。[3]

6. 结社自由(Freedom of Association)

第一修正案保护的结社自由,集中在人民加入组织和团体的权利,以及参加协调一致的组织活动的权利。一般而言,政府不得因为

---

[1] See Robert A. Sedler, *The Law of the First Amendment Revisited*, 58 WAYNE L. REV. 1003 (2013).

[2] *Ibid.*

[3] *Ibid.*

人民属于某个组织包括鼓吹非法行为的组织而施加制裁。同样的，人民也不能因为他们是某个组织的成员而在政府雇佣中被拒绝或歧视。[1]

因为第一修正案保护组织成员，所以，政府不得在行使规制组织的权力时，强制组织向政府提交其成员名单。因为组织享有受第一修正案保护的从事协调一致的组织活动的权利，某个组织为了实现政治变革的目的发起消费者抵制活动，则对抵制针对的企业遭受的经济损失不承担损害赔偿责任。政府不得打着规范法律实践的幌子，禁止组织争取各方提起诉讼以推进组织目标，或者禁止组织在私人诉讼中安排律师代表组织成员。第一修正案对结社自由的保障，还限制政府监管政党初选的努力。每个政党必须有权决定谁将参加该党的初选，所以，如果一个政党选择向非政党成员开放其初选，州不得阻止——通过要求只有已宣布加入政党的选民才能在党内初选中投票。[2]

然而，大型私人会员组织和私人商业俱乐部，不能对它们拒绝少数民族和妇女加入的歧视性的成员资格的做法，主张第一修正案保护的结社自由，以规避适用州反歧视法。法院已经判决，这些组织是大型的，而且在成员资格方面相对缺乏选择性，要求它们接纳少数民族和妇女为成员，不会妨碍组织执行其组织职责的能力，或对其成员的协会利益造成过度负担。政府禁止歧视的权力的唯一限制是，政府不得采用将破坏特定组织的结构完整性和阻止组织实现其创设的目的方式。比如，禁止某个公开承认的宗教或种族组织，将其成员资格限制为该宗教或种族群体的人。[3]

从整体上看，上述概念、原则、具体原理、特殊先例之间的关系，不是孤立的、排斥的，而是具有联系的、密不可分的。具体表现为，根

---

① See Robert A. Sedler, *The Law of the First Amendment Revisited*, 58 WAYNE L. REV. 1003 (2013).

② *Ibid.*

③ *Ibid.*

据需要——裁判案件的需要——运用这些内容，或涉及其中一二，或都涉及，或不仅涉及这四个方面，还涉及本章第二部分的范围和理论。因此，这种列举或类分，以概念、原则、具体原理、特别先例进行类分，只是总结出一种认识规则的方便的思路或路径，并不是绝对地把它们当作严格意义上的"分类"——满足彼此没有交叉的标准，以免混淆或彼此包含，形成类型上的判断标准的混乱。从另外一个角度看，这是一种从宏观到微观、从一般到具体的认识过程，努力厘清司法裁判或审判过程的思路，更加直观、更加清晰地辨识相应的要素。可以确定的是，这是对于司法规则的尽可能全面的梳理——不是纵向的，而是横向的，通过提炼和评析，以描述言论自由案件的司法规则体系的全貌。这种描述是过程性的，不是终结性的，因而这个规则体系是开放的，正如司法决定本身的开放性。比如，赛德勒教授在 1991 年的文章中，将规则体系归纳整理为"概念、原则、原理、辅之以平衡/附加标准（balancing/subsidiary doctrine）"，[1]这个观点延续到了 2002 年发表的论文中，[2]而在 2013 年的文章中，他将原来的观点调整为"概念、原则、具体原理、特殊先例"。[3] 无论哪一种认识，都为思考第一修正案问题提供了一个概要性的规则基础。

（五）补充性通用标准

值得注意的是，前述规则谱系并没有穷尽第一修正案案件司法过程的所有判断根据或裁判手段。除此之外，还存在其他的规则。尤其是，法院审查有关平等保护和正当程序案件的通用宪法审查标

---

[1] Robert A. Sedler, *The First Amendment in Litigation: The Law of the First Amendment*, 48 Wash. & LEE L. REV. 457 (1991).

[2] See Robert A. Sedler, *The Settled Nature of American Constitutional Law*, 48 Wayne L. Rev. 173 (2002).

[3] Robert A. Sedler, *The Law of the First Amendment Revisited*, 58 WAYNE L. REV. 1003 (2013).

准,会在需要时被法院的第一修正案分析所采用。

概括地说,正当程序和平等保护领域的审查标准主要由三个具体标准所构成,分别是严格审查、中等审查、合理审查,对应了法院判断限制自由或涉及平等问题的立法和行为是否合宪的三个不同层次、不同程度上的要求,三类审查之间相互关联,形成了相对闭合的标准构造,因而被称作"铰接式审查标准"(articulated standard of review)。[①] 其中,(1)严格审查(strict scrutiny),是指政府必须证明,其被诉的行为(立法或执法行为)是为了实现急迫性的或令人信服的极其重要政府利益所采取,而且政府采用的手段必须与其所要实现的目标或目的严格适合,否则,法院将判决被诉行为违宪;(2)中等审查(intermediate scrutiny),是指被诉的行为具备重要政府目标,手段和实现这些目标充分相关,即是符合宪法的;(3)合理审查(reationality scrutiny),是指被诉的行为具备合适的目的,采取的手段与目的相适应,即会被法院判决是合宪的。因为这种审查对于被诉的行为的合宪性的要求程度非常低,因而也被称作宽松审查。需要说明的是,有时法院在裁判过程中,还会使用"最严格审查"这样的表述,这种表述可以归入"严格审查"标准。"最"字是一种强调,旨在考量政府限制言论自由的目的的重要性程度,以及与手段的严格适合程度,并不构成一种新的审查标准类型。同样的,有时法院也使用"最低限度或最低程度的审查"的表述,这可以归入"合理审查"标准,在尺度的把握上是比"合理"的要求更低的要求,相当于对"合理审查"标准的宽松把握。

那么,如何看待"铰接式审查标准"在言论自由领域的运用呢?按照赛德勒教授的观点,第一修正案规则——概念、原则、原理、先例的运用,在很大程度上可以有效替代这种铰接式审查标准的分析意义。在言论自由诉讼中,绝大多数案件采用的是铰接式审查标准中

---

① Robert A. Sedler, *The Law of the First Amendment Revisited*, 58 WAYNE L. REV. 1003 (2013).

的严格审查标准，它的要求是，对于言论的规制必须具有令人信服的政府利益，并且手段严格契合这一利益的实现，才会被认为是正当的。在一些案件中，比如涉及为了表达的目的进入政府财产或者商业言论的案件，铰接式审查标准就是中等程度审查，它意味着法院更有可能维持被挑战的政府规制。然而，在实践中，法院在言论自由案件运用铰接式审查标准时，采用的分析方式或路径，与其他案件——正当程序和平等保护案件等——并不相同。相反，当面对案件事实时，法院只要合适地运用第一修正案规则，比如概念、原则、原理或者先例，通常就可以控制结果，或者至少确立了分析争诉的第一修正案问题的决定因素。当法院运用严格审查标准时，就像在绝大多数言论自由案件一样，任何对于被诉政府利益的"令人信服"特征或者手段严格契合程度的考量，都只在法院运用第一修正案规则的合适成分时才可能发生。同样的，当法院处理一个中等程度审查问题时，比如因表达目的而进入政府财产，法院就只要援引和适用公共论坛原理。在实践中，铰接式审查标准具有有限的分析意义，法院的分析过程通常按照第一修正案规则的成分展开。只有在相当少的案件中，当第一修正案规则的任何组成部分似乎都不适用时，法院才会适用铰接式审查标准。①

　　这一观点是对言论自由案件审判实践的总结，从中可以得出以下认识：第一，铰接式审查标准在言论自由案件审理中是有意义的。作为基础性的分析工具，相较于第一修正案规则体系，这类审查标准是操作层面的，是在确定了属于哪个或哪类言论自由问题、适用规则的哪个成分之后，对应的分析工具。第二，铰接式审查标准的分析意义是有限的。或许对于正当程序和平等保护案件来说，这种分析本身就是第一位的，是有很大意义的，但是，在言论自由案件中，它的意义相较于第一修正案规则是有限的，因而是第二个层次的。第三，铰

---

① See Robert A. Sedler, *The Law of the First Amendment Revisited*, 58 WAYNE L. REV. 1003 (2013).

接式审查标准是"通用"标准,在宪法领域特别是涉及权利的两大宪法原则——正当程序和平等保护——的案件中,普遍适用。但是,言论自由具有更大的特殊性,虽然与正当程序和平等保护存在一定的关联,但特殊性更突出。因此,规则的自成一体或自成一系是正常现象。标准和规则之间的关系,相当于一般和特殊之间的关系。第四,绝大多数言论自由案件采用严格审查标准,恰恰是正当程序和平等保护原则在言论自由领域运用的结果。早在 1925 年的 Gitlow 案中,联邦最高法院认定,第一修正案保护的言论自由是"基本权利"(fundamental right),[①]对于言论自由保护的力度得以提升到最高程度——既区别于那些尚未被认定是基本权利的自由或权利,也比其他的正当程序和平等保护领域的基本权利受到更加严格的保护,尽管它们相互之间存在关联。法院认定基本权利的意义在于,运用严格审查标准严格约束政府对于基本权利的限制。基本权利对应严格审查,是正当程序和平等保护领域案例法的提炼。[②] 所以,绝大多数言论自由案件是运用严格审查,也有一小部分是中等程度审查。第五,一般而言,铰接式审查标准运用的前提是:法院确定了第一修正案问题的点——什么问题对应什么规则成分,审查标准并不能单独发挥作用。最极端的情况是:当规则本身不能解决问题时,才直接用到标准。总之,言论自由案件的特殊性,使得铰接式审查标准的补充性功能和意义十分突出。

　　除了上述严格审查、中等审查、合理审查标准之外,在司法实践中,言论自由案件裁判还会运用合理性平衡(reasonableness balancing)检测。这种检测是指,法院对被诉立法所追求的政府立法利益,与立法给个人造成的负担之间存在的张力进行分析,然后权衡二者的关系作出决定。如果负担即使不是非理性的,也会被认为是

---

① Gitlow v. New York, 268 U. S. 652 (1925).

② 参见赵娟:《美国宪法吸收原理的新展开——以 Timbs 案为中心》,《南大法学》2020 年第 1 期。

"不合理的"或"过重的"，因为考虑到支持规制的最低利益，负担太大了。也就是说，负担给权利的行使造成了实质性障碍。[①] 这时，对于言论规制的立法，则会因未通过合理性平衡检测而被判违反第一修正案。这种合理性平衡检测，有时也被称作"利益平衡"（balancing of interest）或"成本—收益分析"（cost-benefit analysis）检测。据此，法官应该检验立法的目的和手段之间的关系，判断立法对于言论的损害，是否超出了正当或公正的限度，与其追求的目标不成比例。[②]

在这里，我们可以把本章上述（一、二、三部分）内容用表格来梳理，呈现司法过程第一修正案言论自由的法律体系。

表 1-1　第一修正案法（言论自由）的构成、内容和展开

基本构成		相应内容	具体展开
第一修正案法：言论自由	文本根据	《美国联邦宪法》第一条修正案	"国会不得制定关于下列事项的法律：确立国教或禁止信教自由；剥夺言论自由或出版自由；或剥夺人民和平集会和向政府请愿申冤的权利。"
	分析基础　范围	第一修正案分析不适用于某些言论和某类涉及言论或作品的行为	非法言语行为；淫秽；儿童色情；政府言论
	分析基础　理论	思想的自由市场理论	思想、观点应该可以自由表达，寻求在自由交流、竞争中被公众接受，排除政府限制
	规则谱系　概念	寒蝉效应概念	政府规制导致发言者由于畏惧其言论所面临的严重法律后果而不发表或不充分发表言论
	规则谱系　原则	言论自由司法实践总结出的一般性准则或定律，以适用于裁判过程	内容中立原则；严格适合原则；保护冒犯言论；不发表言论的权利

[①] See R. Randall Kelso, *The Structure of Modern Free Speech Doctrine：Strict Scrutiny, Intermediate Review, and Reasonableness Balancing*, 8 ELON L. REV. 291 (2016).

[②] United States v. Alvarez, 132 S. Ct. 2537 (2012).

（续　表）

基本构成		相应内容	具体展开
	具体原理	在言论自由案件裁判中提炼出来的具有普遍意义的规律或规则	过宽范围原理；事前限制原理；清楚和现存危险原理；纽约时报规则；商业言论原理；象征性言论原理；公共论坛原理
	特殊先例	第一修正案活动特定领域的先例	涉及司法管理的表达限制；竞选资金规制；政府广播、有线电视和互联网规制；政府雇佣和合同；特殊环境的表达；结社自由
	补充性通用标准	正当程序和平等保护领域的审查标准在言论自由分析中的应用	铰接式审查标准（严格审查；中等审查；合理审查）；合理性平衡检测

四、"言论"和"自由"

通过以上讨论可以看出，第一修正案的言论自由条款，在司法实践中呈现出多种样态，案例法较为复杂。政府的规制立法或执法能否通过合宪性检验，取决于法院对于言论自由条款的解读和把握。这些原则和原理中，既有"排除式"的思路，也有"概括式"的思路，反映出"一案一判"的特点和个案思维。当然，这并不影响原则和原理对于后来案件的意义，特别是原则，几乎成为所有言论自由案件都或多或少必然涉及的内容。

非常明显的是，实际的言论自由，从来都不是第一修正案言论自由条款中的言论自由那么绝对。第一修正案对于国会的"不得制定"的文本禁止，没有绝对排除政府在这一领域的规制权力。因此，人民享有的言论自由是做了"减法"之后的言论自由。如果第一修正案条款本身的言论自由是100％的言论自由，那么，实际的言论自由绝对不是100％，要低于这个比率，究竟是百分之多少，受制于各种条件或要素的影响。只要回望历史上特别是 20 世纪上半叶的言论自由案件决定,就不难发现,言论自由作为一项宪法权利,在美国的发展历程充满挫折,第一修正案也是历经沧桑。在这个意义上,言论自由诉讼乃至所有宪法诉讼不是孤立的。如果说在整体上,"政治、社会、文化、历史、心理、修辞和经济要素,影响着某些政策问题会成为宪法问题,或者不成为宪法问题",[1]那么,这些要素也塑造了言论自由法的进程。或许,第一修正案设想的就是一个困难重重且极为复杂的表达自由体系,"因为它反映了生活"。[2] 因此,一代又一代人,必须在学习中理解、重申这个体系,也必须运用该体系应对各自的新境况。

"第一修正案的历史就是其界限的历史"。[3] 在一定意义上,言论自由的边界是"言论"的边界和"自由"的边界。前者意味着某些言论,尽管以言辞、文字(书面)表达等形式出现,但并不是言论自由条款中的"言论"(非言论);在后者,某些自由——发表言论的自由,基于特定场合或环境或责任等要素,不受保护,即,不是言论自由条款中的"自由"(非自由)。"言论"的边界可以从作为分析基础的"范围"的意义来认识,范围用来判断言论是否构成第一修正案问题,从而纳入或排除第一修正案领域的司法划定。既然不是所有的言论都会成为第一修正案保护的言论自由,那么,有哪些言论是被排除在第一修正案问题之外的——不被认为会扣动第一修正案的扳机即启动第一修正案审查,就有必要明确。范围的确定存在一个基本思路:前提是假定所有言论都受到第一修正案的保护,除非被法院认为不受保护,才不会产生言论自由问题。因此,范围的确定是"排除法"或"例外法",而非"概括法"或"列举法"。简言之,范围是一种反向定位,未被

---

① Frederick Schauer, *The Boundaries of the First Amendment*:*A Preliminary Exploration of Constitutional Salience*, 117 HARV. L. REV. 1765 (2004).

② John E. Nowak, Ronald D. Rotunda, *Constitutional Law* (Eight Edition), Thomson Reuters Co., 2010, p. 1265.

③ Frederick Schauer, *The Boundaries of the First Amendment*:*A Preliminary Exploration of Constitutional Salience*, 117 HARV. L. REV. 1765 (2004).

排除的言论,通常即会产生第一修正案问题。在这里,范围一词更准确地说是不保护的范围,而非保护的范围,保护不需要划出范围,不保护才需要划出范围。从联邦最高法院近半个世纪的裁判实践看,不构成言论自由意义上的"言论"的范围越来越小,以各种方式或形式出现的"言论"——比如新媒体介质的言论——越来越多地被纳入到言论自由意义上的"言论"的范围。在联邦最高法院对于"言论"保护范围的确认越来越宽泛的趋势下,"自由"成为条款中更具针对性、关键性的要素。对于言论自由中"自由"的定位,联邦最高法院已经明确的立场是:自由是原则——第一修正案文本明确有力且毫不犹豫,不自由是例外——所有对于自由的限制都不能使得这项自由在实质上失去意义。相比之下,"言论"更具决定性作用。简言之,第一修正案是"言论"的"自由"。

当然,将"言论"和"自由"分开考量和评价,只是为了认识上的便利。根据第一修正案的宪法文本,是"言论自由"而非"言论"或"自由",构成对于国会"不得制定"立法剥夺的禁止。在司法实践中,综合判断案件中的"言论自由"是否是受到第一修正案保护的言论自由,是法官的一项技术活。不仅如此,法院或法官所认识的第一修正案在多大程度上就是宪法文本的第一修正案,言论就是那个言论,自由就是那个自由,言论自由就是文本的言论自由,即司法解读就是宪法条款的"替代品"或"替代物",始终是一个存在争议的问题。首席大法官休斯(Chief Justice Hughes)曾言,"我们是在宪法之下,但宪法是法官所说的宪法。"①这或许可以归结为司法审查本身的困局——宪法是什么,真的就是:法官说什么就是什么。因此,"自由"的实质意义是司法过程的结论,是法官的判断。无论产生出怎样的困局,都是不可回避和否定的司法存在,归结为一点即是,既然自由

---

① "We are under a Constitution, but the Constitution is what the judges say it is." Cf. Joseph L. Call, *The Constitution v. the Supreme Court*, 11 BAYLOR L. REV. 383 (1959).

依靠司法救济，就必须容忍或忽略司法救济的副产品。没有任何制度没有成本或代价，司法救济也不例外。

在1936年的一个案件中，罗伯茨大法官（Justice Roberts）指出："一部国会立法因违反宪法规定被挑战至法院，政府的司法分支就只有一个责任：把被适用的宪法条款放在被挑战的立法旁边，然后决定后者是否跟前者相一致或相符。"[1]在宪法条款中，言论自由条款是"最适合这种司法责任的审查"的条款。[2] 言论自由案件的复杂性在于，言论自由条款过于简短、清楚、实在，表面上，可以直接按照字面来解释，但在合宪性判断上，却必须特别慎重。[3] 这也可以解释，为什么面对一个被挑战的立法——疑似违反言论自由条款，法官们通常会争论不休，决定是否符合这个条款不是容易判断之事。相较于宪法的其他条款，言论自由条款司法适用面临的挑战更大，几乎在任何一个案件中，都有自己的特殊问题，都需要法院对不确定的文本含义进行裁量——每一次裁判都是对言论自由条款的含义的再一次澄清。因此，言论自由决定存在更多的或然性要素。从这个角度看，本章讨论的分析基础和规则谱系只具有参考意义，不是包治百病的灵丹妙药，作为一种概括式描述和展现，不可能涵盖或穷尽所有方面。特别是，案例法是问题面向或案件导向的，案件本身的特定性、具体性，决定了处理它时的第一修正案规则的适用，但案件本身难以预设，所以案例法不可能是问题的"全解"或"最优解"。面向实践和未来，第一修正案（法）的体系是开放而非封闭的。

---

[1] United States v. Butler, 297 U. S. 1 (1936).

[2] William Van Alstyne, *A Graphic Review of the Free Speech Clause*, 70 CALIF. L. REV. 107 (1982).

[3] *Ibid.*

第二章 言论自由的推特时代

　　人是语言动物。人类的言论交流活动,从来没有像现在这样便捷、灵活、迅速,且几乎随心所欲、随时随地,甚至变化无端、恣意汪洋。这很大程度上可以归因于互联网(因特网)福祉。互联网技术 1960 年代末在美国起步,1990 年代之后在全球兴盛,短短几十年间已然改写了人类表达和交流的历史。如今,大众性、标准型的交流工具就是互联网社交媒体平台——数字技术的时代产物,推特即是其中之一。无论在世界的哪一个角落,很难想象人们没有网络社交媒体的日常生活会是什么样子。数字时代的言论交流呈现出诸多不同于传统媒介下的情形,也给法律带来了一系列挑战和难题。本章从简述推特这一网络平台的功能出发,讨论国会网络立法《通信规范法》及其司法实践,分析相关的宪法和法律问题。

一、推特平台的表达功能

　　概括地说,社交媒体是指促成通过各种社交媒体平台提供的网络创建和交换用户生成内容的网络和移动技术。这些社交媒体平台,比如脸书(Facebook)、推特(Twitter)、优兔(YouTube),使用户能够相互连结以形成网络交流,并通过互联网共享故事、照片、视频和其他信息。[1] 根据亚历克萨公司（Alexa Internet）数据，2017 年排名前十位的最高流量网站分别是谷歌（Google）、优兔、脸书、亚马逊（Amazon）、瑞迪（Reddit）、雅虎（Yahoo）、维基（Wikipedia）、推特、壹佰（eBay）和奈飞（Netflix）。[2] 到了 2020 年，谷歌、脸书、推特成为美国网络社交媒体的三巨头。

推特，Twitter，是一个代表性网络社交平台，目前在全世界拥有超过 3 亿活跃用户。推特用户是指在平台注册了账户的个体，须拥有账户名（以"@"开头用于区分用户独有名称，不同用户的用户名不能重复）和简介名（比如用户真实姓名）。推特有网页版和移动应用客户端，并且支持多种语言和应用程序接口。推特作为一个社交平台，允许用户发布最多 280 字节（中文 140 字）的短帖子，称为"推文"（tweets），推文内容可以是文字、图片、视频和网址链接。帖子会发布在用户名下的主页上，具体由用户名（包含通往个人页面的链接）、内容、用户头像、发布日期和时间，以及被转发、回复、点赞的次数组成。推特的消息可以用"♯"开头的主题分类，在词语前加上♯后会自动生成一个标签，比如"♯US"。当一个"♯"主题的使用频率远高于其他♯主题，会成为一个热门话题，显示在推特首页，用户可以看到这些话题，了解大部分人都在关注讨论什么。推特在不断改进自己的算法（algorithm）来排序和推送热门话题。[3] 这意味着，数字技术下的表达主题及其呈现方式具有动态、流变特征，用"瞬息万变"和"风云莫测"两个词加以描述，应该是准确的。

推特的重要功能之一是用户之间的互动，用户们可以转发、回复、点赞、提及推文并就此和帖子相关的其他用户互动。首先，用户

---

[1] See Ross Rinehart, *Friending and following the Government : How the Public Forum and Government Speech Doctrines Discourage the Government's Social Media Presence*, 22 S. CAL. Interdisc. L. J. 781 (2013).

[2] See Eric Goldman, *The Ten Most Important Section 230 Rulings*, 20 TUL. J. TECH. & INTELL. PROP. 1 (2017).

[3] Knight First Amendment Institute v. Trump, 302 F. Supp. 3d 541 (S. D. N. Y. 2018).

可以转发(retweet)其他用户的推文,可以通过点击推文下的转发按钮或者引用对方的推文。转发的推文会显示在用户的时间线上并且有标注是转发另一用户的推文。其次,用户可以回复其他用户的推文,有280字节的限制,并且可以包括图片视频和链接。发布回复的时候,会显示在用户的时间线下,同时也会显示在被回复的推文下。再次,用户可以点赞其他用户的推文。点击推文下的爱心形状按钮可以给其他用户的推文点赞,点赞行为往往表达了对推文的认同。同时,用户可以通过"@"符号公开发送消息给(提及)另一个用户,只要在推文中加入包含@的另一个用户的账户名,便可直接向对方公开发送信息,其他人也可以看到。用户也可以转发另一个用户的推文,被称为"RT"。当推文发布时,被@提及的用户会收到消息提醒。最后,用户可以通过关注其他用户来订阅他们的推文。所有的推文、转发、回复、点赞、提及都是由实施该互动行为的用户决定的,其他用户无法修改别人的推文、转发和回复,无论在发布之前或者之后,用户也无法提前选择与自己或自己推文有关的推文、回复、点赞、提及。因为转发或回复本身也是一则推文,所以转发、回复可以被点赞,也可以被更多用户再次甚至多次转发、回复。转发、回复多了会形成一条转发链(comment thread),在原始的推文下不同的用户相互回复、转发互动形成不同群体间多重方向交互的对话,这种互动链的存在也是推特被称为社交媒体平台的重要原因。①

此外,推特还为用户的互动提供了限制性功能:拉黑(block,也译作屏蔽)和消音(mute,也译作静音)。用户可以选择拉黑另一个用户,以阻止该用户以任何形式在推特平台上与之互动。当一个已登录用户被另一个用户拉黑时,他/她无法看到拉黑者的推文、关注列表(追随者列表),也无法在平台上搜索到拉黑者的任何推文。拉黑

---

① Knight First Amendment Institute v. Trump, 302 F. Supp. 3d 541 (S. D. N. Y. 2018).

者和被拉黑者无法看到对方的推文，被拉黑者即使@拉黑者，拉黑者也不会收到消息提醒。当被拉黑者试图关注拉黑者时，他/她会收到平台的提示说他/她被对方拉黑了。虽然拉黑之后双方不能直接交流，但是被拉黑者依然可以在自己的推文中@拉黑者，并且该推文对任何可以看到被拉黑者推文的用户可见。如果有人回复或者转发评论了拉黑者的推文，被拉黑者虽然看不见拉黑者的原文，他/她依然可以回复推文底下他人的评论。当拉黑者没有登录推特账户时，他/她可以在网络上看到所有用户（包括拉黑者）公开的推文。和拉黑不同，当用户不想看到关注的某个用户的推文时，可以选择消音对方，这样对方的推文不会出现在自己的主页信息流中。这个操作不需要取消关注或者拉黑对方，而被消音的人依然可以关注消音者并且与之互动，而且如果消音者关注了被消音者，对方任何回复转发都会出现在消音者的消息提醒中。反之，如果消音者没有关注被消音者，则这些互动不会出现在消息提醒中，而且当消音者点击任何推文对话时，被消音者的回复对消音者不可见。被消音者甚至不会知道自己被消音了，消音者也随时可以撤销消音。①

推特平台和其用户之间的关系形式上受制于推特平台服务条款的约束。平台有自己的政策标准和服务内容，在满足平台标准的情况下，不排除封禁即移除用户的推特账户。封禁使得用户无法使用推特账户发表言论，也无法跟其他用户交流。自运作后，推特一直根据需要适时修改和调整服务条款的内容。比如，最新版本的推特用户协议于 2022 年 6 月 10 日生效。与前一个版本（2021 年 8 月 19 日更新）相比，此最新版本改变较大。特别是，在"推特规则"（The Twitter Rules）的"安全性"部分，新增加了"暴力攻击的犯罪者"（Perpetrators of violent attacks）一节，内容为："我们会移除由恐怖主义的个体犯罪者、暴力极端分子、集团暴力袭击者维持的任何账

---

① Knight First Amendment Institute v. Trump, 302 F. Supp. 3d 541 (S. D. N. Y. 2018).

户,也可去除犯罪者传播声明的推文或制造的其他内容。"①这是平台应对网络犯罪的措施之一。

在基本功能方面,推特与脸书、谷歌等平台具有相似之处。这些新型交流工具,已经被普通人广泛使用。如何将既有规则运用于新技术形态下的言论自由争诉,是第一修正案的时代主题之一。联邦最高法院在这一领域的基本立场是,尽管近年来言论和交流媒介得到了快速发展,但第一修正案原则同样适用于网上和通过计算机的交流。"不管宪法适用到如何先进的技术以及存在什么样的挑战,当新的不同的交流媒介出现时,言论自由的基础原则,正如第一修正案的命令,是不会改变的"。② 当然,与所有的社交媒体网站一样,推特作为互联网新技术支持下的交流平台也受制于法律的规制。

二、互联网规制立法

国会对于互联网进行立法规制也开始于 1990 年代。1996 年,国会通过《通信规范法》(*Communications Decency Act of* 1996,一译《正派通讯法》,简称 CDA),正式成为同年修订的《电信法》第五篇(Title V of the *Telecommunications Act of* 1996)。这是国会第一次对互联网进行调控。

(一) 第 230 条出台

就其本身而言,CDA 的制定主要是为了解决未成年人接触网络色情等有害信息问题。

为此,CDA 第 223 条将网络色情入刑。该法实施不久,第 223

---

① Twitter User Agreement (Effective: June 10, 2022), https://twitter.com/en/tos, last visited August 14, 2022.

② Brown v. Entertainment Merchants Association, 564 U. S. 786 (2011).

条即遭到合宪性挑战，在 1997 年的"网络猥亵第一案"，[1]联邦最高法院判决该条关于网络色情言论入刑规定违反第一修正案。对该条刑事规范的司法否定，让 CDA 打上了"国会违宪规制"的标签。

与"黯然失色"的第 223 条规定相比，CDA 第 230 条关于网站对第三方内容不承担法律责任的豁免条款，被认为是最为闪光和精彩的规定，是繁荣互联网言论的立法条款。一个评价是：CDA 第 230 条的一句话，已被称作"创造了互联网的 26 个字"。[2] 这 26 个字即第 230 条(c)款(1)项规定，保护稚嫩的尚处于雏鸟期的互联网公司，不为它们数以百万计用户发布的内容以及它们监管这些内容的行为而招致责任。CDA 因此成为关于互联网规制的最重要立法。

第 230 条(47 U. S. C. §230)的"条头"写明了这一条的直接目标，即"保护私人屏蔽和筛查冒犯性材料"(230. Protection for private blocking and screening of offensive material)。第 230 条共由 6 款组成：(a)款是国会调查结果；(b)款是美国政策；(c)款是交互计算机服务的豁免；(d)款是交互计算机服务的责任；(e)款是此条对其他法律的效力；(f)款是对此条涉及名词的定义。其中，(d)款规定：(d)交互计算机服务的责任——交互计算机服务提供者，应在与客户签订交互计算机服务协议之时，以提供者认为适当的方式告知该客户：家长控制保护(比如计算机硬件、软件或过滤服务)可购买获取，能够帮助客户限制访问对未成年人有害的材料。其通知应确定此类保护的当前提供者，或为客户提供信息识别的途径。[3] 这是立法直接给网络服务施加责任。

---

[1] Reno v. American Civil Liberties Union，521 U. S. 844 (1997).

[2] Jeff Kosseff, *The Twenty-Six Words That Created the Internet* (2019). Cf. Ellen L. Weintraub & Thomas H. Moore, *Section 230*, 4 GEO. L. TECH. REV. 625 (2020).

[3] 47 U. S. C. §230(d).

(二) 第 230 条豁免规定

第 230 条关于责任豁免的规定,集中在第 230 条(c)款,内容如下。[①]

(c) 保护"善良的撒玛利亚人"屏蔽和筛查冒犯性材料

(1) 发表者或发言者的处理[②]

交互计算机服务的提供者或者用户,不得被作为由其他信息内容提供者提供的任何信息的发表者或发言者。

(2) 民事责任

交互计算机服务的提供者或者用户不得被判决承担责任,因为:

(A) 任何出于善良愿望自愿采取的限制访问或利用材料的行为,当材料被交互计算机服务提供者或者用户认为是淫秽的、下流的、猥亵的、污秽肮脏的、过分暴力的、攻击性的,或者令人反感的,不论此材料是否受到宪法保护;或者

(B) 任何使信息内容提供者或者其他人能够或可以使用技术手段,以限制访问第(1)段所描述的材料的行为。

第 230 条(c)款创设了两个责任豁免规范:(1)项明确,交互计算机服务提供者和用户,不得被作为信息发表者或发言者来对待,当该信息是来源于另外一个信息内容提供者时;(2)项规定,交互计算机服务提供者和用户,对其出于善良愿望而自愿限制访问令人反感的内容的行为不承担责任。

在此,交互计算机服务提供者和信息内容提供者作为两个不同实体被严格区别开来,这一点至关重要。按照第 230 条(f)款,交互计算机服务提供者(服务商),是指任何信息服务、系统或者访问软件提供者,其提供或者允许多个用户访问计算机服务器,具体包括提供访问互联网的服务或系统和图书馆或教育机构运营的此类系统或提

---

① 47 U. S. C. §230(c).

② 此处文本"(1)Treatment of publisher or speaker"中的"publisher"一词,有出版商、出版者、出版社、发表者、发布者等含义,考虑到语境,本书采用"发表者"。

供的服务。① 而信息内容提供者，是指任何全部或部分创造或发展通过互联网或任何其他交互式计算机服务提供的信息的个人或实体。② 法院已经宽泛地判决，网站和互联网服务提供者(ISPs)被视为第230条(f)款规定的交互计算机服务提供者。③ 线上平台比如脸书、推特等，也在其中。④

在效力上，第230条优占(preempts)州民事诉讼、州刑事诉讼——当它们与第230条规定抵触时，⑤它不禁止联邦刑事诉讼，即第230条不得被解释为妨碍任何联邦刑事法律的执行。⑥ 第230条(e)款列举的一些例外中，豁免不适用于与知识产权有关的诉讼，即本条不得被解释为限制或扩大任何与知识产权有关的法律，⑦以及与违反性交易立法相关的诉讼。⑧

(三)"豁免立法"的动因

关于第230条豁免规定的动因，可以从第230条的导引性规范即第230条(a)款和第230条(b)款的规定中找到线索，特别是230条(b)款，集中体现了豁免立法的目的和动机。

第230条(a)款规定：(a)调查结果——国会发现以下情况：(1)迅速发展的互联网阵列、相应提供给美国人的交互计算机服务，表明我国公民在教育和信息的可获得性方面取得了非凡的进步；(2)这些服务为用户提供了对其收到的信息的高度控制，以及未来作为技术

---

① 47 U. S. C. §230(f)(2).

② 47 U. S. C. §230(f)(3).

③ Chi. Lawyers' Comm. for Civil Rights Under Law, Inc. v. Craigslist, Inc. , 519 F. 3d 666 (7th Cir. 2008).

④ Klayman v. Zuckerberg, 753 F. 3d 1354 (D. C. Cir. 2014); Fields v. Twitter, 217 F. Supp. 3d 1116 (N. D. Cal. 2016).

⑤ 47 U. S. C. §230(e)(3).

⑥ 47 U. S. C. §230(e)(1).

⑦ 47 U. S. C. §230(e)(2).

⑧ 47 U. S. C. §230(e)(5).

发展的更大控制潜力；(3)互联网和相应交互计算机服务为真正多样性的政治对话提供论坛，为文化发展提供独特机会，以及为智力活动提供无数途径；(4)互联网和相应交互计算机服务已经蓬勃发展，造福于所有美国人，并伴随以最低限度的政府规制；(5)越来越多的美国人依靠交互媒介得到各种政治的、教育的、文化的和娱乐服务。[1] 作为前提性交代，该款内容是230条立法的事实根据，即国会的立法基础考量。

第230条(b)款规定：(b)政策——美国政策如下：(1)为了促进互联网和相应交互计算机服务的持续发展；(2)为了保护目前存在于互联网和其他交互式计算机服务中的充满活力和竞争力的自由市场，不受联邦和州政府规制的束缚；(3)为了鼓励技术发展，以最大化用户对信息的控制，这些信息由利用互联网和其它相应交互计算机服务的个人、家庭和学校所接收；(4)消除开发和利用屏蔽和过滤技术的障碍，使父母得以限制其子女访问令人反感的或不适当的网络在线材料；(5)确保有力实施联邦刑事法律，以阻止和惩罚通过计算机手段从事淫秽、跟踪和骚扰的交易行为。[2] 这五项内容明确显示了国会的立法定位和政策立场，是国会力图通过豁免立法——尤其有意扩展豁免范围——所要达致的目标，集中体现在消除阻挡屏蔽和过滤技术的发展和利用的障碍、保持互联网已有的自由市场的繁荣和竞争状态两个方面。这一款也是解读和解释第230条(c)款豁免规范的根据。

《通信规范法》制定过程中，两个关涉网络媒介(intermediaries)责任的早期案件，奠定了第230条通过的基础。一个是Cubby案，[3]这是最早的网络侵权诉讼案件。该案判决表明，互联网服务提供者或网站，当其没有监控或者编辑第三方的内容，并且没有理由应

---

[1] 47 U. S. C. §230(a).

[2] 47 U. S. C. §230(b).

[3] Cubby, Inc. v. CompuServe, Inc. , 776 F. Supp. 135 (S. D. N. Y. 1991).

知该内容是诽谤性的，不承担责任。[①] 另一个是 Stratton Oakmont 案，[②]该案涉及网络空间诽谤侵权。法院判决，互联网计算机服务者是诽谤诉讼中信息的"发表者"（publishers）或"传播者"（distributors），[③]须承担侵权责任。两案的事实基本相同，结论却完全不一样。如此差异和不同引起了立法者的注意，也促使立法者对此作出反应。CDA 立法过程的会议报告显示，与会者提到 Stratton Oakmont 案作为这一立法的动因："这一条（即第 230 条）的特殊目的之一，就是推翻 Stratton Oakmont 案以及其他所有相似的决定。这些决定将这类计算机服务提供者和用户作为内容发表者或发言者来对待，而内容并非提供者和用户自己的，因为他们已经限制访问令人反感的材料。与会者认为，这样的决定给重要的联邦政策制造了严重障碍。"[④]由此可见，第 230 条的立法意图是深思熟虑的结果。第 230 条平衡了第一修正案的需要——限制媒介对于第三方内容的责任，与国会愿望——促进媒介采用自己的标准。从第 230 条的文字表述不难发现，国会有意给予网站和互联网服务者在侵权诉讼中以宽泛的责任豁免，第 230 条也因此被认为是社交媒体的法律屏障。

CAD 第 230 条的横空出世，"阻断了法院调整普通法去应对新

---

① See Jeff Kosseff, *Defending Section 230：The Value of Intermediary Immunity*, 15 J. TECH. L. & POL'y 123 (2010).

② Stratton Oakmont, Inc. v. Prodigy Services Co., 1995 WL 323710 (N. Y. Sup. Ct. May 24, 1995).

③ "distributor"一词，有分销商、经销商、分发者、分配者、传播者等含义，本书采用"传播者"。普通法确认了不同类型的发表者，包括原始即主要发表者（Primary publishers）和从属即次要发表者（Secondary publishers），后者被称为传播者（distributors）。根据诽谤法的普通法规则，发表者根据其类别被要求承担不同的责任标准。原始发表者在创造内容上扮演重要角色，对诽谤负有严格责任，不管他们是否知道内容虚假。在公共官员或公众人物案件中，诽谤责任受制于第一修正案的"实际恶意"要求的约束；从属发表者，或传播者，只有在知道诽谤的情况下，才对诽谤内容负责。参见 Jeff Kosseff, *Defending Section 230：The Value of Intermediary Immunity*, 15 J. TECH. L. & POL'y 123 (2010)。

④ H. R. REP. No. 104－458, at 174 (1996) (Conf. Rep.). Cf. Jeff Kosseff, *Defending Section 230：The Value of Intermediary Immunity*, 15 J. TECH. L. & POL'y 123 (2010).

技术挑战的司法努力"，①这在第一修正案的实践历史上较为少见。第 230 条推翻了神圣地载入普通法原理中的一套原则——它们是几十年（如果不是几个世纪）间通过涉及"线下"媒介机构的案件发展起来的。CDA 通过的 1996 年，是互联网的初创时期，该法为媒介提供了明晰的规则，规定了急需的清晰度。② 该法的通过，罕见地显示了立法者应对新技术的热情和能力，在言论自由问题上，国会超常地走在了法院的前面。立法的意义还在于，国会罕见地将言论自由保护的个案问题即具体争议问题，发展成了一个抽象的规范问题。不过，绝对地说国会走在了法院的前面，或许有些片面。更加准确的表述是，第 230 条通过之前，已经存在这一领域的司法实践——有的案件已经判决豁免。不仅如此，典型案件影响甚至刺激或激发了国会的立法冲动，以至于国会力图通过立法、以规范形式确定这一豁免——实现了效果上的"一了百了"，第 230 条成为国会实施第一修正案价值的明确选择的方式。③ 与此同时，也在客观上推翻了法院的不豁免决定，维持了豁免判断的合法性，尽管不溯及既往。第 230 条通过之后，法院的判断具有了更加明确的规范依据。而司法实践，又在很大程度上给第 230 条本身的修改或废止，甚至保留和废止第 230 条的争论，提供了实证素材。由此不难看出立法与司法之间的彼此影响和作用。

从整体上看，国会对于第 230 条豁免的宽泛定位，一直被坚持。1996—2018 年的 22 年间，国会立法没有动摇这个定位。一个显著的转折发生在 2018 年，国会通过了《允许州和受害人对抗网络性贩卖行为法》（*Allow States and Victims to Fight Online Sex*

---

① David S. Ardia, *Free Speech Savior or Shield for Scoundrels: An Empirical Study of Intermediary Immunity under Section 230 of the Communications Decency Act*, 43 LOY. L. A. L. REV. 373 (2010).

② *Ibid.*

③ 关于第 230 条的立法历史，参见 Robert Cannon, *The Legislative History of Senator Exon's Communications Decency Act: Regulating Barbarians on the Information Superhighway*, 49 FED. COMM. L. J. 51 (1996).

Trafficking Act of 2017,简称 FOSTA)。该法旨在为保护色情交易受害者而打击互联网在线促销行为,以阻止在线性交易,赋权各州执法官员追踪性交易网站和线上性交易行为,在措施上部分采取了缩小第 230 条范围的方式。这意味着,在特定条件下,平台要对发送到其平台上的内容承担责任,尽管它不是内容的开发者或发表者。有学者认为,"FOSTA 代表了国会和互联网的新立场,因为它 20 年来第一次剥离了第 230 条,为在线服务创造了一些新的法律风险。不幸的是,该法几乎确定不能完成保护性交易受害者以及降低她们受害率的国会目标"。① 简言之,这一立法内容显示出国会在第 230 条豁免立场上的后退迹象。

三、相关司法实践

《通信规范法》实施后,针对第 230 条发生了一系列诉讼,据统计已不下数百次。② 与对第 223 条的裁判不同,联邦最高法院尚未审理第 230 条争诉案件。这里讨论联邦下级法院(和州法院)关于第 230 条豁免适用的判断,并对重要诉讼进行回顾。

(一) 第 230 条豁免适用

司法过程中第 230 条的豁免适用整体上呈宽松状态,表现为法院普遍广义解释这一规范,以支持对承载用户内容的网站和其他在线服务者的豁免。"根据国会的目标,联邦巡回上诉法院基本上一致认为,230 条(c)款(1)项的文本应被广义地解释为有利于豁免"。③ 全国各地的州法院和联邦法院一般都对第 230 条豁免作广义

---

① Eric Goldman, *The Complicated Story of Fosta and Section 230*, 17 First AMEND. L. REV. 279 (2018).

② See Eric Goldman, *The Ten Most Important Section 230 Rulings*, 20 TUL. J. TECH. & INTELL. PROP. 1 (2017).

③ Force v. Facebook, Inc. , 934 F. 3d 53 (2d Cir. 2019).

的解释。[1]

在针对第 230 条的诉讼案件中，法院一般通过"三叉进路"（three-pronged approach）去判断当事人是否受到第 230 条的保护。根据这个路径，如果下面三个条件都满足的话，被告（通常是网络媒介）有权要求法院驳回对它的诉讼请求。条件一，被告是"交互计算机服务的提供者或者用户"；条件二，被告被作为诉求承担责任的信息之"发表者或发言者来对待"；条件三，被挑战的信息是由"另一个信息提供者提供的"。[2] 法院通常将第 230 条(c)款(1)项和第 230 条(c)款(2)项的豁免一起适用，作为一个"第 230 条盾牌"（shield）。[3] 具体地看，(1)项与(2)项的适用存在差异，反映了法院对这两项不同豁免内容的判断和把握。

第 230 条(c)款(1)项对创造内容的人和提供访问该内容权限的人加以区别，豁免针对后者而非前者。这里的复杂情形是，如果一个实体同时是"内容提供者"和"服务提供者"，又该如何对待？此时第 230 条(c)款(1)项适用的关键要求是：对被诉的据称造成赔偿责任的行为，服务提供者是否开发了基础内容。法院已经判决，如果一个交互计算机服务商也扮演了内容提供者的角色，即可以被诉。换言之，豁免取决于这一事实的确立——是否交互计算机服务商仅仅是另外一方内容的发表者，还是服务提供者本身创造或开发了这个内容。法院通常判决，网站控制张贴在其网站上内容的责任，就其本身而言，不会把交互计算机服务商转化为网络内容提供者。如果一个服务商仅仅给那些内容做了很小的编辑改动，它就一直能够在诉讼中根据第 230 条(c)款(1)

---

① Shiamili v. Real Est. Grp. of N. Y. , Inc. , 952 N. E. 2d 1011 (N. Y. 2011).

② David S. Ardia, *Free Speech Savior or Shield for Scoundrels：An Empirical Study of Intermediary Immunity under Section 230 of the Communications Decency Act*, 43 LOY. L. A. L. REV. 373 (2010).

③ Valerie C. Brannon, Free Speech and the Regulation of Social Media Content, Congressional Research Service Report，March 27, 2019.

项获得豁免。[1]

相反，一个网站运营者，可能对其自己创建的内容承担责任，或者对全部或部分创建或开发的内容承担责任。即便不是服务商独立开发的内容，如果服务商增添了内容，那么第230条(c)款(1)项豁免也可能不适用。有些法院已经采用"材料贡献检测"(material contribution test)，以探寻：服务提供者是否对争议中的内容的非法性具有材料上的贡献，或者，以某种方式特别促进了具有冒犯性内容的开发。[2] 例如，在"租房网站信息匹配案"中，[3]法院判决，被告Roommates. com——一个专营房屋租赁业务的网站，将出租房屋的人与寻求租住的人进行匹配，对争诉——违反禁止租赁歧视的法律——不能完全豁免。法院的结论是，网站受到歧视诉讼的约束，因为，该网站要求所有用户回答关于他们的性别、家庭地位、性取向三个问题——从这些问题的预设答案中进行选择，来陈述他们对于室友——关于同样的三个标准——的偏好。根据法院的观点，关于这些问题和回答，网站不仅仅是被动的他人提供的信息的传输者，而变成了信息的开发者，至少部分是这样。每个用户的个人页面，是网站与消费者之间有组织的合作活动，这就使得网站变成了关于问题和回答的信息内容提供者。[4]

相对而言，第230(c)(1)款适用的范围更加广泛，可以针对任何原告诉请判决提供者作为他人信息发表者的责任的诉讼；第230(c)款(2)项则仅仅适用于提供者或第三方辅助提供者的善意、自愿行为——限制访问"淫秽的、下流的、猥亵的、污秽肮脏的、过分暴力的、攻击性的或其他令人反感的"内容。因此，第230条(c)款(2)项豁免

---

[1] See Valerie C. Brannon, Free Speech and the Regulation of Social Media Content, Congressional Research Service Report, March 27, 2019.

[2] Ibid.

[3] Fair Housing Council of San Fernando Valley v. Roommates. com, LLC, 521 F. 3d 1157 (9th Cir. 2008).

[4] Ibid.

适用时以提供者的善意为条件,第 230 条(c)款(1)项则不存在相似的要求。[1]

 法院经常使用第 230 条驳回诉讼,前提是,服务提供商决定删除或限制访问他人的内容;而当涉及出于善意的要求时,法院不太可能驳回诉讼,因为原告通过适当地申辩并提出缺乏善意的证据,制造出一个事实问题,就可能会阻止法院立刻驳回案件。[2] 当然,诉讼中也有适用第 230(c)款(2)项驳回案件的例子。比如,在 2020 年"多芒案",[3]被告因删除原告上传的视频而被诉,原告指控被告删除行为并非出于"善意",纽约南区联邦地区法院根据第 230(c)款(2)项直接驳回原告诉讼。法院认为,在通常情况下,原告会要求判决计算机服务者为发表第三方内容承担责任,这时可以发现根据 230 条(c)款(1)项规定的责任豁免。第 230 条(c)款(2)项关注提供者的主观意图,即对什么是"淫秽的、下流的、猥亵的、污秽肮脏的、过分暴力的、攻击性的或其他令人反感的"材料的主观判断,但是,它不要求这种材料实际上是令人反感的,相反,它是为拦截被提供者或用户认为是"令人反感的"材料提供保护。因此,第 230 条(c)款(2)项表明,这是纯粹主观的善意标准。在本案,被告删除的内容即原告视频,是根据其本身政策判断的"令人反感的"内容,这恰好是在第 230 条(c)款(2)项的保护范围。所述指控表明,被告在删除视频时遵循了其自己声明的社区准则。原告认为被告不是在以"善意"行动,但是,诉状中缺乏事实以支持这一指控,即没有关于"恶意"的具体指控,不符合诉状充分性的标准(没有满足审判中的最终证据)。[4] 这一判决意味着,在通常情况下,针对第 230 条(c)款(2)项的诉讼,被告负有沉重的举证责任——证明善意。但是,如果原告指控被告是"恶意"的,则

---

[1] See Valerie C. Brannon, Free Speech and the Regulation of Social Media Content, Congressional Research Service Report, March 27, 2019.

[2] *Ibid.*

[3] Domen v. Vimeo, Inc., 433 F. Supp. 3d 592 (S. D. N. Y. 2020).

[4] *Ibid.*

需要在诉状中充分证明恶意的存在——举证负担加重,否则,即会被法院驳回诉讼。"多芒案"是一个证明失败的诉讼,也有证明成功的例子。比如,在 2016 年的案件中,[1]法院根据第 230 条(c)款(2)项,驳回了被告谷歌关于驳回诉讼的请求,认为指控充分证明了被告的恶意。事实是,谷歌在谷歌搜索引擎上,删除了隶属于原告的搜索引擎优化公司的 231 个站点,根据仅仅是这些网站属于原告,而这没有落入谷歌列出的任何理由之中——它会从其搜索结果中删除网站。[2]

在某种程度上,第 230 条(c)款(2)项适用于提供者"过滤出了冒犯性材料",而第 230 条(c)款(1)项适用于提供者"避免过滤或审查网站上的信息"。诉讼直接挑战网站限制或删除内容的决定而非发布内容的决定,经常涉及第 230 条(c)款(2)项。然而,过滤内容与发布内容之间的差异,在法院并不是展开得如此整齐。另外有些案件,法院适用第 230 条(c)款(1)项豁免,禁止了基于交互服务提供商限制内容的决定的诉讼。还有一种情况,与第 230 条(c)款(1)项豁免相反,第 230 条(c)款(2)项豁免是适用的。第 230 条(c)款(2)项之(B)保护计算机服务的提供者和用户,"启用或提供给信息内容提供者或其他技术手段,以限制访问令人反感的材料"。例如,第 230 条(c)款(2)项之(B)可以保护"过滤广告软件和恶意软件的程序提供商",当交互计算机服务商无权获得第 230 条(c)款(1)项的发表者豁免时,这个豁免可以适用。[3]

(二) 第 230 条判决举要

对第 230 条案件进行回顾,可以观察出案例法建立了怎样重要

---

[1] e-ventures Worldwide, LLC v. Google, Inc., 188 F. Supp. 3d 1265 (M. D. Fla. 2016).

[2] *Ibid.*

[3] See Valerie C. Brannon, Free Speech and the Regulation of Social Media Content, Congressional Research Service Report, March 27, 2019.

的(但仍然有争议的)豁免的方式。下列表格是第 230 条实施 20 年间(截至 2017 年)10 个最为重要的案件,备受立法、司法机构以及公众关注。

表 2-1　十大最重要第 230 条判决①

序号 内容	案名	决定
Top1	Zeran v. America Online, Inc. , 129 F. 3d 327 (4th Cir. 1997).	第 230 条保护网站豁免于要求判决其对他人内容承担责任的诉讼
Top2	Fair Housing Council of San Fernando Valley v. Roommates. com, LLC, 521 F. 3d 1157 (9th Cir. 2008).	被告在租赁中询问歧视性问题或者允许用户基于歧视性标准进行搜索查询,不在第 230 条豁免之列
Top3	Jane Doe No. I v. Backpage. com, LLC, 817 F. 3d 12 (1st Cir. 2016).	网站运营者关于结构和张贴要求的决定,是有权得到第 230 条(c)款(1)项保护的发表者功能
Top4	Doe v. MySpace, Inc. , 528 F. 3d 413 (5th Cir. 2008).	第 230 条豁免网站为用户与用户之间联系发生的责任
Top5	Fed. Trade Comm'n v. Accusearch Inc. , 570 F. 3d 1187 (10th Cir. 2009).	服务者只有在以某种方式特别鼓励冒犯内容发展时才担责
Top6	Zango, Inc. v. Kaspersky Lab, Inc. , 568 F. 3d 1169 (9th Cir. 2009).	第 230 条(c)款(2)项对拉黑或删除行为豁免责任

---

① 表格根据论文"The Ten Most Important Section 230 Rulings"整理而成。参见 Eric Goldman, *The Ten Most Important Section 230 Rulings*, 20 TUL. J. TECH. & INTELL. PROP. 1 (2017)。

（续　表）

序号\内容	案名	决定
Top7	Perfect 10，Inc. v. ccBill LLC，488 F. 3d 1102（9th Cir. 2007）.	第230条豁免不适用于联邦知识产权争诉，但对州知识产权诉讼适用，只要内容来自第三方
Top8	Blumenthal v. Drudge，992 F. Supp. 44（D. D. C. 1998）.	网站为内容付费不影响适用第230条豁免条款
Top9	Blockowicz v. Williams，630 F. 3d 563（7th Cir. 2010）.	原告诉诽谤者（非社交媒体）连带要求媒体删帖，法院判决民事诉讼规则不得强迫媒体删帖
Top10	Fields v. Twitter，Inc.，217 F. Supp. 3d 1116（N. D. Cal. 2016）.	被告是社交媒体，因允许散播恐怖内容以给恐怖主义者物质支持被诉，豁免成立

在上表10个案件中，居于首位的 Zeran v. America Online，Inc.案最著名，影响最大。[①] 该案起因于一起恶毒的网络恶作剧。一个匿名第三方在被告美国在线公司（AOL）的电子公告板的通告中，贴上了印有颂扬俄克拉荷马市爆炸案标语的被告 T 恤衫广告（此为假冒被告名义制作的假广告），[②]同时建议有兴趣的买者可以联系原告（Ken Zeran），并留下原告的姓名和电话号码。这些信息被张贴之后，原告收到了大量令人不安的电话，甚至有些为死亡威胁电话，于是他通知 AOL 要求将其删除。但是，当最早的帖子被删除后，又出现了相同的帖子，如此通知和最终删除的过程反复了许多次。原告不堪其扰，起诉作为信息发表者和传播者的 AOL。联邦地区法院判决，CDA 免除 AOL 这类互联网服务提供者对于任何诽谤信息的责

---

① Zeran v. America Online，Inc.，129 F. 3d 327（4th Cir. 1997）.

② 俄克拉荷马市爆炸案发生在 1995 年 4 月 19 日，导致 168 人死亡、500 多人受伤。爆炸令全国震惊并数月成为标题性新闻，不仅因为爆炸的死亡人数，更因为爆炸是国内而非国外恐怖分子制造的。参见 Patricia Spiccia，*The Best Things in Life Are Not Free：Why Immunity under Section 230 of the Communications Decency Act Should Be Earned and Not Freely Given*，48 VAL. U. L. REV. 369（2013）.

任。联邦第四巡回上诉法院予以维持。上诉法院判决,根据 CDA 第230 条,法院不受理任何将互联网服务提供者置于发表者地位的诉求,法律禁止这种诉讼。

原告主张,被告是诽谤材料的传播者,根据第 230 条,被告只有被作为他人材料的发表者时责任豁免,作为传播者不免责。对此,法院指出,传播者是发表者之下的一个次级范畴,类属于发表者,第 230 条针对发表者的豁免,也适用于传播者。第 230 条优占州法,法院拒绝适用传统普通法传播者责任理论(原告起诉的根据),来判决互联网服务提供者的责任。法院认为,传统的"基于通知的责任"(notice-based liability)会对言论产生寒蝉效应,因为互联网服务提供者会简单地根据通知来移除内容,而不会仔细考量这些材料是否构成事实上的诽谤。法院强调,关于"是否发表、撤回、推迟或改变内容"的决定,属于发表者传统的编辑功能,寻求互联网服务提供者为这些功能中的任何一项承担责任的诉讼,都被 230 条所禁止。[①] 法院认为,国会通过 CDA,是为了维持互联网交流的强健天性,把政府对媒介的干预保持在最小程度,体现了鼓励互联网交流持续增长的联邦政府政策。互联网服务提供者需要受到法律保护,否则,这一言论繁荣领域的责任幽灵(specter of liability)会对他们产生明显的寒蝉效应。AOL 如同任何其他的信息的网络传播者一样,它有时可能并不知道其服务器上的所有内容,包括任何诽谤材料。对于互联网服务提供者来说,逐条筛选数百万条攻击性交流包括诽谤信息的帖子,是不可能的。如果他们试图这么做,结果就会严格限制发帖信息的数量和类型。国会权衡后的选择是:豁免服务提供者的责任,如此能够避免任何寒蝉效应结果。为了消除互联网服务提供者控制网络内容的潜在危险,他们没有被置于须对诽谤材料承担责任的发表者的角色

---

① See Patricia Spiccia, *The Best Things in Life Are Not Free*: *Why Immunity under Section 230 of the Communications Decency Act Should Be Earned and Not Freely Given*, 48 VAL. U. L. REV. 369 (2013).

当中。①

　　Zeran 案发生在 CDA 生效后不到一年的时间里(1997 年),通过对第 230 条的宽松解释和扩展性解读,法院澄清了立法语言的模糊性,扩大了第 230 条豁免范围,为后来的法院解释同一个问题提供了模板——确定了司法基调。判决结论表明,第 230 条是丰富第一修正案对言论自由宪法保护的重要途径。20 年后,Zeran 案仍然作为第 230 条决定的精髓且具深远影响之重要意义而存在,被几百个案件所引用。② 实践中,在对 230 条的适用上,法院通常最大程度地宽泛解释豁免范围,尽管近年来法院解释第 230 条的幅度有某种"变窄"或"收紧"的趋势,但是,Zeran 案已经确定的"宽松基调"没有改变。

　　值得一提的是,联邦第九巡回上诉法院的 Barnes 案决定因对豁免适用范围产生影响,③一度受到热议。该案是一系列涉及网上约会中虚假个人资料案件中的一起。在 Barnes 案之前,案例法一致判决——媒介拒绝移除内容是受第 230 条保护的,即使媒介确实知道是虚假内容,它也不会对第三方的言论承担责任。事实上,法院已经判决,在原作者要求将其移除之后,媒介可以继续留存侵权内容。在 Barnes 案,法院判决,第 230 条不能优占一个允诺禁反言(promissory estoppel,一译"禁止反言原则")的诉求,该诉求基于被告雅虎(Yahoo!)的员工做出的明确承诺。这名员工表示她会"亲自到负责阻止未经授权的配置文件的部门去,他们会处理好的。"第九上诉法院很小心地拘束其判决的范围:第 230 条要求驳回原告的过失责任的诉讼请求,这一诉求是基于雅虎没有移除文件——在原告通知雅虎说文件是虚假的之后。法院允许这起允诺禁反言诉讼得以

---

① See Joshua Azriel, *The California Supreme Court's Decision in Barrett v. Rosenthal*: *How the Court's Decision Could Further Hamper Efforts to Restrict Defamation on the Internet*, 30 Hastings COMM. & ENT. L. J. 89 (2007); Bradford H. Buck, *Online Defamation Recourse*, 41 NE. J. LEGAL Stud. 1 (2021).

② See Eric Goldman, *The Ten Most Important Section 230 Rulings*, 20 TUL. J. TECH. & INTELL. PROP. 1 (2017).

③ Barnes v. Yahoo!, 570 F. 3d 1096 (9th Cir. 2009).

继续下去,仅仅因为一个雅虎员工向原告作出了具体承诺。换言之,法院拒绝根据第 230 条驳回起诉,是因为原告提起了一个表面证据确凿的允诺禁反言案件。法院指出,原告仅仅证明了一个初步诉讼(表面证据确凿),案件发回地区法院,以决定原告是否能够在事实上提供足够的证据继续进行诉讼。[①] 该司法理论深刻影响了法律的范围和幅度,也引发了激烈的政策讨论,包括动议国会立法推翻案件,就像第 230 条制定之时实质上推翻了法院决定一样。有学者据此将第 230 条豁免适用的条件从三条扩展为四条,即条件四是"考虑被告是否对(原告要求的)移除内容作出过明确的承诺而又没有照做"。[②]

　　在州司法层面,加利福尼亚州最高法院 2006 年判决的"巴雷特案"颇为典型。[③] 该案的被告系在线新闻群成员,在电子邮件中收到一篇由未知第三方写作的文章——内含谴责原告行为和品行的内容,后将文章张贴在了两个相关新闻群里,被指控通过电子邮件和互联网帖子恶意传播诽谤材料。法院判决被告不是诽谤材料的发表者,相反,她是材料的"用户"(user),没有违反 CDA 第 230 条,根据这一条,交互计算机服务提供者或用户不得被作为由其他信息内容提供者提供的任何信息的发表者或发言者。鉴于 CDA 第 230 条没有对"用户"进行定义,只是使用了这个词,法院认为其决定是基于对法律的文字解释。法院认为,用户,一般是指使用某物的人,立法内容和背景清楚地表明:国会明确认为用户就是使用交互计算机服务的人。通过宣布用户不得被作为第三方内容的发表者,国会豁免了任何个体用户转发诽谤性内容的责任。在 CDA,国会豁免起诉因转发信息而被作为发表者对待的任何人。原告请求法院区别积极的和消极的网络使用,从而将被告行为认定为是积极的、构成诽谤信息的

---

① Barnes v. Yahoo!, 570 F. 3d 1096 (9th Cir. 2009).

② David S. Ardia, *Free Speech Savior or Shield for Scoundrels: An Empirical Study of Intermediary Immunity under Section 230 of the Communications Decency Act*, 43 LOY. L. A. L. REV. 373 (2010).

③ Barrett v. Rosenthal, 40 Cal. 4th 33 (2006).

发表者，并认为任何在网上积极张贴或转发信息的人，都是信息内容提供者，不受法律豁免条款的保护。对此，法院指出，CDA立法语言中没有对"用户类别"进行界定，国会一直提到的是交互计算机服务的用户，没有任何进一步的解释。国会授予任何用户以豁免权利，国会的意图是豁免转发责任，法律文字中不含有区别"积极"和"消极"网络用户的意思。① 这一决定将转发攻击性材料的个人认定为用户，在责任上等同于交互计算机服务提供者，具有合理性。

近十年来，涉及推特等社交媒体平台的司法诉讼，更加频繁地被提起。针对社交媒体平台（被告）诉讼的多数情形是，社交媒体用户（原告）挑战平台对于各种关涉用户内容的决定，认为他们受到这些决定的损害。比如，原告们认为网站移除内容或者限制其发布内容构成不公平竞争，构成歧视，以及对合同关系的侵权性干涉、欺骗和违反合同。还有些原告诉请法院判决网络平台责任，因为伤害来自平台决定——不删除内容、声明（比如通过发布特定内容），认为网站构成诽谤、疏忽，或者违反了州安全法。然而，很多这类诉讼都会被第230条规定的广泛豁免所禁止。②

在推特被诉的案件中，Fields v. Twitter案颇具代表性。③ Fields案是受到恐怖分子伤害的受害者亲属起诉社交媒体平台的诸多案件中的一个，原告认为恐怖分子利用社交媒体传达消息、招募队员、规划行动等，因而社交媒体帮助了恐怖分子，应该对被害人承担责任。联邦地区法院判决，原告没能证明开枪射击者与被告推特之间的关联；没有事实证明，恐怖分子的袭击，在任何方面是受到了存在于社交媒体上ISIS组织的影响、帮助，或是这种组织造成的结果，

---

① See Joshua Azriel, *The California Supreme Court's Decision in Barrett v. Rosenthal: How the Court's Decision Could Further Hamper Efforts to Restrict Defamation on the Internet*, 30 Hastings COMM. & ENT. L. J. 89 (2007).

② See Valerie C. Brannon, Free Speech and the Regulation of Social Media Content, Congressional Research Service Report, March 27, 2019.

③ Fields v. Twitter, Inc., 217 F. Supp. 3d 1116 (N. D. Cal. 2016).

被告推特责任豁免。Fields 案上诉阶段,[1]上诉法院延续了一审法院有关因果关系的论证,维持了原判决。法院认为,上诉人(原告)仅指称了推特对恐怖活动的物质支持与导致原告配偶死亡的具体事件之间最普通的关系,由于缺乏明确的、具体的事实,因而远远不能支持近因因果关系的存在。近因原则需要显示出与伤害之间的直接关系,因为近因不存在,所以不存在责任。[2]

　　脸书被诉次数也居前列,[3]值得提及。比如,在 2019 年 Force v. Facebook 一案中,[4]联邦第二巡回上诉法院跟大多数法院一样,宽松解释了第 230 条关于发表者的规定。与 Fields 案相似,Force 案也涉及社交媒体在促进恐怖袭击方面的作用及其第 230 条适用。法院认为,这起上诉案件的焦点在于,CDA 第 230 条(c)款(1)项的规定,能否保护脸书在这起联邦反恐怖主义诉讼中不承担民事责任。法院判决,脸书是 CAD 意义上的"发表者",因而责任豁免。上诉人主张,脸书不是 CAD 规定的"发表者",因为脸书开发了"配对"算法,将用户与内容联系起来,促使用户最大可能产生兴趣并吸引用户参与平台活动。法院否定了这个主张,作出判决:根据法律解释和先例,脸书的配对算法并没有使得它变成为非发表者,脸书有权获得第 230 条(c)款(1)项规定的豁免。[5] 在法院看来,判决脸书因使用算法而承担责任,将会"颠覆第 230 条",使用算法并不能使平台被排除在发表者之外。对此,有学者批评道:算法的使用,已经使得平台超越了传统的发表者的角色,法院对于发表者的宽泛解读,不符合第 230

① Fields v. Twitter, 881 F. 3d 739 (9th Cir. 2018).

② See Anka Elisabeth Jayne Goodman, *When You Give a Terrorist a Twitter*: *Holding Social Media Companies Liable for Their Support of Terrorism*, 46 PEPP. L. REV. 147 (2018).

③ See, e. g., Sikhs for Justice, Inc. v. Facebook, Inc., 697 F. App'x 526 (9th Cir. 2017); Fyk v. Facebook, Inc., 808 F. App'x 597 (9th Cir. 2020).

④ Force v. Facebook, Inc., 934 F. 3d 53 (2d Cir. 2019).

⑤ *Ibid*.

条的立法原意。[①]

总体而言，法院在这一领域的司法决定，延续了其言论自由保护者的立场，更多地尊重立法机构的判断。尽管国会CAD第230条的出台，在很大程度上阻断了联邦最高法院探求网络领域言论自由问题的司法路径——传统上，是联邦最高法院在个案裁判中积累起规则，但是，第230条作为国会立法，与联邦最高法院半个多世纪发展起来的第一修正案案例法精神完全契合。比如，最大程度地减少对网络言论的寒蝉效应，以及面对尚未明晰的互联网技术发展的方向之时，对于互联网规制立法的慎重和审慎。实际上，与立法机构一样，作为司法机构的法院也是互联网法律问题的解决者、探索者。

四、宪法难题和法律难题

总结上述讨论，和所有宪法条款的实施一样，司法视角下第一修正案的重心，在于政府是否违反了这一宪法条款、侵害了人民的言论自由——这是一个宪法问题。当我们从第一修正案出发讨论言论自由时，应该是在讨论政府和人民之间的关系。换言之，言论自由针对政府，这是司法过程之宪法思路的展开方式。

（一）宪法与法律之别

就立法过程而言，立法机关或立法本身对于第一修正案问题的处理空间，首先取决于立法机构自己的判断——应该尽力保证立法不违反宪法条款；同时，司法对于立法的合宪性判断也给立法机构带来指引——表现为司法决定的立法意义。这个问题可能比较复杂，

---

① See Alison Eleey, *Internet Regulation-Second Circuit Follows Majority of Courts in Broad Application of Communications Decency Act Immunity-Force v. Facebook, Inc.*, 934 F. 3d 53（2d Cir. 2019），26 Suffolk J. TRIAL & APP. ADVOC. 169（2020）.

立法与司法存在彼此联系、相互作用的过程,司法决定既判力虽只及于个案当事人,但是判决的影响力也指向立法,即权力与权力之间具有互动作用。以《通信规范法》为例,立法与司法的互动在该法第223条实施过程中,通过法院的违宪判决致使国会修改相关立法内容表现出来。

《通信规范法》的重要立法目的之一是保护未成年人不受由电信设施传播的"淫秽"或"猥亵"信息影响和侵害,但针对这一目的所采取的网络空间言论规制手段受到了合宪性挑战。如前所述,网络色情入刑化的规定被联邦最高法院否定。第223条禁止任何人通过电信设施在知情的情况下,向小于18岁的未成年人传递"淫秽"或"猥亵"的信息或图片,并禁止任何人利用计算机,对小于18岁的特定个人传送或展示"根据当代社区的衡量以完全非礼的"方式描绘性行为的信息或图片,违者将被判处罚款或不超过2年的监禁。① 在1997年的"网络猥亵第一案",②联邦最高法院判决,该法第223条关于网络色情言论入刑规定违反了第一修正案。对于儿童利益的特别保护,被言论规制立法所强调。第223条刑事条款被联邦最高法院判决违宪后,国会作出反应,通过了《儿童网上保护法》(Child Online Protection Act),禁止任何人通过浏览器为了商业目的让任何未成年人接触任何对其有害的信息。之后不久,联邦最高法院在2002年"网络猥亵第二案"维持了这一立法的合宪性。③ 另外,涉及对于儿童进行特别保护的国会立法,还有《儿童色情防治法》(Child Pornography Prevention Act,1996)。该法除了禁止儿童色情之外,还禁止看上去像未成年人的成人演绎的或使用计算机图像制造的色情镜头,这一规定在2002年的"儿童色情第一案"被联邦最高法院以"构成实质性的过分宽泛"为由判决违宪。④ 针对联邦最高法院

---

① 张千帆:《美国联邦宪法》,法律出版社2011年版,第398页。
② Reno v. American Civil Liberty Union, 521 U. S. 844 (1997).
③ Ashcroft v. American Civil Liberty Union, 535 U. S. 564 (2002).
④ Ashcroft v. The Free Speech Coalition, 535 U. S. 234 (2002).

的判决，国会修改了《儿童色情防治法》的相关条款，在 2008 年的"儿童色情第二案"，[1]联邦最高法院维持了修改后规定的合宪性。在此，立法内容和案件判决，反映了言论内容规制方面国会与法院——特别是联邦最高法院——之间的良性互动，也折射出立法与司法的不同视角。

通常立法过程对人民的言论自由施加限制——这就是所谓的"宪法规定自由，立法限制自由"，这时，立法给人民规定了法律上的责任——不是宪法上的责任，任何对于法律的违反都要承担不利的后果。与宪法责任指向政府不同，法律责任是指向政府和人民的。在言论自由问题上，法律对于言论的限制主要基于两个方面的考量：一是公共的利益，二是个人的利益。法律思路展开的方式是：一个人的自由应该受制于公共利益和个人利益，法律设定这种限制，即意味着个人在法律上具有责任。当然，立法对于人民自由施加的责任是不是符合宪法，要由法院判断。所有法律在被挑战并被判决之前，都被推定是合宪的法律，存在并发挥效力。言论规制立法也是如此。

宪法思路和法律思路既相对独立又相互关联。法院作为司法机关处理宪法问题，也处理法律问题，前者是在司法过程作出宪法或合宪性判断，后者是作出法律或合法性判断；国会作为立法机关处理法律问题——突出表现在制定法律上，当然也处理宪法问题——以确保自身立法的合宪为要务，但并不是其他机构是否合宪的判断者。[2] 在言论自由领域，特别是网络空间言论问题上，立法的主导地位似乎更明显，更有将宪法难题留给法律处理的意图——至少是间接效果，即宪法难题在一定程度上转化为了法律难题。以第 230 条为例，关于网站或平台不得作为发表者的规定，如果内容来自第三方时免责，出于善良愿望的屏蔽、封锁和筛选等行为的免责，以及对于来自第三方的诽谤言论免责，使得网站在私人诉讼即普通法律诉讼

---

① United States v. Williams，553 U. S. 285 (2008).
② 可能的例外是国会弹劾权力行使过程中的宪法问题。

中不承担责任,可以看作是解决了这类民事争诉的法律难题。进而言之,法律通过民事责任的免责规定,也在客观上"阻止"了宪法诉讼——第一修正案诉讼。因为,法律对于平台出于善意地屏蔽、封锁和筛选冒犯性材料行为的保护,从另外一个角度看,也是对这些平台审查用户言论行为的保护。对于言论的审查——特别是内容的审查——被联邦最高法院认为是"政府不得"的行为,因为政府不得以正确自居,判断人民的言论的真伪正误优劣好坏等,这是以思想市场理论为基础的对政府的普遍禁止。但是,第 230 条规定的是平台的审查,平台不是政府,不受制于第一修正案对于政府的限制。因此,网站作为私人主体的言论审查行为,在宪法上是对于政府的禁止即政府(而非私主体)不得审查言论,那么,当被审查的用户提起诉讼说,平台侵害了其受到宪法保护的言论自由时,这个宪法诉讼是不成立的。同时,不管平台是允许还是不允许用户发表言论,责任都被豁免,因而针对平台的法律诉讼——非宪法诉讼,也可以根据第 230 条来阻止。在这个意义上,第 230 条既解决了宪法难题,也解决了法律难题。

尤其是,第 230 条(c)款(2)项规定平台限制用户访问被平台认为是淫秽的、过分暴力的等 7 种情形的材料时免责,一个后置的条件是"不论此材料是否受到宪法保护"。"不论此材料是否受到宪法保护"的规定是很有意思的,相当于排除宪法问题——平台不需要考虑言论的宪法问题。这是立法对于合宪性问题处理的少见方式,也给司法决定预留了空间:是否受到宪法保护,法院说了算,立法通常没有最终判断的权力。或者更准确地说,立法有判断的权力,但是立法判断最终受制于司法判断——一旦诉讼,则司法决定为终局性决定。但是,立法给出明确的免责规范,则使得法院在裁判言论是否受第一修正案保护之时有了"法律"依据——不仅仅是"宪法"(第一修正案)依据。比如,在宪法层面,冒犯性言论受到第一修正案保护,因此,政府不得随意封禁,但在法律层面,作为私人公司的社交媒体平台可以根据自己的判断封禁冒犯性言论,而且并不因此而承担民事上的侵权责任,这不能不说是"宪法难题的法律解决"。对于私人诉讼——

因言论而起的言论诽谤诉讼，尤其是针对社交媒体平台的言论诉讼，一般不会"扣动第一修正案扳机"。第230条的特殊功能在于，许多涉及言论的争诉止步于合法性层面，即不发生宪法之诉，只发生法律之诉，将问题停留在法律层面解决，不"提升"到宪法层面。

（二）免责的权宜处置

事实上，对于平台的免责，也可以解读为立法的"权宜之计"。一方面，互联网的已知和未知，人类对于自己的发明之物的利用和无奈，这样的科技之物在多大程度上偏离了原初的设计，是否成了一种异化的力量，甚至走向了反面？当不能完全把握这个技术的发展方向的时候，保守的做法是"不行为"，即不马上进行限制，而是观察、试验、实践。因此，法律层面的处理是应景性的、应急性的。何时可以从宪法层面得到解决？这是一个不确定的问题，时间的快慢或长短，取决于许多因素，客观的主观的都有。因此，立法应对上采取审慎的态度是明智的。

另外一方面，权宜之计，未尝不是普通法或者实用主义法律或法学的题中之义甚至首选。我们很难预知未来，唯一能够确定的是过去，只能从过去预知未来。这就决定了不可能有一个包治百病的完美方法或立法方案，可以一劳永逸地，甚至可以全面地解决或者处理问题。尤其是在言论自由问题上，像所有的自由问题一样，权宜之计作为首选，是对于不确定性的承认，也是对于人类自身认知能力的局限性的承认，以及对于不可知的世界和自己的承认。真正有生命力的规则，恰是在应对的实践中产生又在实践中应对的。关于权宜之计，格雷（John Gray）教授把它看作是自由主义的另外一张面孔，他指出，"没有哪一种政策是独一无二地合理的，或者是被所有人接受的。受到影响的人类利益不可能全都得到充分保护。惟其如此，它们往往还是最好留给政治去考虑。把那些极端对立的问题看作基本权利的问题并没有把它们从政治冲突中排除出去。这仅仅是加剧了法律实践的政治化。"①如果把这个思想应用到对于平台的规制上,则是承认只有民主过程的立法才能解决这样的棘手问题,尽管立法解决或许并不能够算得上是最为合理和最为完善的。没有办法,这是人类自身的局限所决定的,问题不是我们到底有没有能力解决,而是我们必须诉诸于什么样的程序去解决,这决定了合法性本身。

近30年的立法、司法实践表明,互联网言论的规制、免责及其合宪性等一系列问题,可能不只需要司法来面对。尤其是互联网技术得到迅猛、纵深发展的当下,与以往权利保护的模式——更多依靠司法过程——不同,尽管"在数字时代,对第一修正案权利的司法保护仍然是十分重要的。但是,如果我关于未来政策辩论的轨迹是正确的话,我们的注意力将进一步转向设计问题——制度和技术两方面的设计会大大超过司法管辖权,数字时代保护言论自由价值的中枢角色将会是立法机构、行政机构和技术人员。"②换言之,立法应对十分必要。以往没有被重视的权力分支和其他力量,都是重要的参与者(甚至是主导者),言论自由和第一修正案是全社会的事业。这可以理解为互联网特殊性带来的特殊要求。

(三) 托马斯之问?

值得注意的是,正是因为考虑到了互联网和平台的特殊性,现有法律规制手段和司法判决,都不可避免地表现出尴尬或悖论局面:一方面是为技术发展放行开绿灯,防止因言论侵权阻碍互联网技术的发展,所以免责是首选;另一方面,免责的结果是平台对于言论的控制实际上影响用户的言论发表。互联网开放了言论的形式、内容,是言论自由的新场域,又限制甚至损害了言论自由。

在这方面,推特封禁特朗普总统账户、特朗普总统拉黑推特用户

---

① [英]约翰·格雷:《自由主义的两张面孔》,顾爱彬、李瑞华译,江苏人民出版社2008年版,第123页。

② Jack M. Balkin, *Free Speech and Press in the Digital Age:The Future of Free Expression in a Digital Age*, 36 PEPP. L. REV. 427 (2009).

被诉两个事件具有典型性。这两个看似不直接相关事件的内在矛盾，是数字平台场域言论自由的主要法律难题。托马斯大法官（Justice Thomas）在 Knight 案联邦最高法院判决书的赞同意见中写道："特朗普总统阻止了几位用户与他的推特帐户互动，他们就此提起诉讼。第二巡回上诉法院判决，评论区域是'公共论坛'，其时总统特朗普运用对其账户的控制，阻止原告进入交互评论区域，违反了第一修正案。但结果是，特朗普只是对账户进行了有限的控制，而推特已从平台中永久删除特朗普帐户……推特控制和特朗普控制的差异悬殊非常明显：往轻里说，特朗普拉黑了给他留信息的人，而推特禁止了特朗普，不仅禁止他与一些用户交互，而且把他从整个平台上完全移除，因此禁止了所有用户跟特朗普交互信息。根据它的服务条款，推特可以从平台上移除任何人——包括美国总统——在任何时候出于任何原因或没有任何原因。"[①]这一质疑的实质是，法律层面私主体的责任的豁免，在多大程度上实质性地侵害了所有主体——比如特朗普总统和特朗普公民——的宪法上的言论自由。这是法律问题和宪法问题之间的关联性，也是宪法问题转化为法律问题或法律问题转化为宪法问题的可能性。如果我们把托马斯大法官的意见称作是"托马斯之问"，那么这一问可能是互联网时代始终需要面对的难题，如何权衡，值得研究。

整体上，本书所探讨的特朗普总统以推特言论为表现形式的言论自由关系，也正是反映了这样的难题。这个问题的解答可能没有标准的、正确的答案，唯有在实践中摸索和总结。如托马斯大法官意见所言，Knight 案"上诉状强调了两个事实：今天的数字平台为史无前例的言论数量提供渠道，其中包括来自政府行为者的言论；然而，同样史无前例的是，把如此多的言论集中控制在私人的手中。因此，我们很快将别无选择，只能解决我们的法律理论如何适用于高度集

---

① Biden v. Knight First Amendment Institute at Columbia Univ., 593 U. S. ＿＿＿ (2021).

中的、私人所有的信息基础设施，比如数字平台。"①这意味着联邦最
高法院有改变既有原理的可能性、急迫性、必要性，甚至是必然性，最
直接的改变就是将平台作为公主体来对待，这意味着整体的第一修
正案案例法体系的推翻。这样的颠覆会发生吗？如果会，什么时候
发生呢？需要观察。

　　不过，托马斯大法官的意见也可以从另外一个不同的角度来认
识：平台对特朗普的剥夺即从平台上删除，与特朗普对评论者的限制
即拉黑用户，是不可同日而语的。两件事情不能相提并论，尽管在对
自由发表言论的限制的程度上，前者大于后者，但是，二者是完全不
同性质的问题：私人之限制与公权之限制。公权之限，哪怕只有一
分，都必须认真对待，这是第一修正案也是整个宪法的原则问题，淡
化这一点或否认这一点，会带来宪法秩序的弱化或混乱。对于公权
的警惕——哪怕它只是"进了一分一寸"，都是危险的，没有妥协和让
步的余地和空间；私人限制的强度，对于自由发表言论的影响，当然
需要认真对待，但是，是否应该或者必须把私法关系上升到或转化为
公法关系，即，把私人平台作为公权力主体来对待，却是必须慎重的。
今天，这样对待固然是为了保护言论自由，防止过度侵害，那么，明天
或后天，保不齐的是，谁能保障就是为了保护自由而不是剥夺自由？
对待的结果是，公权在这一领域的扩展侵入，这样的趋势是危险的。
这样的危险，要远远超过特朗普或者其他人被平台扫地出门。被删
除账户的人，肯定不止特朗普一个人吧，作为平台服务合同关系的当
事人，这是获得服务的对价。法律对于言论自由的限制程度，在多大
程度上使得这样的自由遭受到了实质性损害？平衡检测如何去判断
和衡量？这将涉及很多方面的利益，核心是言论自由责任对准私人
所造成的损害——对宪法制度和秩序造成的损害，是否小于私人"剥
夺"个人使用平台对其言论的自由发表造成的损害或损失？此时，是

---

① Biden v. Knight First Amendment Institute at Columbia Univ., 593 U. S. ＿＿＿
　 (2021).

两害相权取其轻。就自由而言，最应该、最需要警惕和应对的，永远是政府或公权力。这样看来，应对托马斯大法官的问题，似乎也不是那么迫切地需要改变或颠覆既有规则。

在任何领域，都会有法律和宪法上的张力或矛盾冲突。谁都不能保证，法律上的义务或责任设定能够完全实现宪法上的自由，言论自由的问题或许更加引人注目，自由与法治之间的紧张关系更加突出。这既是法律难题，也是宪法难题。事无两全，惟在取舍之间。这可能是无奈的结论吧，或者说，没有结论。

第三章 推特封号总统的宪法是非

　　2021年1月7日，即华盛顿游行示威者暴力冲击国会大厦事件发生的第二天，推特宣布永久封禁特朗普总统的账号@realDonaldTrump，理由是："因为存在进一步煽动暴力的风险"。不久，脸书、优兔也宣布封禁总统。历史地看，推特对总统封号之前，还曾经多次给总统推特账户的言论插旗、盖章、作真实性提醒。这些措施引起了总统针锋相对的回应，以致后者2020年5月26日下达行政命令，要求联邦机构进行规制，阻止网上（指推特等平台对言论内容）审查。被封号半年之后，2021年7月7日，已经卸任的特朗普以个人名义作为集体诉讼首席原告，在佛罗里达州迈阿密南区联邦地区法院，分别起诉推特、脸书、优兔三家公司及其它们的首席执行官，请求法院判决被告违反第一修正案、请求陪审团审判，具体包括判决被告承担赔偿损失、恢复账号等责任，并宣布《通信规范法》第230条（c）款（1）项和（c）款（2）项的规定违宪等7项要求，大有"秋后算账"之势。至此，推特与总统（在任和卸任）关系以诉讼形式暂告终结。本章围绕推特封号、总统命令、"秋后诉讼"三个事件展开，揭示和阐述其中的宪法问题。

一、封号行为的第一修正案辨正

　　众所周知，推特公司对总统推特账户实施封禁，致使后者不能通过推特账户发声，那么，这一封号行为是否侵犯了特朗普总统受第一修正案保护的言论自由？

（一）封号是否违宪

关于推特封号是否违宪问题，特朗普的回答是肯定的。他几乎第一时间通过白宫官方途径发出声明，这也是其任期内的最后一个官方声明。2021 年 1 月 8 日的声明指出："我早已说过多次，推特在禁止言论自由的路上走得越来越远了。就在今晚，推特公司雇员配合民主党和激进左派，把我的账户从他们的平台上移除，压制我——和你们，选举我的 75,000,000 名伟大的爱国者。推特或许是家私人公司，但是没有第 230 条这个政府礼物，它存在不了这么久。我已经预见到这会发生的。我们正在跟其他各种网站进行商谈，不久会有一个大的公告。我们也期待在不久的将来建立我们自己的平台，我们将不会被禁声！推特跟言论自由无关，它们完全是支持激进左派的平台，在那里，世界上最恶毒的一些人被允许自由地发表言论。走着瞧吧！"①这个声明的措辞非常激烈，很有"特氏风格"，愤怒又张扬。

上述声明包含几个关键信息：一是推特封号是禁言，压制总统和其支持者在推特账户上发表言论的自由；其二，推特公司是私人公司，但其封号行为的动机是"拉偏架"——允许激进左派言论自由，因此不是一朝一夕的事情，是早有预谋；其三，推特之所以毫无顾忌地封号，在于法律"护佑"——《通信规范法》第 230 条规定了责任豁免；其四，要继续自由发表言论，必须建立自己的平台。可见平台在当今言论自由中不可或缺的作用。在这里，特朗普将第 230 条称作"政府礼物"（government gift），可谓意味深长。《通信规范法》是国会立法，第 230 条豁免了网络平台的法律责任——包括对于封号、审查等行为的豁免。正是这一条款，能够让推特（和其他的社交媒体网站）

---

① Administration of Donald J. Trump, 2021 Statement on the Suspension of the President's Personal Twitter Account, Daily Comp. Pres. Docs. 1 (2021).

可以无所顾忌地采取他们认为合适的措施,尽管事实上造成了被封号者的言论的不自由。立法本身可能是公正的、客观的,甚至是为了促进言论自由,但在实践中,封号成了打压不同观点的手段。如果立法的结果成为一种工具——特朗普的意思就是如此,那么,推特等平台的"个人倾向"就会成为平台政策的立场,比如偏左还是偏右,有可能使得左或者右的观点表达的机会和空间受到不同的对待,第230条的豁免就为打压异己行为提供了方便——合法的方便。所以,说第230条是"政府礼物"也许并不为过。在特朗普的角度,"政府礼物"一词是讽刺,更是不满。

不过,特朗普的看法不会就是法官的立场,法院有自己的裁判标准。从第一修正案条款内容和联邦最高法院的案例法来看,推特公司的封号行为不构成对于特朗普总统言论自由的侵害。因为第一修正案的限制对象是政府或者公权力机构,禁止的是政府对于私人言论的剥夺或者限制,即宪法责任的承担者是政府,不是私人。因此,作为私人的推特公司,不会成为违反第一修正案的责任主体,也不构成对于总统言论自由——第一修正案保护的宪法权利——的侵害。结论是推特公司的封号行为没有违反第一修正案,不承担宪法上的责任。

(二)宪法责任与法律责任

这里需要澄清宪法责任和法律责任的差异。

如上所述,在美国司法实践中,宪法责任施加给政府或公主体,是确定的规则。宪法以限制政府为己任,美国宪法尤其如此,以至于联邦党人认为权力(才)是成文宪法典的核心要素,不可或缺。在宪法权力和权利的设定上,联邦党人的一个代表性观点是,一个有限权力的政府"没有必要甚至不应该再规定权利"。理由在于:"人权法案,从目前争论的意义与范围而论,列入拟议中的宪法,不仅无此必要,甚至可能造成危害。人权法案条款中包括若干未曾授予政府的权力限制;而正因为如此,将为政府要求多于已授权力的借口。"①可以说,宪法的特殊性是清晰的:宪法上的义务、责任指向政府,宪法上的自由、权利指向个人(私主体),私主体不负宪法责任,宪法责任施加给公主体——政府或者公权力机构,即私主体不构成宪法上的责任主体,这就是所谓的宪法权利、宪法义务和责任的单向性。此处的义务和责任,在宪法规范上或是以直接的施加为形式,或是以权力的限定性要求为形式,义务、责任对应权力,或者反过来,权力意味着义务和责任。

宪法责任承担主体的特殊性,与个人在宪法上的权利(自由)具有对应性,宪法上的权利的确定或确认,本身就是对于政府权力的约束。不仅如此,宪法上的权利直接约束政府权力。在司法过程,表现为当事人可以直接挑战政府权力以维护自己的宪法上的权利,或者,直接以政府违反宪法上的限制性或者禁止性规定作为诉求。在此,宪法权利的可诉性,决定了宪法责任的特殊性——被告为政府,即个人主张自己的宪法权利,是向政府主张,宪法权利对应的是政府的宪法责任。不仅如此,即便是没有明确规定的宪法权利,也并不意味着不受宪法保护。这就是宪法权利的扩展性。特别需要指出的是,政府对于权力之宪法限制的违反,本身即需要承担宪法上的责任,无论这种违反是否直接与个人的权利相关。这也意味着宪法责任的不可推卸。

第一修正案所保护的言论自由,属于宪法权利,直接针对的是政府不得侵犯的义务,对于非政府的私主体而言,并不承担宪法上的责任。

与宪法责任不同,法律责任的承担者或责任主体既可以是政府,也可以是私人,法律层面的义务指向所有人,即政府和私人都负有法律上的义务,在法律责任的承担上,政府和私人都会成为主体。私主

---

① [美]汉密尔顿、杰伊、麦迪逊:《联邦党人文集》,程逢如、在汉、舒逊译,商务印书馆1980年版,第429页。

体不承担宪法上的责任,并不意味着不承担法律上的责任。具体到2021 年 7 月的特朗普起诉推特公司一案,[①]推特作为私人公司不承担宪法责任——不是违反第一修正案的责任主体,但不排除其承担法律责任。作为法律责任主体,推特承担法律责任的方式和程度,由法院进行裁判和决定。换言之,推特与特朗普之间不存在因推特封号、审查行为而产生的宪法关系,但二者之间可能发生法律关系,推特受制于联邦法律——非联邦宪法、州法律的约束,承担法律上的义务,可以被追究法律责任。《通信规范法》第 230 条对于社交媒体平台的民事责任作出了特定条件下的豁免规定,据此,推特对特朗普账户采取的一系列相关行为的责任将会在第 230 条下被衡量。在特朗普对推特的诉讼中,涉及第 230 条豁免情形的,法院有可能判决推特不因实施被第 230 条豁免的行为承担法律责任。

当然,法律免责并不意味着一定不承担责任。但是,如果当事人提起诉讼,作为被告方的推特公司或其他平台,只会承担法律责任——取决于法院是否认定符合豁免的条件,而不会被追究宪法责任。而且,在豁免责任之外,如果法院认定推特实施了法律禁止的行为,则不能排除推特承担法律责任。此外,在推特和特朗普之间,就推特账户使用形成了账户提供者与账户用户之间的合同关系,这一合同关系中,双方都有权利义务,对于义务的违反,也会导致法律责任,且仅限于法律责任。与第一修正案相关联的领域,联邦法、州法都存在相关的法律责任的规定。

二、政府行为的司法认定

如上所述,推特的封号行为不违反第一修正案,因为私人不构成宪法责任的主体。但是,任何规则都有例外,在极为特殊的情况下,

[①] Complaint, Donald J. Trump, et al. v. Twitter, Inc., and Jack Dorsey, Case 1:21 - cv - 22441 - XXXX (S. D. Fla. 2021).

私人也会成为宪法责任的主体。之所以说"极为特殊"，在于要满足法院的相关判断标准是十分困难的。因而通常情况下，私人不会承担宪法责任。这种将宪法责任主体进行甄别区分的标准，是联邦最高法院在司法实践中发展出来的政府行为原理或理论（state action doctrine/theory）。这一原理为相关问题的澄清提供了根据。

（一）政府行为的含义

作为一部成文宪法，《美国联邦宪法》仅仅适用于政府的行为（governmental conduct）——通常被称作"政府行为"（state action）。[①] 政府行为这个术语，是指任何层次政府（联邦、州或地方）的行为，或笼统地指公主体行为。[②]

政府行为原理的要旨在于，政府行为即公权力行为，才受制于宪法的约束，私人行为不受宪法约束。即，区别政府行为者（state actor）或公共行为者（public actor）与私人行为者（private actor），并由此产生宪法权利诉求上的不同结果。一般情况下，政府从事的行为都会被归为政府行为，也有少数例外，比如政府作为市场参与者而非市场管理者之时，其行为不会被作为政府行为来对待。因此，政府从事的行为，在原则上都是政府行为，在例外上不是。问题在于，有时，政府行为的范围会超过政府作为主体的行为，此时，私人主体的行为会被作为政府行为来对待——看作是政府从事的行为。所以，私人行为不属于政府行为，是一般原则，属于政府行为，则是例外。正因为如此，政府行为原理是专为判断私人行为而存在的，目的在于确定"例外"。

---

① 关于"state action"的中文翻译，主要有国家行为、州行为、政府行为。比较而言，"政府行为"更能准确反映这个术语的核心内涵，且不易引起歧义，故本书加以采用。

② 《美国联邦宪法》文本中唯一的例外是第十三修正案。第十三修正案（共两款）规定："在合众国境内受合众国管辖的任何地方，奴隶制和强制劳役都不得存在，但作为对于依法判罪的人的犯罪的惩罚除外。国会有权以适当立法实施本条。"据此，责任主体不限于政府或公主体，个人或私主体也在此条修正案的限制之列。

在这里,推特公司的封号行为会不会被作为政府行为来对待,被法院判决侵犯了特朗普的言论自由? 根据政府行为原理,作为例外,私人行为在满足一定条件之下,才可能被作为政府行为来对待,由此承担宪法责任。以往案例的特点是,联邦最高法院在对待私人主体行为的政府行为判断上,标准把握得十分严格。据此经验,法院会否定推特封号行为的政府行为性质,基本理由至少有三点:(1)推特作为私人公司,没有任何政府因素介入,不行使任何政府或公法意义上的职能;(2)社交媒体是言论发表的新的场域,但是,这个场域属于私人财产时,不会当然受制于宪法,因为私人公司不是公共论坛;(3)封号行为是私人公司自己决定的行为,不是由政府决定、私人执行的行为,跟政府没有关联。因此,封号不违宪。

(二) 政府行为的判断

第一修正案,跟其他宪法保障条款一样,一般仅适用于政府行为。即,言论自由的宪法保障,仅存在于政府行为中。"制定法或普通法在某些情况下可能会扩大保护范围,或提供救济以对抗寻求剥夺他人言论自由的私人公司或个人,但《美国联邦宪法》本身没有提供这种保护或补救"。[1] 诉讼实践中,联邦最高法院在有限的条件下,允许第一修正案主张针对剥夺受保护言论的私人主体提起。这些"有限的条件"即法院认定私人行为构成政府行为的情形,联邦最高法院主要采用以下两大类检测或认定标准来判断政府行为。[2]

标准之一:公共功能检测

公共功能检测(public function test)是指,检测私主体是否行使传统上完全由政府行使的公共功能,以确定其事实上的公主体身份

---

[1] Hudgens v. NLRB, 424 U. S. 507 (1976).

[2] 关于政府行为的检测标准,学界存在不同归纳方法。相对而言,"公共功能检测"和"关系牵连检测"二分法能准确地涵盖法院裁判实践,故本书加以采用。参见 Erwin Chemerinsky, *Constitutional Law* (Second Edition), Aspen Publishers, 2005, pp. 472-518。

从而适用第一修正案。

在作为首例的 1946 年 Marsh v. Alabama 案中，①法院判决：第一修正案禁止惩罚生活在一个"公司所有的城镇"（a company-owned town，也可译作"公司镇"）上的居民——因他们从事散发宗教文件的行为。这个小镇为一家私人公司所有，它具有所有美国小镇的特征，包括居民、商业、街道、共用设施、公共安全官员、邮局。根据这些情况，法院认定，公司的财产利益不是关键，是一家公司还是一个市政所有或占有这个小镇，无关紧要，公众在这两种情况下都具有相同利益，即享有社区运作功能，使交流渠道得以保持自由的方式。因此，公司不得以限制居民基本权利的手段去管理一个公民社区。在 1974 年 Jackson v. Metro. Edison Co. 案，②联邦最高法院进一步把 Marsh 案判决概括为公共功能检测。根据这一标准，如果一个私人实体（私主体）行使了传统上专属于政府的排他性的权力，第一修正案将适用。

标准之二：关系牵连检测

关系牵连检测（Entanglement test）是指，检测政府是否肯定、授权、鼓励或促使私人从事违反宪法（包括第一修正案）的行为，来判断第一修正案对私人主体的禁止。两个检测标准并非完全割裂，某些案件可能既涉及公共功能又涉及关系牵连。

关系牵连检测的关键问题是，什么程度的政府参与足以导致宪法的适用、什么类型的政府鼓励足以形成政府行为。这类案件主要涉及四个领域：司法和法律执行行为、政府许可和规制、政府补贴、初选歧视。③ 在实践中，如果一个私人主体与政府具有足够充分紧密的关系，法院适用第一修正案用以对抗该私人主体。这种情况存在于私人公司"受到广泛的政府规制"之时，尽管单有政府规制不足以确

---

① Marsh v. Alabama, 326 U. S. 501 (1946).

② Jackson v. Metro. Edison Co. , 419 U. S. 345 (1974).

③ See Erwin Chemerinsky, *Constitutional Law* (Second Edition), Aspen Publishers, 2005，p. 487.

立政府行为的要求。相反,这种案件的要求是,是否在政府和被规制实体的被挑战行为之间存在足够复杂关系,因而后者会被合理地作为政府本身来对待。①

　　比如,在 1952 年的 Pub. Utils. Comm'n v. Pollak 案中,②法院判决,当私人公司运作公共服务设施——联邦国会授权的"实质性垄断"——之时,这种关系就存在了。更加重要的是,公司运作在政府机构的规制监管之下,被质疑的具体行动涉及该政府机构的行动。在 2001 年的 Brentwood Acad. v. Tenn. Secondary Sch. Athletic Ass'n 案中,③法院判决,名义上是私主体的州体育协会,应该受到第一修正案标准审查,因为其组成和工作与公共机构、公共官员具有无处不在的纠葛。苏特大法官(Justice Souter)传达的法院意见指出,"本案的争诉点在于,一个州范围内的协会,其参与规制公立和私立中学间的校级体育比赛,当它对一个成员学校执行一条规则的时候,是否应该被看作是在实施政府行为。该协会包括了州内绝大多数公立学校,通过他们的代表行事,从代表中抽取管理者,其资金主要来自于会费和收入,历史上,它的规制被视为是替代州教育委员会行使其自身权力。我们判决,由于协会组织结构中充斥着与州学校官方的缠绕关系,该协会的规制行为可以而且应该被作为政府行为来对待,不存在任何抵消的(offsetting)理由去以任何其他方式看待协会的行为。"④

(三) 检测标准与社交媒体平台

　　近年来,联邦下级法院处理了一系列针对社交媒体的言论案件。原告们主张各种互联网公司包括社交媒体网站,删除他们的言论或

---

① See Valerie C. Brannon, Free Speech and the Regulation of Social Media Content, Congressional Research Service Report, March 27, 2019.

② Pub. Utils. Comm'n v. Pollak, 343 U. S. 451 (1952).

③ Brentwood Acad. v. Tenn. Secondary Sch. Athletic Ass'n, 531 U. S. 288 (2001).

④ *Ibid*.

限制他们访问网站、发表言论之时,应该被作为政府行为者来对待,受制于第一修正案的约束,但都被法院驳回。[1]

下级法院多次判决,社交媒体网站不能满足"排他性的公共功能检验",性质上不是一个 Marsh 案意义上的"公司镇"。法院认为,根据联邦最高法院当下的案例法,私人行为者不是政府行为者,不受制于第一修正案审查——仅仅因为它们坚持把自己的私有财产运作成一个论坛,为了不同观点的表达。单纯的事实即社交媒体服务商把它们的网络开放给公众使用,不足以使它们受第一修正案约束。原告们在诉讼中,通常着力将社交媒体平台描述成公共论坛的特征,或者把"新闻传播和促进辩论"作为传统上、排他性的由政府提供的公共功能,以满足公共功能检测,法院对此予以否定。[2]

比如,在 1996 年的 Cyber Promotions v. American Online 案中,[3]联邦地区法院驳回了原告的主张——通过提供互联网电子邮件和为其成员开设网络电子邮件邮箱,被告 AOL 已经向公众开放了其网络的部分区域,因此,已将该领域充分用于公共用途。法院认为,尽管被告 AOL 在技术上通过链接互联网向公众开放了其电子邮件系统,但是并没有向公众开放它的财产,通过履行任何市政权力或基本公共服务,因此,不能认为是站在了政府位置上。该案的原告即挑战者是一家公司,它被阻止通过电子邮件发送未经请求的广告,因此同时主张,AOL 履行了一项排他性的公共职能,因为该公司没有可替代的交流渠道去发送电子邮件给 AOL成员。法院也驳回了这个主张,结论是,该公司有可替代的途径去发送广告给 AOL 成员,包括互联网上的其它区域和"非互联网

---

[1] See Valerie C. Brannon, Free Speech and the Regulation of Social Media Content, Congressional Research Service Report, March 27, 2019.

[2] *Ibid*.

[3] Cyber Promotions, Inc. v. America Online (AOL), Inc., 948 F. Supp. 436 (E. D. Pa. 1996).

途径"。同样的,在 2018 年 Prager University v. Google LLC 案中,[1]联邦地区法院判决,通过运营优兔的一个录像共享网站,然后限制观看某些录像,谷歌公司并没有以某种方式实施由政府提供的排他性的"极少数"功能之一。[2]

下级法院还判决,社交网站不能满足关于政府行为的"共同参与、复杂关系和二者纠葛"(即关系牵连)检验。比如,在上述 Cyber Promotions 案中,法院认为,不存在共同参与问题,因为政府并没有参与被挑战的 AOL 决定——仅有法院的介入,并不会牵涉到第一修正案;在 Quigley v. Yelp, Inc 案,法院也判决在各种社交媒体和政府之间不存在共同参与,因为原告不能证明,政府参加到了诉讼挑战的特定行为之中。[3] 法院还否定了一个主张:被告和政府之间存在普遍的纠葛,因为政府在被告的网站上开设了账户,政府利用这些账户跟公民联系。法院判决,即使假设这一指控是真的,这也不是一种缠绕,以至于把私人主体的行为转变成了政府行为。很明显的是,政府并没有参加到被告网站的运作和管理之中,只是以跟其他用户同样的方式使用了网站。[4]

下级法院的结论是一致的:社交媒体平台不构成政府行为者,第一修正案不能阻止它们对用户言论的处理。联邦最高法院迄今为止还没有在这个问题上作出判断。[5] 随着社交媒体平台对于言论自由的重要程度日益显现,且被用户诉诸司法的概率呈上升趋势,可以预见,联邦最高法院迟早会面对。托马斯大法官 2021 年在 Knight 案

---

[1] Prager Univ. v. Google, No. 17 - CV - 06064 - LHK 2018 U. S. Dist. LEXIS 51000 (N. D. Cal. Mar. 26, 2018).

[2] See Valerie C. Brannon, Free Speech and the Regulation of Social Media Content, Congressional Research Service Report, March 27, 2019.

[3] Quigley v. Yelp, Inc. , No. 17 - cv - 03771, 2017 U. S. Dist. LEXIS 103771 (N. D. Cal. Jul. 5, 2017).

[4] See Valerie C. Brannon, Free Speech and the Regulation of Social Media Content, Congressional Research Service Report, March 27, 2019.

[5] *Ibid*.

指出,"遗憾的是,这份上诉状使我们没有机会面对它们。"①对于联邦最高法院来说,缺少的是一个程序意义上的恰当的契机。

(四) 推特封号、审查是否构成政府行为

2021年7月7日,特朗普起诉推特以及脸书、优兔,②请求法院判决推特等三家大技术公司违反第一修正案,并请求陪审团诉讼。与其在任时的总统声明立场颇为一致,特朗普认为推特(脸书、优兔亦如此)的审查、封号等行为,侵犯了他的言论自由,违反了第一修正案。其理由是,推特具有"政府行为者"的身份、推特的行为的性质是"政府行为",因而第一修正案对它们适用,并由此得出推特违反第一修正案的结论。这里存在两个关键词:政府行为者和政府行为。政府行为这个诉点最为关键,特朗普提出的几个具体请求都建立在这个诉点之上。如果推特的行为不构成政府行为,则意味着其他的诉求都失去了基础。在此,我们结合起诉书的内容,论证原告特朗普的主张能否成立。前文对于推特封号等行为是否违宪,已给出否定性结论,此处的讨论围绕原告的诉请展开,力求更有针对性。

第一,起诉书认为被告推特公司的身份是政府行为者,所以要承担第一修正案的宪法责任。

起诉书指出:"由于危险的立法行动和对于《通信规范法》第230条的错误导向的依赖,推特已经越来越多地实施了不被允许的审查,并故意参与联邦行为者的联合行动。所以,被告推特的地位已经从私人公司上升到政府行为者,正因为如此,被告对其作出的言论自由

---

① Biden v. Knight First Amendment Institute at Columbia Univ. , 593 U. S. ____ (2021).

② Complaint, Donald J. Trump, et al. v. Twitter, Inc. , and Jack Dorsey, Case 1:21 - cv - 22441 - XXXX (S. D. Fla. 2021); Donald J. Trump, et al. v. Facebook, Inc. , and Mark Zuckerberg, Case 1:21 - cv - 22440 - XXXX (S. D. Fla. 2021); Donald J. Trump, et al. v. YouTube, LLC. and Sundar Pichai, Case 0:21 - cv - 61384 - XXXX (S. D. Fla. 2021).

审查决定受到第一修正案约束。"①起诉书的论证逻辑是:因为满足了一定条件,所以推特应当被作为政府行为者来对待,因而受制于第一修正案。这里的联合行动,是指联邦政府利用推特社交媒体平台针对相关疫苗误导信息采取的行动。起诉书给出的材料是,"美国疾病控制与预防中心(The Center for Disease Control,简称CDC)已经公开声明,它与包括推特在内的'社交媒体平台'一起工作,去'控制有关疫苗的错误信息的传播扩散'。在2019年10月11日的文件中,CDC清楚地表明,它是'和搭档……行动',去'遏制疫苗错误信息的蔓延',还特别声明,CDC会'为此跟社交媒体公司合作'"。② 需要质疑的(或起诉书的漏洞)是,推特审查言论、有意识地参与联邦行为者的联合行动,是否就是(成了)政府行为者?

根据前述政府行为原理,政府之外的组织和个人不是政府行为者,将政府之外的组织和个人认定为政府行为者,属于例外。这种例外所要满足的标准和条件十分严苛,认定十分困难。从私人公司到政府行为者,从私人公司行为到政府行为的性质的认定,需要满足严格的条件。按照联邦最高法院的解释,一个私人主体要成为政府行为者,只有在行使了"传统上只属于政府的权力"之时。法院已经强调的是,"非常少"的功能可以归为那一类,即属于那一类的功能极为少见。③ 推特提供社交媒体平台作为人民发表言论的空间,并不因此而成为政府行为者,政府可以提供空间,私人也可以提供空间。互联网或平台是发表言论的空间——场地,但是,并不意味着互联网就是公共论坛。公共空间与公共论坛具有不同的性质,前者既可以是政府的,也可以是私人提供,后者则含义特定,由政府提供或指定成为人民发表言论的地方或空间。

问题在于,不能仅仅因为提供了言论空间,私人主体就转变成了

---

① Complaint, Donald J. Trump, et al. v. Twitter, Inc. , and Jack Dorsey, Case 1:21 - cv - 22441 - XXXX (S. D. Fla. 2021).

② *Ibid.*

③ Manhattan Community Access Crop. v. Halleck, 139 S. Ct. 1921 (2019).

政府行为者。早在 1972 年,联邦最高法院判决,仅凭一个事实——一个私人空间向公众开放,不足以"授权"公众在那个空间享有第一修正案的保护。[①] 在 2019 年决定一个公共电视频道是否符合政府行为者要求的 Halleck 案中,[②]联邦最高法院判决,"一个私人企业,并不会只基于为言论提供论坛的事实,则成为政府行为者。简言之,给别人的言论提供场所,并不是传统的、排他性的公共功能,不能仅就此将私人主体转变成受制于第一修正案的政府行为者"。[③] 正如卡瓦诺大法官(Justice Kavanaugh)所解释的,"如果规则不是这样,所有的私人财产所有者和私人租户,为言论目的开放其财产就要受制于第一修正案约束,将会失去他们在开放论坛中行使适当的编辑自由裁量权的能力。私人财产所有者和私人租户,将会面对一个令人讨厌的选择:或者允许所有来者,或者完全关闭平台。"[④]

在此,推特对于言论的审查,不会使其成为政府行为者,正相反,政府在传统上不得对言论进行审查,这个私人主体并没有行使传统上只有政府才能行使的权力,因为政府没有权力进行审查。另外,推特参与到联邦行为者的联合行动也不能使其成为政府行为者,因为,CDC 对于疫苗错误信息传播的控制,防止在社交媒体上的蔓延,需要得到社交媒体合作。CDC 在实施行为时,社交媒体平台是一个提供给 CDC 实施行为的工具或者手段,即,CDC 利用社交媒体平台实施行为,此时,行为的后果由 CDC 承担,而不是由提供者即社交媒体平台承担。如果作为手段或工具参与到政府行为中,私人主体就变成了政府行为者,那么,这样的私人就太多了,由此会导致政府行为者认定标准的宽泛化,使政府行为原理失去意义。

政府行为原理约束法院的考量和判断,避免政府行为认定泛化。这涉及公领域与私领域的分界问题,明确区分公权力领域和私权利

---

① Lloyd Corp. v. Tanner, 407 U. S. 551 (1972).

② Manhattan Community Access Crop. v. Halleck, 139 S. Ct. 1921 (2019).

③ *Ibid*.

④ *Ibid*.

领域,不能模糊公域与私域的边界,是公法秩序的基础。"与《美国联邦宪法》的文本和结构相一致,本法院的政府行为原理,区分政府与个人和私主体……通过执行政府与私人之间的宪法边界,保护个人自由的稳健空间"。① 如果不加严格限制地将私人转化为公权力机构,那么,从司法审查的角度看,是司法权——公权力——过度介入了不应该介入的私人领域,强制性地要求私主体承担公主体之责,同样是公权力的滥用。因此,司法需要把握严格标准。

第二,起诉书认为被告推特公司的行为是政府行为,从事了禁止政府从事的行为,构成违反第一修正案。

原告主张,根据第 230 条,被告在国会的鼓励和豁免之下,审查互联网上受宪法保护的言论,包括审查 1.92 亿美国公民用户的言论;根据第 230 条的权力,被告跟其他社交媒体公司一起合作,大规模规制互联网上的言论内容;被告毫不费力地接受来自联邦政府的强制压力,并对其作出反应,去规制具体言论;在审查本诉讼所涉的原告言论的过程中,被告跟政府官员合作行动,包括 CDC 官员和拜登(Joseph R. Biden, Jr.)的过渡团队。因此,被告的审查行为等同于政府行为。②

可见,起诉书的逻辑仍然是,推特审查互联网上的言论,自己实施、跟其他公司合作实施审查、规制言论,在审查中跟政府官员合作行动,所以,推特的审查行为构成政府行为。在这里,审查行为的性质判断,取决于审查主体的身份判断,推特作为私主体的审查行为,不是政府行为者实施的政府行为。至于推特审查是"根据第 230 条……国会的鼓励和豁免……根据第 230 条的权力"的判断,也是难以成立的,因为第 230 条本身并没有给包括推特在内的交互计算机服务商正面授权,而是从反面豁免责任的方式,要求法院不得判决这

---

① Manhattan Community Access Crop. v. Halleck, 139 S. Ct. 1921 (2019).

② Complaint, Donald J. Trump, et al. v. Twitter, Inc., and Jack Dorsey, Case 1:21-cv-22441-XXXX (S. D. Fla. 2021).

些主体对其被第 230 条列举出来的行为承当民事责任。原告如此表述,目的在于证明第 230 条违反宪法。

起诉书"认定"政府行为之后,继而指出:"被告审查原告和其他成员的推特账户,违反了美国宪法第一修正案,因为它排除了原告和其他成员参加公共论坛的机会,以及向他人传达其内容和观点的权利。被告对原告推特账户的审查,违反了第一修正案,因为它施加了观点和基于内容的限制,对于原告和其他成员访问信息、观点,以及以其他方式向公众提供的内容。被告对原告和其他成员的审查违反了第一修正案,因为施加了言论自由的事前审查,给社交媒体用户和类似的非用户造成了寒蝉效应。被告通过原告推特账户封锁个人,违反了第一修正案,因为施加了观点和基于内容的限制,对于原告向政府请愿申诉的权利。被告从原告推特账户上审查原告,违反了第一修正案,因为施加了观点和基于内容的限制,对于他们的发言的能力和公众倾听与回应的权利。被告通过原告推特账户封锁原告,侵犯了他们受第一修正案保护的言论自由。被告审查原告,通过禁止原告从他的推特账户上行使他作为合众国总统的言论自由,严重违反了第一修正案。"[1]这些结论式判断,都是建立在推特行为是政府行为的结论之后的,政府行为是这些结论成立的前提,如果是政府行为,则这些指控的内容都构成对第一修正案的违反。比如,排除个人参加公共论坛、交流观点的机会,施加观点和基于内容的限制,施加事前审查,封锁个人账户,都侵犯了言论自由。这些指控,放在任何一个政府主体身上,都构成违反第一修正案。但是,前提不成立,则违宪结论不成立。

第三,起诉书认为推特公司首席执行官(CEO)多尔西(Jack Dorsey)也构成政府行为者,在个人责任和职务责任上,都须对推特公司违反第一修正案的行为承担责任。

原告指出,被告多尔西以个人身份被诉,承担赔偿责任,因为他

---

[1] Complaint, Donald J. Trump, et al. v. Twitter, Inc. , and Jack Dorsey, Case 1:21-cv-22441-XXXX (S. D. Fla. 2021).

对于推特对原告和其他成员的违反宪法的审查,包括推特在平台封杀原告——将原告从平台上驱除,负有个人责任;被告多尔西也以职务身份被诉,和推特公司本身一起受制于强制令救济,对原告的违反宪法的审查,包括将原告驱除出平台担责。①

在这里,对于多尔西的指控,可以说是最缺乏合理根据的。因为,无论从哪个角度看,多尔西都不会是一个政府行为者——本身不是政府官员,也不为政府工作,更没有行使公共职能或与政府有过度密切纠葛关系,要求其对推特审查行为的"违宪后果"承担责任,毫无根据。如上所述,前提不成立,则结论不成立。

通过以上分析可知,起诉书将推特公司及其 CEO 认定为政府行为者、将两被告从事的行为认定为政府行为,难以成立。

三、行政规制的法律疑点

推特与特朗普总统之间紧张关系的形成,非一日之寒。2021 年 1 月推特封号、总统声明可谓矛盾的总爆发,难怪声明中总统的措辞是"我早已说过多次",言下之意:"本次不是我第一回这样说"。确实如此。时间倒退到 2020 年 5 月,总统就曾经发布行政命令,要求对包括推特在内的社交媒体平台进行规制,以"阻止在线审查"。这里对此进行分析。

(一) 总统命令报复性出台

2020 年 5 月 26 日,推特对总统个人推特账户 @ realDona-ldTrump 采取行动,在这个账户的一条关于邮寄选票的推文下面,加上了一句"了解有关邮寄选票的事实"(Get the facts about mail-in ballots),这是给总统推文打上了误导标签,相当于提醒所有阅读者,

① Complaint, Donald J. Trump, et al. v. Twitter, Inc., and Jack Dorsey, Case 1:21 - cv - 22441 - XXXX (S. D. Fla. 2021).

这条推文内容的真实性有待确认。总统对此迅速作出反应，几小时内发出推文："干涉2020年总统大选""完全窒息言论自由"。5月28日，特朗普总统签署了第13925号行政命令，冠以"阻止在线审查"之名，①声明要惩罚一些鲁莽的竟然对总统推特言论进行"事实—核查"（fact-check）的大型社交媒体平台。

行政命令举出了媒介的种种"罪行"，认定当下社交媒体平台对言论进行审查，损害了言论自由，损害了民主，使得公共讨论和民主交流受到影响。比如，平台存在偏见，对有的推文插上旗帜（flagging），而对有的明显是错误的推文却不插旗帜。而且，这样的现象是大量的，已经有很多人投诉：在短短几周内，白宫已经收到超过16000条投诉。作为总统，有责任对此作出反应。行政命令对第230条进行了集中讨论，从立法意图和目的来说明条款的"应有"意义。② 很显然，命令将社交媒体的"错误行为"归咎于第230条的规定，意在向后者"开刀"——通过重新解读第230条来规制社交媒体平台。

行政命令认为，"第230条不是意图去允许少数几家公司成长到去控制我们全民对话的重要途径，以促进开放论坛为辩论的名义，再为那些庞然大物规定豁免——当它们利用它们的权力去审查内容和消音它们不喜欢的观点。当一个交互计算机服务商删除或限定对内容的访问，它就不符合（c）款（2）项之（A）的标准，就是在从事编辑行为。美国政策是，交互计算机服务商应当适当丧失（c）款（2）项之（A）盾牌下的有限豁免，应当被施加责任，像任何非网上服务者的传统编辑和出版者一样。"③故此，命令提出，"为了促进第230条（a）款所述政策，所有的执法部门和机构应当确保他们对第230条（c）款的适用，是恰当考虑了本条的狭义目的，并在这方面采取一切适当行动。此外，在本命令签发的60天内，商务部长应当会商司法部长，并通过

---

① Administration of Donald J. Trump, 2020 Executive Order 13925-Preventing Online Censorship, Daily Comp. Pres. Docs. 1 (2020).

② *Ibid*.

③ *Ibid*.

国家电信和信息局（National Telecommunications and Information Administration，简称 NTIA）采取行动，向美国联邦通信委员会（FCC）提交一份制规（rulemaking）申请，要求 FCC 从速提出规制（regulations）规则。规制应澄清：（i）第 230 条（c）款（1）项和（c）款（2）项之间的相互关系，特别需要澄清和确定，交互式计算机服务的提供者在何种情况下，以不受本条保护的方式限制对内容的访问，不受（c）款（2）项之（A）的特殊保护，也可能无法要求根据（c）款（1）项获得保护。这仅仅表明，在提供第三方内容时不作为发表者或发言者来对待，而不是涉及服务商为自己编辑决定所承担的责任；（ii）条件——在何种条件下，限制访问或提供材料的行为不属于（c）款（2）项之（A）意义上的'善意行动'。特别是，行为是否能够被作为'善意行动'来对待，如果它们是：（A）误导的、借口的，或者与服务商的服务条款不一致的；或（B）未能提供充分的通知、合理的解释或者切实的听取意见机会而采取措施的；（iii）任何其它的 NTIA 认为可以适当促进该条（a）款所述政策的规制措施。"[1]

　　上述命令要求政府部门采取制规手段，达到对社交媒体平台进行规制的目的。"制规"（rulemaking）和"裁决"（adjudication），是《联邦行政程序法》（*Federal Administrative Procedures Law*）区分的两大类不同的行政过程，前者是指制订普遍规章，后者是指作出个案决定，分别对应了不同的程序要求。此处制规的结果，是出台规章——形成对所有社交媒体平台（作为一类主体）进行规制的抽象规范，以约束和管控它们的线上审查行为。

（二）合法性存疑的规制要求

　　在形式上，这一总统命令符合程序性要求——《联邦行政程序法》的规定，而且，在命令开头部分，写明了权力来源："根据美国宪法

---

[1] Administration of Donald J. Trump, 2020 Executive Order 13925-Preventing Online Censorship, Daily Comp. Pres. Docs. 1 (2020).

和法律授予我的总统权力，特发布命令如下。"①但是，在内容上，特别是对于《通信规范法》第 230 条相关款项的"自定义"及其行政规制要求，存在合法性甚至合宪性疑问，至少表现在以下两个方面。

1. 规制目标与法不符

这一行政命令表明，其试图削弱推特和脸书等平台根据《通信规范法》第 230 条享有的豁免权。如前所述，当平台调控或审核用户的内容——在决定发布和去除用户内容方面，第 230 条(c)款授予了宽泛的豁免权。而行政命令指示商务部提交制规请求，由 FCC 澄清现有豁免条款的含义，通过澄清这一"伪装的清楚的形式"，命令的真正意图是弱化法律甚至重写法律。作为总统对推特的反制手段，这一命令的直接目标是通过机构制规来限制第 230 条范围，压缩《通信规范法》第 230 条(c)款豁免规则的适用，由此减缩平台去除和限制用户言论的能力。

那么，这一规制的目的符合《通信规范法》第 230 条的立法目标吗？在第 230 条中，第 230 条(a)款和第 230 条(b)款完整构成了第 230 条的立法动因和政策目标。将总统命令与这两个条款的内容相对照，不难发现，前者与后者完全相反，背离了第 230 条目的。行政命令要求澄清的(i)和(ii)两项，实际上集中在两点：一是解释出不适用豁免的——"不受特殊保护"的情形，二是对"善意行动"设定条件和判断标准。这样的规制要求抵触了第 230 条，因为，第 230 条(c)款的豁免规则，在条文文字之外并未附加条件，留给社交媒体平台处理言论方面的宽泛裁量空间，规制无疑给社交媒体平台的言论处理施加了过重负担。这样的负担施加，不利于信息的传播和公共对话，与第 230 条(a)款(2)和(3)项相左。② 特别是，根据第 230 条(b)款(2)项，③第 230 条立法是"为了保护充满活力和竞争的自由市场——

① Administration of Donald J. Trump, 2020 Executive Order 13925-Preventing Online Censorship, Daily Comp. Pres. Docs. 1 (2020).

② 47 U. S. C. §230(a)(2),(3).

③ 47 U. S. C. §230(b)(2).

目前存在互联网和其他交互式计算机服务,不受联邦和州政府规制的控制"。其中"不受联邦和州政府规制的控制"是确定的联邦政府政策,意味着"去规制"(deregulation)或"非规制"(inregulation)是国会立法的重要考量,旨在预防联邦和州的规制造成的不利后果。

2. 规制权力缺乏根据

行政命令以"为了促进第 230 条(a)款所述政策"作为规制的出发点和目标,一方面,是为了显示规制的正当性,因为,第 230 条(a)款体现了国会判断——制定《通信规范法》的动机,以此证明规制对于第 230 条(c)款的"自定义"与国会立法一致,是符合国会立法目的的;另一方面,也是为了给第 230 条(c)款解释上加进自己的"私货"寻找理由。从结构解释角度看,第 230 条(a)款对第 230 条(c)款具有统领、指引作用,理解第 230 条(c)款的内容,离不开第 230 条(a)款。既然按照第 230 条(a)款来解读第 230 条(c)款才是正确的,那么怎么解读? 就是规制中的解读[(i)(ii)(iii)]。其逻辑是,只有这样的解读和要求,才符合第 230 条(a)款的"美国政策"。思路固然清晰,但问题在于,总统和其命令的执法机构有没有作此解释的权力?

回答是否定的。《通信规范法》第 230 条没有给执法机构留下进一步规制的空间,因而 FCC 没有权力针对第 230 条(c)款制定行政规章。FCC 不能以解释或澄清的名义调整第 230 条规定,使其偏离国会的立法定位。如前所述,第 230 条(c)款豁免是立法对于司法的命令,是要求司法过程在判决平台侵权责任时必须要遵循的立法规定,不是对执法的要求,豁免规则是司法裁判中的适用,不是执法行为中的适用。如果执法机构对此出台规章,则是权力的僭越和滥用。总统有发布行政命令的权力,但是没有修改法律的权力,更没有通过行政命令的手段、以行政规制的方式重写法律的权力。制定法律是国会的专有权力,总统在其中扮演的角色限于宪法和法律的规定,总统否决权是宪法授予的,但是,否决不是修改也不是重写。在宪法权力构架下,国会作为立法机关,是价值选择和判断机构,确定政策(美国政策),属于国会的权力。除非宪法和法律对于总统的权力有规定，通常情况下，美国的政策或美国政策的判断者，是国会，不是总统。具体到《通信规范法》，第 230 条（b）款宣布的"美国政策"就是国会权力的体现。这意味着，美国政策不是总统认为的应该的那样——在上述总统命令中写出来的。在对于平台责任的规定上，政策决定权在国会。可以预见，一旦这个规制规则得以出台并实施，将导致互联网上更少的言论和交流，而非使之更多。行政命令要拟制的规则，与第 230 条文本的明文规定和目的不符。命令拟制规则所要求的程序，会制造出目前不存在的不确定性，使得管理用户言论的成本更高，加重去除有害内容的努力的负担，更不利于言论的发表，从而失去更多的有益言论。

显然，被提议的规制与法律不一致，总统试图限制第 230 条的命令将是失败的，不可能成功的，事实上也没有成功。但是，行政命令本身反映了总统与推特之间紧张关系的程度。

四、冲突与对抗

推特对特朗普总统账户的封禁、特朗普作为总统的规制命令以及作为公民原告的司法诉讼，都体现了推特与总统（在任和卸任）之间的冲突与对抗关系。从结果看，特朗普没有在冲突中"占上风"，二者的对抗促使我们对相关宪法问题进行反思。

（一）失败的斗法

如果把规制和诉讼看作是总统与推特的"斗法"，那么特朗普都是失败的一方。

其一，规制终是无果。

在时间上，行政命令最初起草于 2019 年 8 月，在 2020 年 8 月正式发出，而最终，FCC 已经拟制出来的规制规则没有能够正式公布。其中最重要的原因，应该是按照命令拟制的规则违反《通信规范法》

第 230 条,难怪学界的批评之声不绝于耳。这可算是一个无果之果。

2021 年拜登就任总统后发布 14029 号行政命令,撤销特朗普在任时的部分总统行动,其中包括撤销特朗普发布的 13925、13933、13934、13964、13978、13980 号共计 6 个行政命令。[①] 随着拜登总统取消令的发布,特朗普在 13925 号命令中所要求的行政规制成为不可能。由于第 13925 号命令本身存在违反法律和宪法的嫌疑,即使规制措施公布和实施,也极其可能会因违法和违宪而被法院宣布无效——如果有人(适格主体)在法院挑战的话。可以说,特朗普事实上输了。

值得一提的是,2020 年特朗普命令甫一出台,即有组织对此提出司法诉讼。[②] 原告认为,行政命令在两个方面违反了第一修正案:其一,该命令明显是报复性的,针对的是私人公司推特,因为其行使第一修正案权利对总统话语进行了评论;其二,也是最为根本的,该命令通过利用政府权力去报复那些批评政府的人,寻求减缩和冷却所有网络平台和个体的受宪法保护的言论。

其二,诉讼"到达即败"。

迄今为止,特朗普诉推特一案尚未判决,但已有媒体断言结局。比如,《华盛顿邮报》援引法律人士的观点,认为这个案件是"到达即败"(the lawsuits were dead on arrival. 可直译为"诉讼一到就结束了",或意译为"开庭死")。[③] 意思是,诉讼提交到法院就失败——特朗普难以胜诉的结果和理由是如此明显,几乎可以不需要看法院的

[①] Administration of Joseph R. Biden, Jr., 2021 Executive Order 14029-Revocation of Certain Presidential Actions and Technical Amendment, Daily Comp. Pres. Docs. 1 (2021).

[②] Complaint, Center for Democracy & Technolgy v. Donald J. Trump, No. 1:20 - cv - 01456 (D. D. C. Dec. 11, 2020).

[③] Cat Zakrzewski and Rachel Lerman, *Trump files class action lawsuits targeting Facebook, Twitterand Google's YouTube over 'censorship' of conservatives*, July 7, 2021 | Updated July 7, 2021 at 4:16p. m. EDT., https://www. washingtonpost. com/technology/2021/07/07/trump-lawsuit-social-media/, last visited July 26, 2022.

审判,就能够确定。

如前所述,对于特朗普的诉讼请求,法院基于以往在政府行为(政府行为者)认定上的严格标准,不会判决推特承担宪法上的责任。在法律责任层面,《通信规范法》第 230 条豁免了推特封号、审查的责任;同时推特与用户之间形成合同关系,推特对特朗普总统账户采取的措施在其政策之中,法院判决推特承担责任的概率很低。不过,特朗普对于诉讼似乎信心满满并且义正词严,在《华尔街日报》刊发的题为"我为什么要诉大技术公司?"一文中,特朗普指出,"我们当今民主的最大威胁之一,是强大的大技术公司群体。他们跟政府合作去审查美国人民的言论自由,这不仅是错误的,更是违反宪法的。为了恢复我自己和每一个美国人的言论自由,我要起诉大公司以结束这一切……如果脸书、推特、优兔可以审查我,也会审查你。相信我,他们会的。"①特朗普还强调,"我们的诉讼将证明审查是非法的、违宪的、完全非美国的。如果它们这样对我,也会同样对任何人。"②就基本可以确定的判决结果看,这一诉讼的法律意义可能远不及其政治宣传上的意义。

媒体对特朗普的观点并不认同,几乎一致唱衰。比如,《纽约时报》如此评论:这是一个合法的、无聊的作秀,在法庭上绝无胜算机会,却是吸引公众关注的好机会。那种几乎变戏法式地把它们(指推特为代表的社交媒体平台)作为政府的扩展来对待的观点,是不合逻辑的。③有专业评论家将这个诉讼称作"疯子理论"争论——人们试图一次又一次地努力,使第一修正案适用于私人公司。"如果这是对的,那么每个公司都是政府行为者……每个公司都是由政府许可的,

---

① Donald J. Trump: Why I'm Suing Big Tech, By Donald J. Trump July 8, 2021 12:31 pm ET, https://www. wsj. com/articles/donald-j-trump-why-im-suing-big-tech-11625761897, last visited July 26, 2021.

② Shane Goldmacher, *Trump sues tech firms for blocking him, and fund-raises off it*, https://www. nytimes. com/2021/07/07/us/politics/trump-lawsuit-facebook-google-twitter. html, last visited July 26, 2021.

③ *Ibid*.

那么,每个公司因此而成了政府行为者吗?"[1]还有法律人士指出,"这完全误解了成为政府行为者的方式……那些社交媒体平台是私人财产,不是政府的市镇广场,拒绝传播第三方言论是这些私人公司的第一修正案权利——涵盖在他们的第一修正案权利之中。"[2]在理论上,这场官司特朗普赢不了。

(二) 以权力对抗权力?

在整体上,推特与总统在不同时间点上的冲突——总统在任时的规制、离任后的诉讼,显现出言论自由问题的多个侧面。值得思考的是,推特与总统的对抗,在不同的层次上表现出权力与权利关系的确定状态和不确定状态,比如在法律意义上的权力,与实际控制力层面的权力。或许,只将权力归于总统——在任时的总统——一方,不足以描述权力在言论自由关系上的复杂状态。推特封号总统,总统社交媒体账户被从社交媒体平台上消除,总统不能发声,是一个已然发生的事实。如何解释这个事实? 按照已经存在的宪法和法律理论,可以得出以上的看法。但是,这种解释是否就是全部? 换言之,现有宪法和法律理论是否完全解释了这一事实? 从权力和权利的关系的角度看,推特是否只在权利一方,总统是否只在权力一方? 二者关系的实然形态,是否比权力与权利关系——宪法关系的标准形式——更加复杂? 值得思考。

传统第一修正案规则,是建立在政府权力与个人权利之间的对抗格局或对抗预设前提之下的,作为政府一方的权力的强制性,对个人一方的权利的行使和实现造成障碍或者损害。这种预设是基于一种"以权利对抗权力"的格局,也被学者形象地比喻为"以权利之盾对

---

[1] Cat Zakrzewski and Rachel Lerman, *Trump files class action lawsuits targeting Facebook, Twitterand Google's YouTube over 'censorship' of conservatives*, July 7, 2021 | Updated July 7, 2021 at 4:16p. m. EDT. , https://www. washingtonpost. com/technology/2021/07/07/trump-lawsuit-social-media/, last visited July 26, 2022.

[2] *Ibid*.

抗权力之矛"。政府"不得"的意义，即在于对个人的保护。在政府和个人之间，政府居于强势地位，个人暴露在政府面前，能够阻挡政府任性的规则就是宪法。因此，宪法的实质意义在于防止政府的任性，尤其是在言论领域，这是第一修正案的初衷。

作为国会制定的法律，《通信规范法》没有将社交媒体平台作为政府来对待，仍然将它们作为私主体来对待。在这里，法律调整的是个人与个人之间的关系。私主体之间的权利关系的存在格局可以描述为"以权利对抗权利"：私主体的权利冲突在法律的框架下获得解决，私主体包括被平台封号的个人。法律关系预设为发生在平等的私人之间，不是政府与个人之间。然而，不能否认的是，在平台和平台用户之间，法律性质上的相同，并不能完全说明他们在法律关系中的实际地位。平台的强势地位，使得它对于平台的控制具有强势的权力意味，以封号为例，完全没有余地，因而平台与用户的实际地位并不对等：平台居于优势，用户居于弱势。对此，用经营者和消费者之间的关系来类比，或许不失恰当。

这里的悖论是，当推特封号总统的时候，推特与总统之间的关系呈现出多种样态，对应了不同的分析和定位。第一个层次是，推特是私人主体，总统作为个人，也是私主体，被封掉的@realDonaldTrump是总统个人账户。"总统个人推特账户"（the President's Personal Twitter Account），是2021年1月8日总统声明中采用的用语。个人账户一词，在一般意义上，是指个人拥有的个人使用账户或者个人用户账户，首先应该被作为个人对待。因此，推特和总统之间由于封号产生的关系，表现为个人与个人之间的法律关系。推特是私主体，总统个人账户也是私主体，在此，形成了权利与权利的对抗；第二个层次是，推特在法律地位上是私主体，总统个人账户在性质上是公主体——尽管创设这个账户的时候，特朗普是普通公民，但是，当选总统之后，特朗普利用这个账户作为发布其职务行为的信息等，根据knight案联邦地区法院和上诉法院的判断，这个账户就具有了政府性质。[①] 因此,此时的封号行为所反映出来的格局就是权利与权力的对抗,个人与政府的对抗;第三个层次是,推特在法律性质上是私人主体,但是在实际上拥有强制性地位,对于平台的控制,达到了与政府类似的地位,权利具有了权力的要素或功能。那么,它与总统个人之间的关系,就不再是权利与权利的关系,而成为权力与权利之间的关系。这种权力与权利的对抗,含有政府与个人之间关系的影子;第四个层次是,当推特的控制力被作为权力来对待,当总统个人账户被作为政府性质来对待,封号行为所形成的格局就成了权力与权力之间的关系,类同于政府与政府之间的关系。这四层关系可以用下表来说明。

表3-1 推特与总统关系的四个层次

主体 关系	推特	总统	关系形态
第一层次	个人(私主体)	个人(私主体)	个人—个人 权利—权利
第二层次	个人(私主体)	政府(公主体)	个人—政府 权利—权力
第三层次	类似政府(公主体)	个人(私主体)	类似政府—个人 权力—权利
第四层次	类似政府(公主体)	政府(公主体)	类似政府—政府 权力—权力

以权力对抗权力的格局,在很大程度上是以推特的控制力作为前提的。需要进一步追问的是,这样的前提或者预设是否具有合理根据或者基础? 美国宪法将控制和约束对象严格限定在政府一方,任何将私主体作为政府等公主体对待的思路都必然在既有的宪法理论下受到质疑。一个突出的问题是,一个私主体是否真的强大到如

[①] Knight First Amendment Institute v. Trump, 302 F. Supp. 3d 541 (S. D. N. Y. 2018).

此的程度，以至于需要用政府或公主体来定位它，纳入宪法控制范围，成为宪法约束的对象？

这个问题本身就是对于美国宪法体制的挑战，也是理论和体制上的冒险。这也可以解释，为什么联邦最高法院在政府行为原理的适用上小心谨慎，能够被纳入政府行为的私主体行为少之又少。毫无疑问，这种冒险无疑是危险的——足以动摇成文宪法的基础。因此，我们对于推特的公主体定位的讨论，实质上是以其实际功能——对于言论自由的实际影响——为基础的。在宪法理论上，或许推特等平台很难成为公权力主体，但至少可以提醒立法者对于其控制力应该有足够的认识。在法律责任的设计上，是仍然保持或保留完全的豁免，还是应该留有空间？可能都需要认真对待。下一章的内容即与此相关。

第四章　《通信规范法》第 230 条检视

上一章讨论的推特与总统纠纷，在规范层面直接关涉《通信规范法》(CDA)第 230 条，特别是其中(c)款关于责任豁免的规定。如第二章所述，CDA 被认为是 1990 年代国会最重要的立法成就之一，享有"给了我们一个现代互联网之法""关于技术的最重要法律""促进互联网发展之法"等美誉。该法开启了互联网发展的新时代，也带来了第一修正案的新问题。实践中，针对第 230 条(c)款豁免规定的争论从未断绝，当下更甚。一个流行的观点是，推特封号总统(以及其他推特用户)而不用担责——至少不用为担责而顾忌封号，凭仗的就是第 230 条(c)款。本章即专门探讨第 230 条相关问题，回应相关争议并预测发展。

一、推特"言论霸权"的立法根由？

作为最重要的互联网及其技术立法，CDA 通过于互联网的初创时期，其中的第 230 条规定了互联网的法律基础。20 多年来，互联网技术和言论的繁荣在很大程度上得益于这一规定。据学者研究，谷歌、优兔等全美 10 个顶级流量网站中，除了奈飞——一家会员订阅制的流媒体播放平台，其他 9 个网站都依赖第 230 条，[1]足见第 230

---

[1] See Eric Goldman, *The Ten Most Important Section 230 Rulings*, 20 TUL. J. TECH. & INTELL. PROP. 1 (2017).

条的重要性——这种依赖决定了这些社交媒体平台（公司）的兴衰存亡。

然而，随着"国家被技术控制"的趋势日渐明显，技术的负面作用显现出来。和其他领域的技术控制状态一样，互联网领域形成了以推特、谷歌、脸书为代表的互联网社交媒体技术巨头公司（Big Tech Companies）。近年来，对这些技术巨头的愤怒的声讨之声不绝于耳，首当其冲的，就是认为社交媒体平台侵害了用户的言论自由，事实上形成了网络"言论霸权"，妨碍了民主。

很多评论者都将这些巨头的恣意的政策，归因于第 230 条（c）款的豁免规定。其中，最严重的批评是认为侵害了言论市场，损害了思想的自由竞争——算得上"第一宗罪"。就技术与言论的关系而言，第 230 条固然促进了互联网技术的发展，但是，技术的发展带来了垄断状态，由此通过技术垄断把控社交媒体，进而把控言论。相较于技术或市场垄断，言论垄断更值得警惕。"网络平台真正的危险，不是他们扭曲了市场，而是威胁了民主"，因为"对于民主的最大的长期威胁，不是意见的分裂，而是巨型科技公司掌控的不负责任的权力"。[1] 此处的"不负责任的权力"，即以第 230 条（c）款的责任豁免为根据。当技术成为决定性力量，谁掌握了技术——互联网先进技术，谁就能够掌控着对话。原本为言论交流提供方便的社交媒体平台，就变成了赤裸裸的数字暴政。尤其是，平台的"算法利用人类的基本冲动对令人愤怒的材料做出反应"，[2] 从而控制人的政治取向和选择。"这种占主导地位的公司的出现应该敲响警钟……这些巨头现在主导着信息的传播和政治动员的协调，这对一个运作良好的民主政体

---

① Francis Fukuyama, Barak Richman & Ashish Goel, *How to Save Democracy from Technology: Ending Big Tech's Information Monopoly*, 100 FOREIGN AFF. 98 (2021).

② Ellen L. Weintraub & Thomas H. Moore, *Section 230*, 4 GEO. L. TECH. REV. 625 (2020).

构成了独特的威胁".[1] 言论自由的意义,不仅在于言论本身,更在于对民主的价值。较为温和的批评则更加具体,比如,说社交媒体平台对言论的歧视或不平等对待,甚至对言论发布设置障碍,"你想发推文发不了",因此认为平台"罪大恶极地违反了第一修正案".[2] 这在很大程度上与社交媒体的政策有关,也被认为是第 230 条(c)款责任豁免之过。

第 230 条(c)款将社交媒体仅仅作为"平台"来对待,不以"发表者"来对待,免除其对第三方内容的责任,平台对于言论的处理完全取决于其自身的政策或者规则。以推特为例,特朗普总统认为,推特在政治立场上是偏左的,体现的是"激进左翼言论或者主张",所以,对于特朗普的言论进行打压。如果这个判断是成立的,那么,这在实质上反映了媒体平台的政治喜好,由此决定了在平台上发表言论特别是政治性言论的机会或几率。一般来说,"左"追求的是"政治正确"。一个直接又简单的思路是,"政治正确"下的网络言论过滤或者筛选成为一种安全的运作规则,为了自己的安全或者法律安全,推特选择宁左勿右。不过,面对如此复杂的问题,我们可能不宜轻易作出判断。需要分析推特的功能和其运作的规则,才可以看出它的倾向以及倾向的程度。特别是,当采用措施的时候会被"免责",就可能影响推特等平台的封号或关闭决定。但是,从另外一个角度看,推特又是一个以营利为目的的公司,以政治正确来限定自己的用户群体,可能并不是一个说得过去的理由。从特朗普的政治立场看,他一直是偏右的,竞选之前、在任之时、卸任之后,没有改变过,假如推特的"左派立场"是成立的话,就很难解释,为什么在相当长的时间里,特朗普的推特账户运作得十分成功,举世闻名。特别是在 2016

---

[1] Francis Fukuyama, Barak Richman & Ashish Goel, *How to Save Democracy from Technology: Ending Big Tech's Information Monopoly*, 100 FOREIGN AFF. 98 (2021).

[2] Amanda Marie Williams, *You Want to Tweet About It but You Probably Can't: How Social Media Platforms Flagrantly Violate the First Amendment*, 45 Rutgers COMPUTER & TECH. L. J. 89 (2019).

年大选中,特朗普极大地得益于其推特账户的特殊交流功能和影响力。[①]

与此相关的是平台内容审核标准的确定,审核的差异性,也在一定程度上根源于平台本身的"偏好"。如果说,在不同平台之间存在差异,比如推特和脸书不同,脸书和优兔不同,那么,同在推特或者脸书,在一般用户看来是相同的情形,为什么有的推文被插旗、被打上标示,有的没有? 是不是反映了平台本身的倾向或意识形态? 显然,特朗普总统认为如此。他在前述行政命令中指出,"网络平台实施的选择性审查,损害了我们的全民对话。成千上万的美国人报告和反映:在其它令人不安的行为中,网络平台以内容不适当进行插旗,尽管它没有违反任何声明的服务条款;对公司政策进行未经宣布和无法解释的变更,其效果是不赞成某些观点;删除内容和不加警告地进入账户,没有理由,也无法追索"。[②] 尤其是,"目前,推特有选择性地决定在某些推文上打上警示标签,清楚地显示了它的政治偏见。如报告所见,推特似乎从没有把这样的标签加注到别的政治家的推文上。就以上周为例,民主党人希夫(Adam Schiff)继续误导其追随者——通过兜售早已被证实是错误的俄罗斯密谋骗局,而推特并没有在这些推文上插旗。不奇怪的是,推特负责所谓'站点诚实'的管理人员,已经在他自己的推文上炫耀招摇他的政治偏见"。[③] 这个问题可能是复杂的,是网站的标准问题还是执行者个人偏见问题,有时难以区别。此外,网站自身的标准的统一和连贯性是否有问题? 有意思的是,特朗普认为自己的推文被插旗,其他人的没有,但在其他人看来,特朗普的推文才是长久以来受到推特

---

① See Shontavia Jackson Johnson, *Donald Trump*, *Disruptive Technologies*, *and Twitter's Role in the* 2016 *American Presidential Election*, 27 WIDENER COMMW. L. REV. 39 (2018).

② Administration of Donald J. Trump, 2020 Executive Order 13925-Preventing Online Censorship, Daily Comp. Pres. Docs. 1 (2020).

③ *Ibid*.

优待的。这多少反映了平台政策的变动性或政策执行的不稳定性。不可否定的是,无论出于什么样的考虑——经济上的,政治上的,或者其他方面的,平台对于言论的处理,在效果上确实给了某些内容以优待。①

那么,被特朗普总统深恶痛绝的第 230 条,总统对其大有"置之死地而后快"的气势——行政命令就是例子,当真对他是砒霜、对别人是蜜糖?

实际上,就是总统,也跟所有使用社交媒体的用户一样,一边享受着平台(豁免责任下)的种种言论的自由,另一边又承受平台(豁免责任下)的种种限制甚至侵害——尽管无法追究责任。比如,按照法院适用第 230 条的结论,推特对其平台用户含有诽谤内容的推文不承担责任,用户转发这类推文也免责。② 特朗普总统为其推文被平台打上"事实—核查"标签而愤怒,却很少意识到,他作为推特用户在转发含有诽谤内容的推文时受到第 230 条豁免条款的保护。有意思的是,推特的"事实—核查"标签却不会受到第 230 条的保护,因为,这是推特自身而非"另一个信息内容提供者"创造或发展的信息内容。由于第 230 条(c)款(1)项没有规定"善意"要件,当用户明知推文有诽谤内容而转发时不承担责任,平台也被豁免。这也是第 230 条备受谴责的原因之一。③ 民主党总统候选人拜登 2020 年 1 月曾对《纽约时报》说:"第 230 条应该被废除……因为脸书和其他平台……散布明明知道是虚假的谎言。"④看来,被特朗普认为偏向于民主党的平台和限制其言论自由的第 230 条,民主党同样不待见。更有学者认

---

① See Barrie Sander, *Freedom of Expression in the Age of Online Platforms*: *The Promise and Pitfalls of a Human Rights-Based Approach to Content Moderation*, 43 FORDHAM INT'l L. J. 939 (2020).

② Barrett v. Rosenthal, 40 Cal. 4th 33 (2006).

③ See Michael A. Cheah, *Section 230 and the Twitter Presidency*, 115 NW. U. L. REV. ONLINE 192 (2020-2021).

④ Ellen L. Weintraub & Thomas H. Moore, *Section 230*, 4 GEO. L. TECH. REV. 625 (2020).

为,毫无疑问,推特和脸书帮助广泛传播了前总统特朗普关于 2020 年总统大选的虚假声明。[1]

这也可以解释,为什么总统觉得推特针对总统自己,而别人也觉得推特针对别人自己。更可以解释,总统觉得自由被限制,别人被优待;但别人恰恰认为,自己被限制,总统被优待。因此,个人总是从自身角度去看待同一个问题,往往失之全面。可以确定的是,第 230 条(c)款豁免规定,使得社交媒体平台没有动力去自觉遵循言论自由原理,按照第一修正案的方向和要求去运作,至少在主观上激励不了。法律的激励作用,是立法过程必须评估的实现立法目标的重要因素。从这个角度看,豁免是传统的"放"的思维,而且是"尽可能的放"。但是,是否能够就此得出"第 230 条(c)款是罪魁祸首"的结论?况且,对于社交媒体这些私人公司来说,本身并不受制于宪法约束,为什么一定要按照言论自由规则去运作平台,本身也是一个问题。因此,可能并不能够简单地得出结论——第 230 条是言论自由领域问题的祸根。易言之,这样对待问题的方式,有轻率之嫌。

二、豁免宽严之争

不夸张地说,第 230 条自通过之日起,就一直面临争议——主要围绕"豁免"这个关键词展开,且集中在豁免范围上。

否定观点认为,第 230 条(c)款豁免过于宽泛,或是不公平的。[2] 尤其是对于法院判决中相当广义的解释豁免范围,不少评论认为不符合国会立法意图。以 Nemet Chevrolet 案为例,[3]该案被告(一个网站)允许消费者在其网站发帖评论商家,同时允许商家在网

---

[1] See Olivier Sylvain, *Platform Realism, Informational Inequality, and Section 230 Reform*, 131 YALE L. J. F. 475 (2021).

[2] See Jeff Kosseff, *Defending Section 230: The Value of Intermediary Immunity*, 15 J. TECH. L. & POL'y 123 (2010).

[3] Nemet Chevrolet, Ltd. v. Consumeraffairs. com, 591 F. 3d 250 (4th Cir. 2009).

站发帖回应这些评论,被告自己裁量是否删除消费者的帖子。这些评论给商家带来了麻烦,包括原告——一家特许汽车经销商,成为评论的对象。被告拒绝删除评论原告的帖子,原告诉被告"诽谤和对商业预期的侵权干扰"。根据第 230 条(c)款,法院没有支持原告关于网站对于第三方言论负责的主张。有评论者认为,这类判决是限制或者废除第 230 条对于网站豁免的理由。国会从未考虑给网站在诽谤或者其他侵权诉讼中如此宽泛的豁免,法院对于第 230 条的广义解释,跟国会意图完全不一致,并且已经制造出了许多令人不安的结果。[①] 换言之,互联网上的诽谤豁免,意味着第 230 条(c)款这个不断发展的法律体系已经超出了它的极限。"互联网不应该跟老西部(Old West)一样,受到不公平伤害——如受到他人诽谤言辞伤害——的人在此得不到法律救济。当前,法律允许一种'西大荒'(wild west)状态,在那里,干什么都行,任由人民孤独地自我照顾"。[②] "西大荒"一词,最初是对缺乏规制的互联网混乱状态的描述语。一种观点认为,第 230 条给互联网服务提供者的宽泛豁免,跟其他因素汇聚在一起,创造了互联网规制的"新的西大荒"。在此领域,互联网服务提供者几乎不会因其所承载的内容而面临民事或刑事责任,即使内容可能会大大刺激人们去从事非法活动。[③]

　　肯定观点认为,第 230 条(c)款豁免具有宪法基础。[④] 限制或者废除 230 条(c)款豁免,是不明智的,也与国会意图和第一修正案的原则不一致。第 230 条允许互联网作为繁荣的开放媒介为所有的消

① See Jae Hong Lee, *Batzel v. Smith & Barrett v. Rosenthal : Defamation Liability for Third-Party Content on the Internet*, 19 BERKELEY TECH. L. J. 469 (2004).

② Jennifer Benedict, *Deafening Silence : The Quest for a Remedy in Internet Defamation*, 39 CUMB. L. REV. 475 (2008).

③ See Catherine Tremble, *Wild Westworld : Section 230 of the CDA and Social Networks' Use of Machine-Learning Algorithms*, 86 FORDHAM L. REV. 825 (2017).

④ See *Section 230 as First Amendment Rule*, 131 HARV. L. REV. 2027 (2018).

费者开放，而不仅仅是对网站的雇员开放，给他们提供内容。如果网站不能对第三方内容豁免，不能被免于第三方内容的责任，那么，它很可能就不会像今天这样开放。[①] 针对"第 230 条仅仅适用于一小部分的发表者，而不是普通法上的'传播者'"的观点，肯定者认为，这种解释是与立法的明确的文本和立法历史相反的，网站这样的传播者，是包含在第 230 条"发表者"这一广泛的类型中的。法院对于第 230 条司法适用中的解释，就制定法和政策而言是正确的。第 230 条宽泛解释的一般理由，可以从宪法决定得到支持，这些决定在其他背景下限制了言论的责任。尽管计算机服务提供者和网站不面对重大的侵权责任，但是，他们采取了新的内容上的保护措施——这是国会在通过这个前所未有的豁免立法时所设想的。[②] 对于第 230 条最坚定的支持之声，莫过于是将该条看作是第一修正案规则，"第 230 条构成言论自由保护的法律规则，具备持久的宪法立足点"。[③] 更有学者认为，第 230 条优于第一修正案。[④]

那么，第 230 条到底是"言论自由的救世主，还是恶棍无赖的盾牌"？[⑤] 可能两极分化的判断都不够准确，对立的立场更不可取。根据研究，CDA 是对互联网言论影响最大的立法，也最受批评。"那些认为第 230 条在（平台）媒介特权上走得太远的人，认为应该缩小豁免范围，以允许'基于通知的责任'，或者干脆一起废除豁免；那些认为豁免范围还不够大的人，认为应该被扩展到涵盖所有的额外的诉求，并包括律师费转移条款，以阻止无价值的针对媒介的争诉"。[⑥] 不

---

① See Jeff Kosseff, *Defending Section 230: The Value of Intermediary Immunity*, 15 J. TECH. L. & POL'y 123 (2010).

② *Ibid.*

③ *Section 230 as First Amendment Rule*, 131 HARV. L. REV. 2027 (2018).

④ See Eric Goldman, *Why Section 230 Is Better than the First Amendment*, 95 NOTRE DAME L. REV. ONLINE 33 (2019).

⑤ David S. Ardia, *Free Speech Savior or Shield for Scoundrels: An Empirical Study of Intermediary Immunity under Section 230 of the Communications Decency Act*, 43 LOY. L. A. L. REV. 373 (2010).

⑥ *Ibid.*

同立场的双方都有可能从研究中找到支持观点。比如，第 230 条已经极大地保护了媒介（即社交媒体平台）免于对第三方言论负责，但是它没有如其支持者所主张的那样是免费的，以及批评者所哀叹的样子。的确，媒介会继续面对起因于第三方言论的法律争诉，甚至，在一些案件中，法院发现第 230 条优占原告诉求，媒介在诉讼成本上仍然承担责任，而且平均算下来，要花上法院一年的时间去作出决定，以处理一个媒介根据第 230 条的辩护。[①]

要说社交媒体平台处理言论的恣意和任性都是豁免太宽惹的祸，实属简单化了问题——一种想当然的因果关系判断。这也正是是非判断的难点。豁免的宽与严，在不同的人看来是不一样的。在强调保护的绝对性的人看来，目前的豁免还有空间，还不够大；在强调兼顾性和相对性的人看来，目前的豁免范围就是太大了，远远超过了预期，造成了混乱。宽严是理论问题更是实践问题，尤其是在司法实践中，法院普遍宽泛解释豁免条款，是基于豁免的宪法基础。比如，根据案例法，施加给网络媒介以诽谤责任是违宪的。第一修正案限制了诽谤法的范围，某些对言论的规制受制于普通的严格审查标准，某些规制则受制于专门的审查标准。判决对于没有实际恶意的诽谤承担惩罚性赔偿是违反宪法的。[②] 当然，第 230 条（c）款的豁免不限于诽谤责任。第 230 条豁免条款，实际上是法院第一修正案案例法规则的实体化。

对于豁免的批评，一定程度上与其特点或内容相关，也与认识问题的角度或方式有关。"第 230 条有可能成为自身成功的受害者。因为，它的好处远没有特定诽谤案件的影响明显。它在创造新常态方面做得如此之好，以至于很难看出它到底为权利做了多少。当事情真的出了差错时，我们总是冒着让我们的愤怒发泄在

① See David S. Ardia, *Free Speech Savior or Shield for Scoundrels: An Empirical Study of Intermediary Immunity under Section 230 of the Communications Decency Act*, 43 LOY. L. A. L. REV. 373 (2010).

② See *Section 230 as First Amendment Rule*, 131 HARV. L. REV. 2027 (2018).

具体的不公正问题上的风险,这导致我们被诱惑去杀死一只产金蛋的鹅——通过颠覆某件总的来说能带来这么多好处的东西"。① 这个评论非常深刻。我们需要厘清自己看待和分析问题的视角,也就是:我们需要什么、第 230 条的定位是什么、需要通过第 230条豁免去实现什么。

说第 230 条的好处不够明显,比不上某个特定诽谤案件的影响,很有道理。这个看法可以类比自由和专制的关系,自由的好处是不明显的,专制的好处却是立竿见影的,那么到底需要或选择好处不明显的自由,还是选择好处即刻显现的专制? 托克维尔(Alexis de Tocqueville)说:"民主政府的缺点和弱点可以不难察觉,并为一些明显的事实所证明,但它的良好影响只能以不够明显的形式,甚至可以说是以隐秘的形式表现出来。民主政府的毛病马上即可被人看到,但其优点只有经过长期观察才能发现。"② 而且,"任何才干也没有比保持自由的技巧可以收获更丰,但任何事情也没有比学习运用自由更苦。专制却非如此。专制政体往往把自己表现为受苦受难人的救济者,表现它修正过去的弊端、支持正当的权利、保护被压迫者和整顿秩序。人们被它制造出来的暂时繁荣所蒙蔽,睡入梦中,但他们醒来以后,便会感到痛苦。自由与专制不同,它通常诞生于暴风骤雨之中,在内乱的艰苦中成长,只有在它已经长大成熟的时候,人们也能认识它的好处。"③ 这里的感知差异或落差在于,第 230 条豁免对于言论自由的好处通常不明显,而一个特定诽谤案件的影响却很大。"好处不突出,坏处太显眼",当我们纠结于这个特定诽谤案件所带来的情绪上的影响,发泄心中对于不公正的愤怒,就会认为这种不公正都是第 230 条豁免造成的,然后,在谴责之余会要求修改或废除。其实,它的好处整体上

---

① *Section 230 as First Amendment Rule*, 131 HARV. L. REV. 2027 (2018).
② [法]托克维尔:《论美国的民主》(上卷),董果良译,商务印书馆 1988 年版,第 263 页。
③ 同上,第 274 页。

并不少。事实是,第 230 条的成功超出所有人的预期。[1] 废除它无异于毁掉了一个宝贝。

在这个意义上,可能需要考虑的是制度的成本问题。以诽谤案件为例,当"纽约时报案"判决,[2]对于公共官员的诽谤,不能证明被告具有实际恶意的情况下,不能判决其承担惩罚性赔偿责任,就意味着,公共官员须为言论自由牺牲名誉——如果这里存在利益的冲突和衡量,那么,公共官员的名誉被平衡掉了——作为言论自由的成本被消耗。第 230 条豁免针对的是所有互联网言论,以及言论所可能诽谤的结果,这个结果指向的或许是官员——已经有"纽约时报案"的先例,无论线上线下,都是一样的规则;但也可能是非公共官员的个人或组织,这些个人或组织如果被互联网言论诽谤,作为平台是不承担责任的,只有言论发表者才是责任承担者。此处的豁免,不是对诽谤责任的豁免,而是豁免平台在诽谤侵权中作为非侵权者的责任。这也可以看作是成本,这个成本由言论受害者承担。

三、合宪性问题

对于第 230 条豁免条款最大的质疑,是认为其违宪。特朗普在针对推特的诉讼中,[3]请求法院确认判决《通信规范法》第 230 条违反宪法,在另外两个案件中也提出了相同请求。[4] 特朗普的主要理由是:立法大大地鼓励了被告对原告和(被原告代表的)推定相同类型

---

[1] See Ellen L. Weintraub & Thomas H. Moore, *Section 230*, 4 GEO. L. TECH. REV. 625 (2020).

[2] New York Times Co. v. Sullivan, 376 U. S. 254 (1964).

[3] Complaint, Donald J. Trump, et al. v. Twitter, Inc. , and Jack Dorsey, Case 1:21 - cv - 22441 - XXXX (S. D. Fla. 2021).

[4] Complaint, Donald J. Trump, et al. v. Facebook, Inc. , and Mark Zuckerberg, Case 1:21 - cv - 22440 - XXXX (S. D. Fla. 2021); Donald J. Trump, et al. v. YouTube, LLC. and Sundar Pichai, Case 0:21 - cv - 61384 - XXXX (S. D. Fla. 2021).

的成员的审查。① 这个理由能不能成立？它是不是导致第 230 条违反宪法？如何判断这个问题？从技术角度看，指控第 230 条违宪，相较于指控推特违反第一修正案，是更"正点"的诉讼策略，也是釜底抽薪之术——相当于从根本上否定被告行为。但是违宪能否成立，需要讨论，以下从起诉书所列的理由入手进行分析。

（一）封禁皆因豁免起？

起诉书 126—127 节写道：被告在对原告和同类成员进行审查，比如打出标示、屏蔽禁言时，依赖并依照《通信规范法》第 230 条行事。倘若没有第 230 条的豁免权，被告不会在平台驱除原告或处境相似（即被同样对待）的同类成员。②

在这里，起诉书的判断可谓本末倒置，因果关系不成立。第 230 条没有为推特的审查行为提供根据或依据，即审查不是依照第 230 条展开的——第 230 条规定本身不是推特审查行为的依据，只是为推特的审查行为提供了民事责任豁免，属于审查行为发生之后的后果承担上的规定。这样的豁免具有立法性质的预设功能，将可能发生的行为的后果作出规范性规定。如果一个行为可以豁免，并不是按照豁免规则去做，而是行为恰好符合豁免的条件或要件。至于如果没有第 230 条，被告是否会将原告从平台上驱除，是一个存在肯定和否定回答的问题。可以确定的是，如果没有豁免规定，被告在平台上驱除原告可能会更慎重，因为要考虑驱除行为的民事责任问题。但是，并不能由此确定说，没有豁免规定，被告就一定不会驱除。在民事责任的承担上，豁免只是一个方面；不存在豁免的情况下，被告是否要作出驱除决定，也会进行利益上的衡量，况且还存在其他责任，比如刑事责任或知识产权上的责任。因此，这个理由不成立。

---

① Complaint, Donald J. Trump, et al. v. Twitter, Inc. , and Jack Dorsey, Case 1:21 - cv - 22441 - XXXX (S. D. Fla. 2021).

② *Ibid.*

(二) 国会假私人之手行违宪之事?

起诉书 128—132 节写道:第 230 条(c)款(2)项声称豁免社交媒体公司的责任,当它们屏蔽、限制或者拒绝传输"令人反感的"言论,即使言论是"受到宪法保护的"。此外,第 230 条(c)款(1)项还已经被解释为社交媒体公司提供额外的豁免——为其实施屏蔽、限制或者拒绝传输受宪法保护言论的行为时。第 230 条(c)款(1)项和(c)款(2)项是国会故意为了诱导、鼓励和促进社交媒体公司去完成一个目标——审查假定"令人反感的"但受到宪法保护的互联网言论——国会本身不能合宪地完成。根据 Norwood v. Harrison 案,国会不得合法地诱导、鼓励或促进私人去完成宪法禁止国会实施的行为。因此,第 230 条(c)款(2)项在表面上就是违反宪法的,(c)款(1)项被解释豁免社交媒体公司采取审查受宪法保护言论的行为的责任时,也同样违反宪法。[1]

可以看出,起诉书此处从第 230 条豁免条款的立法目的或立法目标上论证其违宪性。思路是,国会不得审查假定令人反感的但是受到宪法保护的互联网言论,因为国会这样做是违宪的,所以,国会故意制定第 230 条(c)款(1)项和(c)款(2)项,以诱导、鼓励、促进社交媒体公司去审查,从而完成国会不能完成的目标。换言之,宪法禁止国会做的事情,国会通过制定法律,诱使私人主体去做,以达到国会违宪才能做到的行为,因而国会的立法就是违的。那么,这样的判断能不能成立?

按照既有原理,第一修正案保护言论的传播,若国会立法强制性地保护言论的传输或传播,强制性要求是指向政府的,不是指向私人的,因为,私人没有第一修正案意义上的责任。如果立法强制性地要求私人无论何种情形,都必须传播,那么,这样的立法本身就侵害了

---

[1] Complaint, Donald J. Trump, et al. v. Twitter, Inc., and Jack Dorsey, Case 1:21-cv-22441-XXXX (S.D. Fla. 2021).

私人比如社交媒体的言论自由。因此，给私人公司一个选择的空间，自己决定是否审查、是否传播，如果选择审查，选择不传播，不会产生不利的法律后果。此处需要注意，第 230 条豁免私人的责任的性质，是民事责任，不是宪法责任或任何公法意义上的责任，原因就在于私人不承担宪法责任，只承担民事责任（而且是在符合条件的特定情况下）。不仅如此，私人主体也无法、无义务去审查或判断，某些或某种言论到底是受到宪法保护还是不受宪法保护，立法使用"无论言论是否受到宪法保护"一词，是有深意的。对于私人主体而言，它所审查的言论是不是受到宪法的保护，本身没有意义，因为，私人主体的审查不会因为审查对象是受到宪法保护的言论而产生宪法责任。

第 230 条的立法是否属于"故意诱导、鼓励、促进私人去做政府不能做的事情，以达到政府违宪去做才能实现的目标"？为了证明这一点，起诉书援引了联邦最高法院 1973 年的 Norwood v. Harrison 案。① Norwood 案涉及密西西比州的一项立法项目，根据该项目，自 1940 年开始，州购买教科书同时免费租给公立学校和私立学校的学生，不考虑任何参与的私立学校是否存在种族隔离政策。联邦最高法院推翻了下级法院维持这一立法项目有效性的判决。法院意见写道："如果学校实施了歧视行为，州以教科书形式提供有形资助就因此支持了这样的歧视。在州立学校的种族歧视是宪法禁止的，'这是不证自明的：州不得诱导、鼓励或促进私人去完成宪法禁止完成的事项'。"② 而且，"宪法不允许州协助歧视，即使州对私人学校的资助与那所学校的持续繁荣之间不存在确切的因果关系。州不得提供此处涉及的有形的财政资助，如果这种资助具有促进、加强和支持私人歧视的显著趋势"。③ 这个论点比较有力，但是，仍然存在探讨空间。确实，政府不能通过立法诱使私人去完成违宪目标，这在理论上是成立

---

① Norwood v. Harrison, 413 U. S. 455 (1973).

② *Ibid.*

③ *Ibid.*

的。问题在于,国会是否具有这样的立法意图? 即国会主观上就是要审查言论,自己不能做,通过立法豁免的规定,诱使私人做? 进一步看,私人能不能审查言论? 宪法禁止的是政府的审查,不是禁止私人的审查,第一修正案从未表达禁止私人审查言论的意思。

在此,第 230 条的豁免是否可以类比 Norwood 案教科书资助? 后者的资助,对于实行种族隔离政策的私立学校来说,是对其种族隔离政策和行为的鼓励和促进,私立学校不受制于宪法的平等保护原则的约束,州政府却受制于平等保护原则——州政府不得明知私人存在歧视行为而给予财政资助。但是,前者(即第 230 条)的豁免,不能被解读为诱导、鼓励或促进,因为豁免是针对平台的民事责任而言的,平台对于出现在平台上的言论的处理行为本身不是法律和宪法禁止的行为。平台在处理言论时,不考虑这些言论是不是受到宪法的保护,是基于私人面对言论问题的解决方法。因为私人无从判断言论是否受到宪法保护,是否受到宪法保护,都与私人行为不存在关联。起诉书说豁免诱导、鼓励、促进平台对受宪法保护的言论进行屏蔽、审查或拒绝传输,这是强加给了平台宪法上的责任——宪法要求政府必须保护受宪法保护的言论。而且,言论是不是受到宪法保护,是法院说了算。因此,无所谓平台处理受宪法保护的言论而违反宪法。第 230 条(c)款(2)项中"不论此材料是否受到宪法保护"一句,是平台不需要考虑的,也是要求法院在判决平台的民事责任豁免问题时,不考虑言论性质或种类——不涉及也不考虑宪法因素。

起诉书认为平台屏蔽审查受宪法保护的言论,无异于自己先作出了言论的性质和种类的判断,自己确定自己的言论是受到宪法保护的,在这个自己确定的前提下,说平台审查了自己受到宪法保护的言论,那么平台就是违反宪法的;即使不是平台违反宪法,也是立法诱使、鼓励和促进平台违反宪法,就是第 230 条豁免条款违反宪法。这一推理没有根据,相当于自说自话。与 Norwood 案的州政府教科书资助完全不同,第 230 条豁免条款并非服务于一个违宪的目的。

在关于第 230 条立法背景的国会文献中,我们找不到证据证明国会存有这样的意图。相反，第 230 条的立法意图，是为了最大程度地减少互联网言论的障碍，在促进互联网技术发展的同时，促进互联网言论的繁荣。此处的互联网言论规制——《通信规范法》被认为是国会第一次对互联网言论进行规制的立法——实际上是最大程度的不规制，即对于平台的不规制——通过立法条款明确豁免民事责任即是不规制。通过不规制，使得平台充分发展，以促进平台上言论的自由状态。

不可否认的是，这种不规制，客观上使得平台自身的规制——平台对于出现在自己平台之上的言论的规制——完全成为自己的事情，是平台自身完全决定的问题。不仅如此，在平台与用户的关系上，平台从第 230 条得到的好处或利益，在某些方面要高过和多于用户。那么，这种好处是不是就证明了第 230 条有诱使平台做违宪之事的意图？不能成立。这依然是立法的后果或结果问题。对于立法后果，应该如何判断呢？即如果立法出现的后果，实施的后果，可能恰好与宪法禁止的行为一致，如何判断——是不是能够判断立法就是要做违宪的事情？在 Norwood 案中，联邦最高法院指出："我们并不认为，一个州仅仅因为它提供了任何形式的州服务，而服务对据说存在种族歧视的私立学校有利，就违反了其宪法义务。"[1]这个判断同样适用于对第 230 条的分析，一个直接的认识是，能不能仅仅因为第 230 条豁免规定有利于平台，而且，豁免不是正面的对平台有好处的规定，而是反向有好处的规定，就认为国会违反了宪法义务？不能。实际上，这种认识采用的是一种倒推的思维模式，将立法实施的结果，倒推到立法的目的，这是不能成立的。

确实，立法的结果与立法的目的有关，立法之时对于立法的后果需要作出论证，在多大程度上能够实现立法的目标，关涉立法是否应该制定以及如何制定的问题——立法论证问题。但是，结果不能代替意图，不能以后果推测意图。总有一些人，个人或者组织，会从法

---

[1] Norwood v. Harrison, 413 U. S. 455 (1973).

律规定中获得好处或利益,有利于一些人,就可能会不利于一些人;或者,在某些情况下对某些人有利、对另外一些人无利或利益较小。但是,不能因此就排除或排斥有利的那部分,或者认定为"立法故意"。更不应该做延伸或联想的是,那些在立法中获得好处的人,此处的社交媒体,就因为获得了好处而改变了自身的性质,就从私人变成了政府。如前所述,豁免,当然存在某种行为激励作用——比如,当采取审查言论的行为时,不用过于担心由此产生的民事责任,之所以说不用过于担心,在于豁免的决定仍然需要法院来作出决定。更重要的是,豁免是立法对于司法的命令——要求法院审判时不得因平台的这些行为判决其承担民事责任。

(三) 通不过严格审查?

起诉书 133—134 节写道:字面上的第 230 条(c)款(2)项,以及如上述所解释的第 230 条(c)款(1)项,还必须受制于第一修正案的严格审查,因为这种针对内容和观点的规制,授权和鼓励大型社交媒体公司根据它认为是令人反感的内容和观点,去审查受宪法保护的言论。在此,严格审查标准不能满足,因为第 230 条不是严格适合的手段,毋宁是签发给私人公司的空白支票,给了它们支配公共讨论内容的前所未有的权力,审查受宪法保护的言论而不受惩罚,对表达自由和民主本身造成严重威胁;因为第 230 条"令人反感的"(objectionable)一词是如此的定义不清、含糊和宽泛,导致对于政治言论的基于观点的系统审查,不光是保护儿童不受淫秽或色情、性暴露言论——这些材料出现在最初的互联网上——的侵害;因为第 230条声称豁免社交媒体公司以观点为基础对言论进行审查,而不仅仅是内容;因为第 230 条已经将少数超大私人公司转变成"真理部",变成了裁决人——决定数亿美国人民可以和不可以说出或听到什么样的信息和观点;因为隐藏在第 230 条背后的合法目的可以通过更小的言论控制方式来达到。[①]

我们知道,在第一修正案案例法中,立法或执法实施基于内容的规制,通常受制于宪法审查中的严格审查标准。严格审查重点考量目的(目标)和手段(方式),目的的合宪性和手段的合宪性。起诉书引用了 1996 年"租用频道猥亵案",[②]作为论证的先例。这一案件的基本情况是,1992 年《有线电视消费者保护和竞争法》(*Cable Television Consumer Protection and Competition Act of* 1992),授权有线电视的经营者禁止播放其认为"明显令人厌恶的"(patently offensive,也译作"显然非礼的")方式描绘性行为的节目,要求他们将有些"显然非礼的"节目隔离出来并归并到一个频道中,并只有在事先书面申请的情况下才允许观看。这些条款适用于法律要求有线电视经营者为没有关系的第三方所提供的"租用频道",以及政府购买的"公共、教育或政府频道"。联邦最高法院判决授权禁止播放的条款合宪,但其余条款因并不适合于实现保护儿童不受"显然非礼的"节目之损害而被判违反第一修正案。[③]

起诉书援引这个案件的目的在于证明,以内容或观点为基础的言论规制,要受到第一修正案的严格审查。然而,有意思的是,在这个案件中,联邦最高法院恰恰肯定了国会立法授权有线电视经营者禁止播放它认为"显然非礼的"节目的合宪性,即经营者有权以自己的标准判断什么样的内容构成"显然非礼的"内容,并拒绝播放。在第 230 条中,立法豁免平台自己判断"令人反感的"言论,并就此采取措施,而不需要承担民事责任,跟"租用频道猥亵案"的立法情节或思路是相同的。如果作为先例来运用,那么,在合宪性问题上,联邦最高法院肯定立法授权经营者禁止播放"显然非礼的"电视节目,就没

---

① Complaint, Donald J. Trump, et al. v. Twitter, Inc. , and Jack Dorsey, Case 1:21 - cv - 22441 - XXXX (S. D. Fla. 2021).

② Denver Area Educational Telecommunications Consortium, Inc. v. FCC, 518 U. S. 727 (1996).

③ 张千帆:《美国联邦宪法》,法律出版社 2011 年版,第 403 页。

有理由否定立法豁免平台审查它认为"令人反感的"言论。相反,如果立法要求平台传输其认为"令人反感的"言论,恰是对平台构成了强制,强制传播违反平台标准的言论。需要注意的是,第一修正案禁止政府强制私人说什么不说什么,私人想说什么不想说什么,都是自己的决定,政府不得干涉。如果政府立法涉及强制性地要求私人如何言论,即有违反第一修正案的嫌疑。

那么,豁免是不是"空白支票",给了平台巨大的前所未有的权力去决定言论?这是一个有利的论点。值得讨论的是,豁免作为手段,是否严格适合于立法的目标?对于互联网技术和互联网言论繁荣而言,豁免是一个有利的手段,但是不是对于言论限制最小的手段?有没有比豁免更小的控制手段?这个问题是见仁见智的。对于国会而言,豁免本身不是对于言论的控制手段,而是对平台言论不控制的手段,其间接的结果造成了平台对于用户言论的控制,这种控制是豁免的代价。相较于立法直接控制平台的言论,比如要求传输什么和不传输什么,强制性地要求它对于言论进行什么样的处理,豁免是更有利的。通过立法方式,豁免平台在诉讼中的民事责任,防止在司法环节,法院的裁判背离立法意在繁荣技术和言论的立法意图和目标。这未必是最好或最优的立法选择,但一定是上选的手段。

实际上,豁免规定所要防止的,恰恰是政府对于言论的控制,此处的政府是司法政府——法院——的司法决定。通过立法直接规定豁免,可以有效阻止法院判决平台因为言论处理而承担民事责任的可能,即法院或司法权力也不得干涉平台对于言论的处理。在这个意义上,豁免防止的是政府,符合第一修正案。如前所述,关于豁免的立法,也是考量第一修正案司法判决的产物。因为,如果法院判决当事人——通常是作为被告的平台——关涉言论案件的民事责任,有可能是违反宪法的。"第一修正案要求第230条禁止判决网站为其用户的诽谤承担责任,网络媒体诽谤责任产生的私人审查,不能以政府在诽谤法中的利益为理由来论证。承认第230条的更稳定的宪法基础,能够解释为什么法院传统上对法律进行广泛解读,表明法律的实质重要性，有助于预测如果批评者成功实现国会法律修正后可能发生的情况"。[1]

另外一个可以对抗的论证是：豁免，是对平台责任的保护。"这种保护鼓励网站实施内容审核，不用担心它们筛选、屏蔽内容的努力会使得它们为滑过的（slips through，即审查通过）的诽谤性材料承担责任。缺少了这种保护，网站为了避免潜在的诉讼，就会有审查受宪法保护的言论的动机"。[2] 从这个角度看，不是因为豁免而使得平台有动机审查受宪法保护的言论——因为不会为此承担责任，所以就毫无顾忌地进行审查；而是因为豁免，使得平台没有动机去审查受宪法保护的言论——因为不需要担心诉讼中的责任，所以不去审查言论。

一个相关问题是，平台能不能标榜自己的正确性？从第一修正案来说，平台可以。平台不是政府，政府不得标榜自己正确，私人可以标榜自己正确，自己是真理，自己绝对正确。宪法控制的是政府，不是私人。所以，"真理部"这样的比喻，用到私人身上，是不恰当的。"真理部"一词来自于奥威尔（George Orwell）的名著《一九八四》（1984）。真理部（Ministry of Truth，简化形式是 Minitrue）是书中主人公史密斯（Winston Smith）任职的政府机构。这个词用以讽刺政府或统治者对于言论的压制和完全控制程度——真理在政府，即，所有言论必须经过真理部审查，凡政府说的，才是真理；其他人说的，皆为谬误。真理部这种机构的存在本身就是对言论自由的最大否定。不可否认的是，平台的技术控制造成了事实上的言论控制，但无论如何，这种控制是私人控制，不是政府控制，不是公权力控制。从程度上说，若是一个私人主体对于言论的控制，达到了类似于"真理部"的程度，那么，这个社会的言论自由就消失了。而现实是，言论自由依然存在，而且自由的深度和宽度并没有就此大幅度丧失。

---

[1] *Section 230 as First Amendment Rule*, 131 HARV. L. REV. 2027 (2018).
[2] *Ibid*.

此处的纠结之处在于,以保护儿童权利的角度,对于显然非礼的判断,具有关涉色情或暴力的成分;令人反感,则范围可能是更大的,不仅限于色情或暴力,还可能涉及其他,比如政治性言论,而政治性言论应该受到第一修正案最高程度的保护,是言论自由的司法推论。但是,对于立法而言,显然很难将某些言论包含或排除,出发点的不同,也影响了立法技术,只能取决于经营者自己的判断。此外,在几乎所有言论都受到宪法保护的前提下,区别受到宪法保护和不受到宪法保护的言论,在客观上是困难的。私人主体没有必要也没有能力去区分,它们的判断只能是自己的私人判断而非政府的判断,也不能把它们的判断看作是政府的判断。"显然非礼的"和"令人反感的"两个词,都存在含糊不清的缺点,立法定义很难涵盖或排除言论——某些类型的言论,这也是立法文字本身的局限性。而立法语言文字的局限性,是成文法固有缺陷。这里或许可以认为是政治性言论"躺枪"了,那是立法的不确定的后果。立法技术本身十分繁复,合理与否的评判往往只具相对性。如果说立法提供不同种类的胡萝卜和大棒,以诱导或强迫遵守政府在这个领域的决定,那么,选择哪一种技术以实现政府的目标,可能是一个复杂的立法问题。[1]

(四) 违宪指控不成立

基于以上分析,对于原告的请求,即"宣判第 230 条(c)款(1)项和(c)款(2)项是违反宪法的,此两款目的在于豁免社交媒体平台和其他互联网平台的责任——为它们实施审查受到宪法保护的言论行为时提供责任豁免"(起诉书 135 节),[2]法院应不会支持。一个直接明了的结论是:允许媒介删除不符合它们政策的帖子(或对言论进行处理)的,是第一修正案,不是第 230 条。从另外一个角度看,对出现

---

[1] See Albert J. Rosenthal, *The Federal Power to Protect the Environment: Available Devices to Compel or Induce Desired Conduct*, 45 S. CAL. L. REV. 397 (1972).

[2] Complaint, Donald J. Trump, et al. v. Twitter, Inc., and Jack Dorsey, Case 1:21-cv-22441-XXXX (S.D. Fla. 2021).

在自己财产上的言论的处理的权力，是一种私法意义上的权力。如果私人财产因为处理言论问题，私人财产就成了公共财产，那么，私人财产的保护就处于不安定状态。私人财产的征用必须满足宪法确定的条件，才能够为公共使用。即使是公共财产上的言论处理行为，也未必一定受制于第一修正案约束。如果把政府言论原理运用于私人财产——社交媒体平台，就很容易理解平台处理言论的后果——不受制于宪法，正如政府在自己的财产上的政府言论，是不受制于第一修正案的约束的。当然，这种类比的不足之处在于：前者的不受制于宪法，与后者的不受制于宪法的理由可能不同；前者是私人，不是政府行为者；后者是政府，通常情况下是政府行为者。但是，当法院判断其言论是政府言论时，是将其身份等同于其他发言者，即参与发表言论的人，不是规制或监管发言者——行使公共职责者。

四、存与废之间

尽管不能判断第230条是违宪的，但不能否认一个事实：正是这一条款，能够让推特（和其它社交媒体网站）可以几乎鲜有顾忌地采取他们认为合适的措施，客观上或结果上造成了被封号者的言论的不自由。由此，关于废除第230条的主张似获得了证据支持。显然，这不是一个新问题。

（一）宪法依旧是底线

客观上，上述事实造成的矛盾之处是，就特朗普总统而言，他的个人账户被封，意味着他不能通过这个账户发声，自由发表言论的能力受到限制，阻碍了他的言论自由权利的实现；就推特公司而言，它的封号行为是一种强制，就是"不许在此说话"，结果堪比事前限制或事前审查。如第一章所述，事前审查是第一修正案最不能容忍的行为，被言论自由原理完全否定。一方的言论自由事实上受到限制，但无法寻求宪法上的权利救济；另一方事实上实施了限制言论自由的行为，但不为此承担宪法上的责任。当然，是否限制了言论自由，仍然是可以讨论的——从上述分析来看，法院不会判决推特违反宪法。问题在于，封号的强制性，在效果上否定了被封者在推特账户上发声的可能，同时又不触及第一修正案责任。

这一矛盾也是促使包括特朗普总统在内的一些人主张废除第 230 条的主要根由。2020 年 12 月，特朗普总统否决了国会通过的 2021 财政年度《国防授权法案》，最大的原因是《国防授权法案》没有包括废除《通信规范法》第 230 条的内容。特朗普总统的核心理由是，推特等平台不是政府，但是，其权力的力度不小于政府权力，这些平台对保守派言论持有"系统性偏见"，并对国家安全和选举公正性构成严重威胁。因此，不应该对它们豁免，豁免条款应该废除。结果是，特朗普总统的立法否决——被认为是特朗普"公报私仇"或"夹带私货"的否决——最终被国会以三分之二超多数投票再否决，《国防授权法案》正式生效。这也是特朗普总统任职期间唯一一次对立法否决的决定被国会再否决。国会没有同意废除，显示了国会与总统针对第 230 条豁免条款存废的不同立场。

实际上，今天提出废除或修改第 230 条的理由或根据——不限于特朗普总统提出的理由，1996 年国会通过该法时几乎都曾面对过，也讨论过。所以，20 年前被否定的理由，今天未必会被肯定。因此，废除和修改的可能性不大。但是，问题仍然存在，那些因互联网表达所引发的各种不利后果，有的是民事的，有的是刑事的，有的是民事加刑事的，都没有减少，更没有消除。关键在于，解决这些问题是不是一定要通过废除或者修改的方式来达到？从第一修正案原理来看，因内容而施加责任，弄不好就会侵犯社交媒体平台的言论自由。这仍然是一个老的问题：任何对于内容进行的规制，都要面临合宪性——是否符合第一修正案——的严格审查。如果我们承认不能对社交媒体用户的言论内容进行规制，那么，对于出现在社交媒体平台上的言论的规制也存在宪法风险，不论平台上的言论是用户的，还是平台本身的。内容规制，也是第一修正案所否定的，如果不能够证明存在令人信服的政府利益，这种规制肯定会被法院认为违反第一修正案。

(二) 需要衡量的张力

修改或者废除第 230 条的任何动议，都需要思考和应对一系列第一修正案问题。其中，最重要的是衡量或者平衡两个方面的关系及其张力。

第一，言论自由与原告权利。

第 230 条(c)款豁免规定直接导致这类诉讼中原告权利或利益的保护问题，当网络媒介成为被告但不必为第三方言论担责的时候，意味着原告不可能通过挑战媒介行为获得救济。从这个角度看，宽泛意义上——针对不特定人或者用户——的言论自由的利益，与潜在的原告——即认为被网站上言论所损害的人——的利益之间发生了一定的紧张关系。这种张力，也是许多第 230 条批评者所主要针对的一个点。从理论上说，这种矛盾或者张力确实是存在的。关键在于，第 230 条在多大程度上影响了原告权利的救济？一个思路是，媒介不担责，谁应该担责？最初说这个话的人即最初发言者——第三方——担责。以诽谤诉讼为例，媒介不担任，不意味着最初发言者不担任——豁免并不及于最初发言者。因此，并不必然导致原告的诉讼落空。

实证研究表明，"关于第 230 条对于原告的影响，数据揭示：第 230 条并没有完全禁止救济，大多数原告能够确认和起诉给他们造成损害的内容的最初来源者。尽管在那些案件中他们胜诉的概率较低，但与其他研究诽谤诉讼的结论相比并不算出格或异常。而且，在超过一半的案件中，原告成功地将冒犯性内容从被告网站或者在线服务上移除"。① 这意味着，简单地把第 230 条作为原告权利的"对立

---

① David S. Ardia, *Free Speech Savior or Shield for Scoundrels: An Empirical Study of Intermediary Immunity under Section 230 of the Communications Decency Act*, 43 LOY. L. A. L. REV. 373 (2010).

面"来看待,可能是片面的。当然,"豁免媒介责任的决定,已经给那些受到网上言论或行为伤害的人带来了不利的影响"。[①] 那么,社会的利益——来自于宽泛保护促进言论的媒介,是否应该优越于或超过未受补偿的损害? 立法衡量显然是更注重前者。不可否认的是,推特空间的滥用,使得诽谤也成为一个棘手的问题。一个新词"推特诽谤"(twibel)由此应运而生,作为一个非正式用语,它被用于描述"经由推特的诽谤"(Libel via Twitter)。经由推特的诽谤或"推特诽谤",已经成为现代法学中带有普遍性的问题或普遍存在的法院争诉问题。[②]

不仅如此,在原告权利的救济方面,并不需要通过压缩或者废除第230条豁免的方式来达到。这里的意思是,原告权利救济还存在其它的途径或者方式,如果其它救济能够使得言论自由与原告权利之间的张力得以缓和,甚至达到"双赢",就没有理由去修改或废除第230条。实际上,在非互联网时代,诽谤争诉一直存在,只不过互联网时代为诽谤等行为提供了更加便捷的手段,同时,互联网的开放性使得诽谤等言论广为人知。如果所有的受害人,也是利益相关人,都寻求通过立法过程来保护他们的权利和利益,那么,第230条的豁免很可能被侵蚀——豁免程度越来越小,豁免范围越来越窄。正因为如此,有学者认为,FOSTA即《允许州和受害人对抗网络性贩卖行为法》可能"开了个坏头"。[③] 因为该法旨在打击网络性贩卖行为,它剥离了第230条,为网上服务创造了一些新的法律风险,部分地缩小了第230条豁免的范围。[④]

第二,思想市场的放开与收缩。

---

① David S. Ardia, *Free Speech Savior or Shield for Scoundrels: An Empirical Study of Intermediary Immunity under Section 230 of the Communications Decency Act*, 43 LOY. L. A. L. REV. 373 (2010).

② See Joe Trevino, *From Tweets to Twibel: Why the Current Defamation Law Does Not Provide for Jay Cutler's Feelings*, 19 Sports LAW. J. 49 (2012).

③ Eric Goldman, *The Complicated Story of Fosta and Section 230*, 17 First AMEND. L. REV. 279 (2018).

④ *Ibid.*

国会是在互联网的初创时期通过 CDA 第 230 条的,将其作为保护和促进互联网成长的方式。国会担心的是,将技术公司作为所有内容的发表者而非呈现内容的"平台"来对待,会让它们承担难以逾越的责任,永久性地遏制它们的成长。极大地得益于 CDA 的规定,社交媒体平台能够得以茁壮成长为今天的样子,与此同时社交媒体平台的言论表达呈现出繁荣的状态。这意味着,第 230 条对于思想市场具有促进作用。

废除第 230 条豁免条款,意味着技术公司对于其平台上的言论的处理将承担部分责任或全部责任,这在很大程度上会影响社交媒体平台对于言论的态度。这种影响会成为一种"畏惧心理或谨小慎微的选择",即,当知道要为自己的行为承担责任的时候,跟所有人一样,这些平台也会选择对自己最有利的行为。而此种选择,对于言论的繁荣和言论市场的开放可能就是不利的。简言之,废除的结果是对平台的言论处理乃至整个思想市场产生寒蝉效应,从而造成思想市场的收缩,妨碍言论自由价值的实现。

同时需要思考的是,豁免责任之下,推特等平台的言论的垄断或"言论霸权"状态已然呈现,不可否认,那么,这个结果是否就是豁免造成的? 问题可能并不简单。比如,我们可能也需要考虑法律与技术之间的关系。特别是,言论的垄断在多大程度上是技术的垄断、市场(经济市场)的垄断、财富的垄断所造成的? 在客观上,很难改变技术垄断与言论垄断之间的关系,就像技术垄断和财富垄断之间的关系一样,这可能是经济垄断的自然结果。因此,当言论事实上与技术、市场、经济、财富等一系列的要素相互关联的时候,可能很难在没有认清因果关系的情况下就轻易断言是豁免条款"惹的祸"。

综上所述,任何废除或修改思路,都必须认真考量第 230 条与第一修正案的相容性。实践证明,二者基本上是相容的,发生的很多问题,都可以归为立法的成本。就目前的情形而言,国会短时间内废除的可能性不大,原因有三:其一,对于互联网,尤其社交媒体平台,立法者在多大程度上已经把握了其内在规律比如技术特点,以至于可能"万无一失"地规制——出台高密度、加强版的第 230 条？对此立法者是否具有足够的自信，尚是未知数。实际上，20 年前的第 230 条也是基于不确定的认知而作出的。不能否定的是，第 230 条恰是明智、睿智的选择和决断。今天，国会是否完全掌握了网络化技术实质？可能国会仍然没有这样的确信。其二，规制针对内容，就会"踩雷"——陷入第一修正案的雷区，风险很大。即立法本身会面临第一修正案审查。回想 1997 年的"网络猥亵第一案"，[①]其时，第 223 条被判违宪，第 230 条属于"幸免于难"。不仅如此，当社交媒体仍然作为私主体来对待，任何的调控，都可能是有限的，不会实质性改变大的框架或基本节奏。但是，如果国会立法将社交媒体作为公主体来对待，这个将政府行为扩展的风险，要远远高于内容规制的风险，因为会彻底改变宪法的本质，以及第一修正案的宪法基础。其三，立法废除或修正只是问题的一个方面，另外一个方面是，法院的立场和态度。在美国法语境下，司法从来都不是绝对被动的。司法过程的案件处理，在很大程度上决定了言论的空间和范围。因此，国会对于第 230 条的废除或修正，是否一定影响法院的判断，也是一个值得思考的问题。比如，如果从保护言论自由的角度看，法院认为第 230 条现有豁免条款符合第一修正案，那么，国会修法缩小豁免范围或全部废止豁免，法院是否在裁判中一定不判决豁免？毕竟，国会与法院都必须在第一修正案之下行使各自的权力，即，无论是立法还是司法，其行为合法性的最终基础，在于跟宪法之间的关系——必须符合宪法。

（三）未来可能的选择

对于第 230 条的未来命运，可以从立法、司法两个方面去讨论。

1. 修法路漫漫

2019 年 2 月，特朗普总统和国会曾经考虑改变 CDA，特别是第

---

① Reno v. American Civil Liberty Union, 521 U. S. 844 (1997).

230 条的豁免规定，但没有结果。如前所述，拜登总统作为总统候选人时表示过主张废除第 230 条。有研究指出，拜登政府尚未公开致力于第 230 条问题，而国会已经在程序上着手处理一些法律提案，比如《安全技术法案》(*Safe Tech Act*)和《平台责任和消费者透明度法案》(*Platform Account-ability and Consumer Transparency*，简称 PACT)，它们都是对第 230 条复杂的综合性改革，确定无疑地会给互联网带来巨大的和出人意料的后果。通过重新考虑其竞选时的立场，拜登总统会帮助国会进行适当调查和考量第 230 条任何改革的效果。否则的话，国会几乎肯定会通过第 230 条的某种改革版本，而不考虑任何有害影响。[1] 无论国会给出怎样的新版本，整体上看，与完全废除相比，保留但修改的可能性更大。

法律修改至少有两个思路，其一，扩展豁免例外的表达种类，在事实上缩小豁免范围。在讨论和决定例外的适当范围或边界问题上，国会只把责任施加给国会寻求打击、阻止、不鼓励的某些特殊行为。[2] 目前的例外集中在知识产权、刑事犯罪领域，可以给社交媒体施加比现在多的责任，将豁免的范围缩小。简单地说，就是扩大豁免例外的范围，从原来的知识产权例外、犯罪例外扩展到更多的例外。

其二，不改变豁免范围，但采用新的规制方式。比如，对社交媒体施加审查的责任，并设定社交媒体审查和豁免的二选一：要么不豁免，要么审查。国会参议员霍利(Josh Hawley)2019 年曾向国会提交了一个法律议案《网络审查末端支持法》(*The Ending Support for Internet Censorship Act*，简称 ESICA)，建议国会采取稍微不同的路径去保护网上的言论自由。这个路径不是给科技公司侵犯用户第一修正案权利施加责任，而是给科技公司施加责任——对他们各自网

---

[1] See Eric Goldman, *Tech Policy in President Biden's First 100 Days*, 2021 U. ILL. L. REV. ONLINE 176 (2021).

[2] See Valerie C. Brannon, Free Speech and the Regulation of Social Media Content, Congressional Research Service Report, March 27, 2019.

站上的所有内容承担责任,假如某些要求不能满足的话。^①现在大技术公司普遍将 CDA 对他们的保护看作是理所当然的事,霍利的提案将会对此加以改变。ESICA 会修正 CDA,除去所有涵盖的公司"平台—类型"的责任保护,除非公司能够证明,它们执行的是内容中立的内容政策。证明此类实践,将涉及公司同意外部审核,公司要承担提供清楚和有说服力的证据的责任,向美国联邦贸易委员会(Federal Trade Commission,简称 FTC)证明,公司的内容政策不是"以否定政党、政治候选人或者政治观点为基础的"。通过这样的修正,公司会被迫在实施内容中立调整政策和对其网站上的所有言论承担巨大的责任之间选择。然而,事实上根本没有选择余地。每天互联网上像优兔和推特平台传输的内容数量,简直是天文数字,而这也是责任。因此,如果国会通过 ESICA,这些公司将除了采用观点中立的内容调整或调控实践,别无选择。^②

上述对社交媒体施加责任的思路,为不少研究者赞同。比如,有学者指出,国会是时候改革法律以应对和处理当下的事务状态了,它可以通过修改法规来做到这一点,以便使得社交媒体公司承担法律责任,去关闭或阻止扩大或传播它们明知是非法的线上内容。社交媒体公司要为它们开发的服务承担责任,目前这种背离公共义务的做法,具有腐蚀性。^③当然,不同见解同样存在。有观点认为,第 230 条确实带来了不少的问题,比如,交互计算机服务提供者对在线内容的过度审核,甚至足以被视为审查制度;而对在线内容的审核不足,

---

① See Ending Support for Internet Censorship Act, S. 1914, 116th Cong. § 2 (2019). Cf. Joey Best, *Signposts Turn to Twitter Posts: Modernizing the Public Forum Doctrine and Preserving Free Speech in the Era of New Media*, 53 TEX. TECH L. REV. 273 (2021).

② See Joey Best, *Signposts Turn to Twitter Posts: Modernizing the Public Forum Doctrine and Preserving Free Speech in the Era of New Media*, 53 TEX. TECH L. REV. 273 (2021).

③ See Olivier Sylvain, *Platform Realism*, *Informational Inequality*, *and Section 230 Reform*, 131 YALE L. J. F. 475 (2021).

又导致了丑陋的甚至危险、不安全的网络空间。但是,废除或削弱第230条,将不会修复在线言论的过度审核或审核不足局面,只有允许和促进科技领域的竞争,才可以做到。[1] 言下之意,将互联网世界的种种弊病归咎于第230条,不是一种客观态度,第230条不应该为当下的在线言论问题受到责难,且改变它也是于事无补,非明智的解决问题之策。更有学者坚持,任何立法的修改,都首先必须与法律背后的立法目的保持一致,这需要保护互联网免受政府规制,不是邀请它即规制进来。[2]

2. 判决一瞬间?

不过,无论国会作何决定,司法权的性质使然,法院在司法裁判中仍然具有主导权力。早在1803年的"马伯里诉麦迪逊案",[3]马歇尔首席大法官(Chief Justice Marshell)就指出:阐明何为法律,是司法机构的职责。正如法律专业人士评论的那样,"国会可以考虑采用何种新的规制方式是符合现行第230条的法律框架的。国会通过任何施加给社交媒体法律责任——即在满足现有第230条豁免情形下的不豁免——的新规制立法,都会与第230条相抵触。可以考虑明确规定这些新规制立法与第230条之间的关系。作为一项基本的法律原则,法院不会暗示,新法取代了旧法,除非两部立法存在不可调和的冲突,或者后法完全覆盖了前法的主题(目的),且非常明显地意在替代前法。因此,如果一部新的规制立法没有解释它与第230条的关系,法院将试图做相容性解读,使二者都具效力。"[4]换言之,对于法院而言,当国会新法与第230条冲突时,如何决定才是适当的,需

---

[1] See Reese D. Bastian, *Content Moderation Issues Online: Section 230 Is Not to Blame*, 8 TEX. A&M J. PROP. L. 43 (2022).

[2] See Sarah S. Seo, *Failed Analogies: Justice Thomas's Concurrence in Biden v. Knight First Amendment Institute*, 32 FORDHAM INTELL. PROP. MEDIA & ENT. L. J. 1070 (2022).

[3] Marbury v. Madison, 5 U. S. 137 (1803).

[4] Valerie C. Brannon, *Free Speech and the Regulation of Social Media Content*, Congressional Research Service Report, March 27, 2019.

要考量。是和谐地解释新法和第 230 条,使得两个立法都有效? 或者,在什么情况下用新法代替旧法? 法院最为极端的回应是,假如国会修正或废止第 230 条,如果必要,在诉讼中法院应该会动用第一修正案介入。此时,法律诉讼就会上升到宪法诉讼,法律问题就上升为宪法问题。比如,第一修正案不会允许判决社交网站对其用户的诽谤承担责任,如果国会立法规定这样的责任归属——尽管在停止诽谤方面的获益微乎其微,那么,法院应该会确认对于社交网站保护的重要意义或重要性,根据宪法判决保护成立。[①] 更进一步的问题是,如果新的规制立法被提起司法挑战,法院会直接审查这种立法的合宪性——是否与第一修正案对于言论自由的保护相容。[②] 这意味着,国会修法须慎之又慎。

在司法回应中,联邦最高法院的立场最为重要。联邦最高法院迄今为止没有解释过第 230 条的适用范围,但托马斯大法官连续两次对此专门发表了个人看法,且丝毫没有掩饰他反对第 230 条、反对下级法院宽泛解释豁免适用的态度,值得特别关注。

2020 年 10 月,联邦最高法院拒绝 Malwarebytes 案的调卷令审查请求,[③]这是一起涉及第 230 条(c)款(2)项适用的案件,托马斯大法官发表了关于法院拒绝审查决定的说明。他指出,“该案申请人要求我们解释通常称为第 230 条的一个条款即《通信规范法》第 230 条,这部1996 年通过的联邦法律,使互联网平台豁免于一些民事和刑事指控。当国会立法之时,绝大多数今天的网络平台还不存在。之后的 24 年里,我们从未解释过这个条款,但是,许多法院已经宽泛地解释该法,授予了世界上一些最大的公司以全面的豁免权(sweeping immunity)。”[④]托

---

① See *Section 230 as First Amendment Rule*, 131 HARV. L. REV. 2027 (2018).

② See Joey Best, *Signposts Turn to Twitter Posts: Modernizing the Public Forum Doctrine and Preserving Free Speech in the Era of New Media*, 53 TEX. TECH L. REV. 273 (2021).

③ Malwarebytes, Inc. v. Enigma Software Group USA, LLC, 141 S. Ct. 13 (2020).

④ *Ibid*.

马斯批评了联邦第九巡回上诉法院审理该案时，依赖第 230 条的"政策"和"目的"解释豁免适用范围的做法，尽管解释的结论是"当原告指控反竞争行为时，豁免不适用"。托马斯认为，第九巡回上诉法院的决定，是为数不多的根据目的和政策解释而否定第 230 条豁免适用的决定之一。但是，法院的决定突出目的和政策，是熟悉的思路。法院解释第 230 条时一直强调非文本性的观点（nontextual arguments），在它们之后留下了成问题的先例。"我同意本院不审理这个案件的决定，我写说明是为解释理由——在一个合适的案件中，我们应当考虑，这部日益重要的法律的文本，是否跟目前网络平台所享有的豁免状态相一致。"①

2022 年 3 月，联邦最高法院再一次拒绝对一起第 230 条案件的调卷令审查申请，②该案是从德克萨斯州最高法院提起调卷令审查申请的案件。托马斯大法官第二次专门就法院拒绝调卷令审查发表意见。"至少，我们关闭针对这般严重控诉之门之前，我们应该确信这是法律所要求的。正如我已经解释的，赞成宽泛解释第 230 条豁免的观点，依靠的是'政策和目的'，而非法律明确的文本。现在，德克萨斯州最高法院认识到：'联邦最高法院——或者，更好的是国会——可能很快就会解决这场正在兴起的争论，即关于联邦法院到目前为止是否正确解释了第 230 条'。假如国会不介入澄清第 230 条的范围，我们就应当在一个合适的案件中这么做。不幸的是，这个案件不是这样的合适案件。"③

此外，2021 年 4 月，托马斯大法官在 Knight 案判决书的赞同意见中，④也不失时机地表态。他再次重申对于下级法院宽泛解释第 230 条的反对态度，并提出了解决社交媒体平台问题的替代性框架。

---

① Malwarebytes, Inc. v. Enigma Software Group USA, LLC, 141 S. Ct. 13 (2020).

② Doe v. Facebook, Inc., 595 U. S. ___ (2022).

③ *Ibid*.

④ Biden v. Knight First Amendment Institute at Columbia Univ., 593 U. S. ___ (2021).

尤其是,他敦促立法者利用两个普通法原理——公共承运人原理(the common carrier doctrine)和公众膳宿供应原理(public accommodations doctrine)——加以排除。即,将社交媒体平台作为公共承运人或公众膳宿供应者对待,施以不同于一般私主体的法律责任,从而在一定程度上排除对社交媒体平台的第 230 条豁免适用。有学者批评托马斯大法官将社交媒体平台看作公共承运人和公众膳宿供应者的观点,认为是一种错误的类比,公共承运人和公众膳宿供应者的身份定位,与第 230 条的立法史相悖。[1] 这两个原理历史上都被适用于缩小私人权利的范围,把一个实体看作是公共承运人或公众膳宿供应者,就有正当理由限制其排他权和强制要求其提供非歧视性准入。[2] 将它们扩展至社交媒体平台,则首先意味着,平台对于其用户言论的处理受到约束——近似于第一修正案对于政府的约束,不同于一般私人主体所受到的约束。

托马斯从质疑(实为否定)该案的公共论坛判断切入,"但说起来有点奇怪:某个东西是政府的论坛——当私人公司有不受限制的权力消除它时。"[3]他认为,第二上诉法院将特朗普推特账户认定为公共论坛,与联邦最高法院以往关于"政府控制空间"(government-controlled spaces)的公共论坛的通常描述相矛盾。[4] 换言之,这一公共论坛判断很成问题,因为缺乏先例的有力支持。托马斯进一步解释"控制"的关键作用:特朗普对其账户实施的任何控制,都远远比不上推特的权力——服务条款载明,推特可以"在任何时候以任何理由

---

[1] See Sarah S. Seo, *Failed Analogies: Justice Thomas's Concurrence in Biden v. Knight First Amendment Institute*, 32 FORDHAM INTELL. PROP. MEDIA & ENT. L. J. 1070 (2022).

[2] See Christopher S. Yoo, *The First Amendment, Common Carriers, and Public Accommodations: Net Neutrality, Digital Platforms, and Privacy*, 1 J. FREE Speech L. 463 (2021).

[3] Biden v. Knight First Amendment Institute at Columbia Univ., 593 U. S. ____ (2021).

[4] *Ibid.*

或没有理由"地移除内容，推特这样做正是行使了它的权力。因为账户的无限控制权掌握在私人主体手里，第一修正案原理可能不适用于当事人关于压制言论的诉求。政府对私人空间的使用是否牵涉到第一修正案，取决于政府对那个空间的控制。比如，政府在酒店租用一个会议室召开关于拟制规制条例的公开听证会，不得简单地因为一些参与者表达了对新规制条例的担忧，就将他们赶出酒店。但是，一个在酒店的酒吧里和其选民正式聚会的政府官员，可以要求酒店把一个挤在人群中大声发表自己观点的讨厌顾客赶出酒店。区别在于，第一个场景中，政府控制了酒店的空间。而后者，就像本案一样，是私人主体控制了言论通道，在这种情形下，我们的法律通常经由其他法律原理（other legal doctrines）解决对于压制言论的担忧，这可能是第一修正案适用的间接结果。[①]"其他法律原理"就是公共承运人原理和公众膳宿供应原理，将平台归类为公共承运人或公众膳宿供应者，就能够对其施加某些原本并非由私主体承担的公共职责。可见，托马斯意见的核心观点是：私人社交媒体公司应该因第一修正案的目的而受到规制。托马斯的这一思路无异于抽薪止沸，对社交媒体的限制效果，要远远强于他在另外两个场合提出的对第 230 条的解释方案，甚至在效果上完全对冲第 230 条的豁免规范。

托马斯大法官的立场肯定不是联邦最高法院所有大法官的立场，但是否会成为多数法官的立场呢？在未来"合适的案件"中，联邦最高法院会限制对第 230 条豁免的适用，或压缩豁免范围（即改变下级法院的宽松解释立场），甚至判决该条款违宪吗？按照联邦最高法院在本开庭期（2021Term）"多布斯案"中推翻"罗伊案"的情势，[②]似乎没有什么不可能。

---

① Biden v. Knight First Amendment Institute at Columbia Univ., 593 U. S. ＿＿＿ (2021).

② Dobbs v. Jackson Women's Health Organization, 597 U. S. ＿＿＿ (2022). 在该案中，联邦最高法院正式推翻了"罗伊案"［Roe v. Wade, 410 U. S. 113 (1973).］。

第五章 总统拉黑推特评论之诉

作为推特用户,特朗普在四年总统任职期间,从其推特账户@realDonaldTrump 发送推文约 5.7 万条,账户拥有 8 千多万粉丝。特朗普总统对于自己推特账户上的不喜欢的评论或留言,有时直接把发出这些评论或留言的用户拉黑,使得后者无法在他的推特账户上发声,导致推特交流成为不可能。这些被拉黑的用户,选择将总统拉黑行为诉至法院,主张总统拉黑行为违反第一修正案,他们的言论自由受到了总统的侵害,由此引发第一修正案诉讼。备受瞩目的 Knight 案便是其中的代表性案件,集中反映了法院面对 21 世纪媒介——推特平台——的司法判断,影响重大。该案在一审、二审阶段均以特朗普总统败诉告终,联邦地区法院判决,第一修正案保护的表达权利及于政府官员(总统)社交媒体账户的"交互空间"(interactive space)。不过,判决本身也存在不少疑点,司法过程没有完全解决总统拉黑行为的宪法问题,有必要作深入研究,本章的讨论将围绕此案展开。

一、Knight 案始末

Knight 案,即 Knight First Amendment Institute v. Trump 案。① 2017 年 7 月,哥伦比亚大学 Knight 第一修正案研究所

---

① 该案在三个诉讼阶段的名称分别是:Knight First Amendment Institute v. Trump,(转下页)

(Knight First Amendment Institute at Columbia University,以下简称 Knight 研究所),代表自己和一些个体推特用户,在纽约南区联邦地区法院起诉特朗普总统及其白宫官员。这些用户在总统推特账户 @realDonaldTrump 发表了批评性信息后,很快被拉黑,遂声称他们因观点而被赶出了实质性的虚拟公共空间,总统违反第一修正案。在程序上,Knight 案首先经过了地区法院判决,再由上诉法院判决后,最后进入联邦最高法院。不同层级法院处理的问题有所差异,核心诉点没有改变,2021 年 4 月以联邦最高法院的决定告终。

(一)"适格"主体

Knight 案诉讼当事人涉及原告(上诉阶段的被上诉人,Plaintiffs-Appellees)和被告(上诉阶段的上诉人,Defendants-Appellants),一审判决书对双方资格进行了认定。[①]

1. 关于原告

该案共有 8 个原告(Plaintiffs),包括作为组织的 Knight 研究所和作为个体的 7 位个人。法院运用《美国联邦宪法》第 3 条"具体争议"(cases and controversies)条款及其案例法发展出的"诉讼资格"(standing)标准,首先判断 7 位个人原告适格。核心理由是,作为个人,7 位推特用户都遭到了特朗普账户的拉黑,这些个体用户被拉黑之后,无法在总统账户上发表言论,他们的言论自由受到了限制。因此,满足联邦最高法院确立的诉讼资格要件:原告遭受了实质上的损害(Injury-in-Fact 即损害事实)、损害可以适当追溯到被告被挑战的行为(Causation 即因果关系)、损害可能会通过有利的司法裁决得到纠正(Redressability 即可救济性)。关于 Knight 研究所是否适格,

---

(接上页) 302 F. Supp. 3d 541 (S. D. N. Y. 2018); Knight First Amendment Inst. Columbia v. Trump, 928 F. 3d 226 (2nd Cir. 2019); Biden v. Knight First Amendment Institute at Columbia Univ. , 593 U. S. ___ (2021).

① Knight First Amendment Institute v. Trump, 302 F. Supp. 3d 541 (S. D. N. Y. 2018).本部分内容根据该判决书总结而成。

存在争议,被告即总统一方对此否定,理由集中在:该研究所与7位个人不同,它的推特账户没有被总统拉黑,拉黑行为没有给它造成损害。对此,法院进行了回应并给出肯定判断。

法院认为,一个组织以自己的名义诉讼,必须独立满足诉讼资格要求。Knight研究所作为一个组织,承担以下证明责任:一是紧迫的损害事实,对它作为组织本身(不是对其成员),这个损害是"清楚的和明显的";二是它的损害可适当追踪到被诉的行为;三是一个有利的判决将弥补它的损害。

在这里,Knight研究所确立了损害事实:总统拉黑行为侵犯了研究所阅读评论的愿望,如果不拉黑,被拉黑用户直接回复账户推文的这些评论会被贴出来,研究所会阅读到。这种侵犯是一种诉讼资格意义上的可受理的利益。联邦最高法院的先例已经确立,使用或观察的愿望(the desire to use or observe),是不可否认的、可被审理的诉讼利益。Knight研究所对其中1名原告账户的跟踪,确立了可被审查的利益。因此,除其在第一修正案上的特殊利益外,这种利益将直接受到影响。Knight研究所的诉讼利益受到的损害是明晰的:第一,用户不能直接回复总统的推文,因为他们被拉黑;第二,Knight研究所具有阅读本应在推特上发布的直接回复的愿望。被告指出,Knight研究所没有关注7个个体原告账户中的其他6个。但是,Knight研究所关注了个体原告中的1个原告的账户,就是有重大意义的,其决定性意义远远超过纯粹的"一般性主张"(general averments)和"推断性的指控"(conclusory allegations)——它们在以往案件中被裁定不具充分诉讼利益。在此,Knight研究所已经确立支持其作为组织原告的损害事实的必要条件。

同时,Knight研究所也满足诉讼资格要求中的因果关系和可救济性要素。对于Knight研究所因果关系的分析,跟随在对个体原告的因果关系分析之后:Knight研究所的损害——无法阅读个体原告直接对总统推文的回复——是个体原告无法直接回复总统推文行为的直接后果,而这又是个体原告被拉黑的直接结果。Knight研究所具有相似的可救济性——如果个体原告没有被拉黑，他们就可以直接回复总统账户推文，Knight 研究所就可以实现其阅读这些回复的愿望。为了 Knight 研究所能阅读到回复，个体原告将需要选择回复，有些原告试图设法规避直接回复的拉黑限制，个体原告对于拉黑造成的负担的确认，促使他们减少了与总统账户的交流互动。这充分表明，至少原告中的某些人，他们很可能会回复，如果他们有能力这么做。因此，Knight 研究所具有诉讼资格。

2. 关于被告

起诉书中列出的被告（Defendants）共有 4 人，包括特朗普总统和 3 位白宫官员。作为总统——宪法机构和政府官员，特朗普是适格被告几乎是不需要论证的。关于其他 3 人，地区法院认定，希克斯（Hope Hicks）和桑德斯（Sarah Huckabee Sanders）不是适格被告。其中，桑德斯在前任辞职后继任一职，担任白宫新闻发言人。但是，她没有进入@realDonaldTrump 账户的权限，无权操作推特。原告将其作为被告，不能成立。希克斯有权操作账户，但鉴于她已辞去白宫通讯交流主管一职，因而排除其作为被告。只有斯卡维诺（Daniel Scavino），白宫社交媒体主任和总统助理，是适格被告，因为他直接协助总统操作账户，发出推文，协助拉黑和恢复用户。因此，适格的被告是特朗普总统和斯卡维诺主任。

3. 关于总统推特账户

在原告和被告之外，争诉所指向的对象——被告的拉黑行为，特别是拉黑发生的空间——特朗普推特账户，也是需要交代的背景性问题。

判决书背景部分的内容，来自诉讼双方达成的事实协议（Stipulation，协议被用于裁判过程，缩写 Stip.）。协议认定，特朗普在 2009 年 3 月设立了账户@realDonaldTrump。任职之前，他利用这个账户推送各种主题的推文，包括大众文化和政策。2017 年 1 月就任总统之后，特朗普总统利用这个账户与公众交流、交流政府事务，偶尔也交流与其官方政府事务不直接相关的问题。与账户关联的推特网页,已注册给特朗普,"第 45 任美国总统,华盛顿特区"。@ realDonaldTrump 账户向一般公众开放,不考虑政治派别或任何其他限制标准,任何人都可以评论、查看总统推文,无须在推特登录,任何想跟踪这个账户的人都可以这么做。特朗普总统没有设定任何规则或声明,用以限制(通过形式或内容)那些回复他推文的人的言论。特朗普任职之后,账户的操作由被告斯卡维诺协作完成。斯卡维诺有 权 访 问 账 户,包 括 阻 止 和 解 除 阻 止 个 人 所 需 的 访 问 @ realDonaldTrump 账户的权限。他曾经解释道:@realDonaldTrump 账户是一个渠道,通过它特朗普总统直接与你——美国人民直接沟通交流。推特用户经常使用总统的推文,惯常情况是,产生于本账户的推文制造出来自公众的几千条回复,这些回复又依次生成数百或数千条回复。例如,2017 年 7 月 26 日,特朗普总统推发一系列推文,其中内容包括宣告"美国政府将不接受或者允许变性人在军队服务"。不到 3 小时,3 条推文合起来已被转发 70000 次,点赞 180000 次,回复大约 66000 次。极高程度的用户参与,是特朗普总统推特账户的突出特征。

(二)"三审"终审

地区法院将争诉的焦点归纳为:公共官员是否可以拉黑推特用户以回应其政治观点的表达而符合第一修正案? 这一分析是否因公共官员是合众国总统而有什么不同? 法院对这两个问题都给出了否定性结论。法院判决,@realDonaldTrump 账户的一部分——"交互空间",在此,用户可以直接参与总统推特内容——适合运用联邦最高法院提出的"公共论坛"原理。这类空间,属于指定公共论坛,根据用户的政治观点拉黑原告,构成违反第一修正案的基于观点的歧视。在作出决定过程中,法院否定了被告关于"第一修正案不适用于该案,以及总统个人的第一修正案利益超越于原告的利益之上"的辩解。关于救济形式,"我们考虑原告采用何种救济形式,因为原告同时提出了宣告性救济和禁令性救济。我们否定被告提出的'禁令不可施加于总统'的主张,尽管如此,我们得出结论,这个时候没有必要进入那个法律丛林。作出宣告性救济的裁判是适当的,因为没有政府官员包括总统,能够在法律之上,所有政府官员被推定为是服从法律的"。①

2018 年地区法院判决后,特朗普总统上诉到联邦第二巡回上诉法院。2019 年 7 月,第二巡回上诉法院对 Knight 作出二审判决,判决要点是:(1)总统是以政府官员身份拉黑用户的;(2)总统的社交媒体账户是公共论坛;(3)总统从其账户拉黑用户是违反宪法的基于观点的歧视;(4)政府言论原理不适用于该案。

二审判决书指出,总统实施了不被允许的内容歧视,拉黑推特用户,限制了这些用户进入总统社交媒体账户,此账户是向公众普遍开放的。第一修正案不允许公共官员基于官方目的利用社交媒体账户时,因人民表达了不同观点而排除人民参与到公开的在线对话机制之中。尽管@realDon-aldTrump 账户开设于 2009 年,其时,特朗普总统是一个普通的私人公民,但是,现在这个账户是官方性质的。地区法院已经判决,特朗普总统通过运用推特的"拉黑"功能限制一些用户进入他的社交媒体账户,该账户向公众普遍开放,因为不同意这些用户的言论,从事了违宪的观点歧视行为。我们认定,总统从事了这种歧视,遂维持地区法院判决。该案的突出问题,产生于总统利用新型的社交媒体平台从事其官方事务和与公众交流的决定。我们并不考虑或者决定,一个民选官员从一个完整的私人社交媒体账户上排除一些人是否违反了宪法,也不考虑或者决定,一个私人社交媒体公司监管它们的平台时是否受到第一修正案的约束。然而,我们要断定的是,第一修正案不允许一个公共官员利用一个社交媒体账户,为了各种官方目的,从一个公开的线上对话机制中排除一些人,只因为他们的观点是官员不同意的。本巡回上诉法院重

---

① Knight First Amendment Institute v. Trump, 302 F. Supp. 3d 541 (S. D. N. Y. 2018).

新审理了地区法院的判决,运用了地区法院处理诉讼的相同的审理标准。上诉所呈现的所有问题,包括宪法解释问题,都在我们重审的问题之中。因为我们同意:拉黑个体原告是总统实施了被禁止的观点歧视行为,我们维持地区法院决定。[①]

二审判决后,特朗普总统向联邦最高法院申请调卷令审查,并获得准许。2021年4月,在总统任期改变即特朗普已经不是总统的情况下,联邦最高法院对该案作出决定:推翻原判决,案件退还第二巡回上诉法院,第二巡回上诉法院须按照联邦最高法院的指令,以争议已无意义(Moot)为理由驳回案件。[②] 判决书同时公布了托马斯大法官的赞同意见。至此,Knight案在程序上完结。

需要指出的是,联邦最高法院的决定只裁判了程序问题,没有裁判实体问题。联邦最高法院判决该案之时的2021年4月,拜登总统已就职数月,这时的上诉人由特朗普改成了现任总统拜登,案件的名称也改为Biden v. Knight。在上诉过程中,因为诉讼当事人身份的改变,使得原来的争诉及其法院判决失去实际意义,这是诉讼的个案性质所致。按照成熟原理(Ripeness Doctrine),法院只能对成熟的争议进行裁判,成熟意味着争议应该是"刚好",不可过早,也不可过时。特朗普不再是总统,基于其总统身份提起的诉讼和对此作出的决定,就过时了。拜登作为特朗普的继任者,是现任总统,原来的诉讼在实质意义上不涉及拜登。他不是原来诉讼的被告,即在案件的实质上,拜登不是当事人——特朗普的行为不是拜登的行为。但在程序上,基于满足诉讼形式上的要求考虑,拜登作为总统是当事人。他成为当事人的唯一理由是,拜登是总统拜登,原诉讼针对的是总统特朗普。因此,联邦最高法院基于特朗普总统任期改变而撤销二审判决,要求二审法院以无意义为由驳回案件。作为诉讼规则的"诉讼无意

---

① Knight First Amendment Inst. Columbia v. Trump, 928 F. 3d 226 (2nd Cir. 2019).

② Biden v. Knight First Amendment Institute at Columbia Univ., 593 U. S. ＿＿＿ (2021).

义原理"(Mootness Doctrine)要求,美国法院不决定没有实际意义的案件(moot case)。① 此处可以理解为,这个争诉在时间上"过时"或"太迟",被告特朗普总统已经卸任,针对他作为总统身份时的诉讼已经不具有"具体争议"意义。② 然而,针对 knight 案的实体问题,即特朗普总统在推特账户上拉黑评论用户,是不是违反了第一修正案、侵犯了用户的言论自由,联邦最高法院没有给出结论性判断。所以,在案件的实体层面,"第三审"实际上"没有审"。③

二、推理和判决

对于 Knight 案,第二巡回上诉法院的上诉判决基本维持了地区法院的决定,因此,地区法院的推理和判决是基础性的,值得特别关注。在地区法院,法院对 Knight 案争诉点——公共官员在推特上拉黑原告是否违反第一修正案,尤其是否涉及第一修正案公共论坛原理——展开论证,并得出肯定结论。同时,鉴于本案被告是总统的特殊性,法院还专门阐释了采用何种司法救济的方式是合适的。本部分根据一审判决书,概要整理地区法院决定的主要内容。④ 为了行文的简洁,这里选择忽略判决书中部分引文(引用材料)的来源信息。

(一) 拉黑行为违反宪法

法院对总统拉黑用户是否违宪诉点的分析和判断,整体上分为

---

① See Bryan A. Garner, *Black's Law Dictionary* (Third Pocket Edition), Thomson/West Co., 2006, p. 465.

② 托马斯大法官在赞同意见中指出,推特已经从平台上永久删除了特朗普的账户。参见 Biden v. Knight First Amendment Institute at Columbia Univ., 593 U. S. ＿＿ (2021)。这可以看作是判断该案"诉讼无意义"的另外一个原因或要素。

③ 尽管该案在程序上已经完结,且联邦最高法院没有作出实体性决定,但是,托马斯大法官赞同意见所提问题的尖锐性和其立场的倾向性,成为威力远超判决书本身的利器,直接对准了社交媒体平台和保护它们的 CDA 第 230 条。部分内容已在第二、三、四章讨论。

④ Knight First Amendment Institute v. Trump, 302 F. Supp. 3d 541 (S. D. N. Y. 2018).

四个层次，分别回答了四个问题。

1. 原告言论是否受宪法保护？

原告的言论是否受到第一修正案保护，是其能否主张受到政府侵害的前提。如果某些言论或者某种类型的言论，是不受宪法保护的，就无所谓言论自由是否受到了政府的侵犯，因而这个问题必须首先澄清。

法院指出，我们对于争诉中的言论是否受到第一修正案保护这个探寻是简单的，原告寻求发表政治言论，这种言论事关公共关切，是第一修正案保护的核心。确实，没有证据表明，原告发表、寻求发表的言论属于清晰的（定义明确的）、被严格限制的言论类型，诸如淫秽、诽谤、欺诈、煽动、教唆犯罪的言论，对这些言论的防止和惩罚从来不被认为会产生任何宪法问题。我们判决原告寻求参与的言论是受保护的言论。

2. 是否适用公共论坛原理——总统推特账户是不是公共论坛？

对于本案适用何种第一修正案原理，法院的选择是公共论坛原理，并对该原理的适用前提——总统推特账户@realDonaldTrump是否构成公共论坛——进行了论证。

法院认为，作为一个门槛问题，一个空间可以用于论坛分析，必须是政府所有或者被政府控制的，而且，论坛原理的适用，必须跟空间的目的、结构、使用意图相一致。在决定这些要素是否满足问题上，联邦最高法院已有指令。我们应该通过"聚焦于发言者寻求进入"[见 Cornelius v. NAACP Legal Def. & Educ. Fund, Inc., 473 U. S. 788 (1985).]，来辨别、确认推定的论坛。"当发言者寻求一般常规的进入公共财产时，论坛就包括了那个财产"，相反，"在寻求限制性进入的情况下，联邦最高法院案例采取了更加严格适合的方法，去决定一个论坛的边界"。在联邦最高法院的判例中，构成论坛的空间不一定是政府所有或控制的某个空间的全部。比如，当原告为了分发文献目的而寻求进入公立学校的内部邮件系统，内部邮件系统，而非公立学校，是讨论中的空间；不仅如此，同样的空间——政府所有或者控制，当被用于不同的用途或目的时，有时构成论坛，有时不构成。比如公园，当用于集会、交流、讨论问题时，是论坛；但是，当被用于安放"永久纪念碑"[见 Pleasant Grove City v. Summum，555 U.S. 460 (2009).]，同样的公园就不是论坛。可见，两个要素是相互关联的。

因此，我们反对关于@realDonaldTrump 账户作为一个整体用于论坛分析的任何观点。原告不寻求进入账户整体（进入账户的全部空间），他们不渴望像总统一样发送推文的能力，像总统一样受到通知的能力，或者决定总统在推特上关注谁的能力。因为他们寻求的进入（部分）要窄得多，所以我们考虑论坛原理是否适用于@realDonaldTrump 账户的某些方面，而不是账户这个整体——包括账户发送的内容、这些推文内容构成的时间线、由每个这样的推文所启动的注释线程，以及与每个推特相关联的"交互空间"。在"交互空间"，用户可以直接跟推特的内容互动交流、相互影响、相互作用，比如通过回复、转发或者点赞推文的方式交流。

其一，关于满足要素一——空间为政府所有或控制。

法院论证道：作为一个论坛的潜在限定是，空间必须是政府所有的或者是由政府控制的。虽然联邦最高法院经常提到"政府所有的财产"（government-owned property）一词，但其先例也已澄清，一个空间可以基于政府控制（government control）而成为论坛，即便缺乏法律上的所有权。这个政府控制而非政府完全所有权的要求，不仅与集中于"政府可以控制进入的空间的程度以及这种控制是否符合第一修正案"的论坛分析相一致，而且可以更好地揭示：一个空间可以是"一个更具形而上学意义而非空间或地理意义的论坛"，而且可以"缺乏物理位置"。在这种情况下，"所有权"这个传统概念可能不太合适。

在这里，论坛分析的政府控制这方面是满足的。虽然推特是一个私人公司而非政府所有，但是，总统和斯卡维诺对@realDonaldTrump 账户实施了多方面的控制：他们控制从这个账户发出的推文的内容,通过拉黑阻止其他推特用户,包括本案的个人用户原告,进入账户的时间线、参与交互空间的与推特账户发出的内容的交流。尽管推特公司也对推特账户进行主要控制,就像控制其他所有推特账户一样,但我们的结论是,总统和斯卡维诺对这一账户的多方面的控制,满足了政府控制的要素。这些控制涉及从账户发出的推文内容,这些推文形成的时间线,以及与每一位其他用户的交互空间的内容。虽然他们的控制没有扩展到转发或回复的内容,但它延伸到了控制谁有一开始转发或回复的权力。

总统和斯卡维诺对@realDonaldTrump 账户的控制也是政府性质的。记录表明:(1)@realDonaldTrump 账户的登记者信息为"特朗普、美利坚合众国总统、华盛顿特区";(2)来自于@realDonaldTrump 账户的总统推文,是官方记录,根据《总统记录法》(*Presidential Records Act*)必须被保存;(3)账户已经被用于官员任命过程、去职过程、外交政策行为(Stip.)。所有这些都是明确无误的执法职能。因此,总统目前的@realDonaldTrump 账户是总统的账户,与个人账户相反。更重要的是,利用账户采取行动时只能是作为总统的总统(only by the president as president)。因此,我们得出结论:总统和斯卡维诺对账户的控制和账户行为的某些特征,是政府性的。

被告主张,政府控制或所有的要求不能满足,因为还必须分析争议中的具体行为——拉黑,拉黑是为每个推特用户提供的功能,不是基于法律获得的权力,因而拉黑行为不构成"扣动"第一修正案审查的政府行为。虽然宪法仅仅适用于政府而不是私人个体,但是,论坛背景下的政府行为要求,通常不会在(离开)政府控制或所有要求之外,单独分析。第二巡回上诉法院最近解释道:"因为被视为公共论坛的设施或地点,通常由政府运作,就决定了:一个特定设施或地点是公共论坛,通常足以使在那里发生的被挑战的行动成为受制于第一修正案的政府行为"[见 Halleck v. Manhattan Cmty. Access Corp.,882 F. 3d 300 (2d Cir. 2018).]。更进一步看,这种主张,关注脱离空间语境的排斥行为，人被排除在了空间之外，很难与联邦最高法院公共论坛先例相一致。被告正确地指出，拉黑是每个推特用户的能力，而排除权也是提供给每个财产所有者的。当政府"合法地保护财产，在它的控制下供它专用"，它的行为与私人财产所有者是一样的。确实，当政府运用其权力排除他人进入和使用其财产，它就行使了财产权（共通特征）中最基本的权力，排除的权利"也许是所有财产利益中最基本的"，这一特点被政府与私人财产所有权相似地分享。来自政府财产的内容是排除，所以必须考虑到分析中。没有人会真的认为，一个公共官员从她纯粹的个人推特账户拉黑选民——在这个账户中，她没有给人留下是她的官方身份的印象，也没有行使她基于职位的权力——会涉及论坛分析。但是，这不是本案的事实。

基于同样的理由，被告用总统账号建立于 2009 年——在其参加选举和成为总统之前——来论证，是没有说服力的。就论坛分析适用的限度看，"论坛特征的过去历史很可能是相关的，但是，并不意味着论坛的现在特征可以忽略"［见 Ridley v. Mass. Bay Transp. Auth.，390 F. 3d 65（1st Cir. 2004）.］。联邦最高法院已经明确判决，"一州不需要无限期地保持设施的开放特征"，改变不一定要是一个方向的。确实，指定公共论坛的整体概念，建立在一个前提基础上，即（原先关闭的）空间性质的性质已经发生变化。比如，原先是政府设施的军事基地，很明显不是公共论坛，但是，随后被废弃并重新用作公共公园，作为公园的设施供现在使用，要远比原来的军事基地的原始用途更加受制于论坛分析；同样的，原先由私人建造的机场，后被公共机构所征用，论坛分析应该集中在现在的公共机场用途，而不是作为私人机场的原来用途。

在这里，总统和斯卡维诺对于账号的目前使用，要比之前由作为私人公民特朗普创建的最初账户，更加受到论坛分析的约束。后者不会被给予被告所认为的不合理的衡量，相反，因为总统和斯卡维诺利用账户实施政府功能，他们对于账户的控制自然也就是政府性质的。

其二,关于满足要素二——空间的目的、结构、预期用途。

法院评估了论坛分析适用是否与@realDonaldTrump 账户的目的、结构、预期用途三个方面相一致,认为符合政府控制或所有标准(the government control-or-ownership criterion),明确表现在推文内容、由账户推文组成的时间流、各条推文的交互空间。

法院指出,一般而言,"论坛原理已经适用的情形是:政府所有的财产或政府计划项目,能够容纳大量的公众演讲者,并无损土地或计划项目的基本功能"[见 Pleasant Grove City]。与此相反,当"政府有宽泛的裁量权去作出以内容为基础的判断,决定什么样的私人言论提供给公众时"[见 United States v. Am. Library Ass'n,539 U. S. 194,204 (2003).],论坛分析则不适合。例如,联邦最高法院已经判决,"当公共广播机构选择和播送其节目时行使编辑裁量权",该决定不受制于论坛分析。论坛分析不合适的原因在于,"根据法院的公共论坛先例,使用广播的要求阻碍了广播机构的合法目的"。作为一般规则,外部发言者进入广播的权利,可能是与这种裁量不相容的,编辑人员必须进行裁量,以完成新闻目的和法定义务[见 Ark. Educ. Television Comm'n v. Forbes,523 U. S. 666 (1998).]。从根本上说,"当论坛分析将导致几乎不可阻挡的关闭论坛的后果,显而易见,论坛分析就是不适合的"[见 Pleasant Grove City]。

政府言论是一种不在论坛原理范围内的言论类型:当政府"代表自己说话、发表言论,加入政府确立的不同类型论坛的第一修正案限制,是不适用的"[见 Walker v. Tex. Div.,Sons of Confederate Veterans, Inc.,135 S. Ct. 2239 (2015).],因为"言论自由条款仅仅约束政府对于私人言论的规制,它并不规制政府言论"。然而,"可能存在这样的情形:政府实体是代表自己的利益来说话,还是给私人言论提供论坛,区别起来非常困难"。以言论方式的私人参与相关话题讨论,不能排除性质上是政府言论的结论。例如,私人捐赠的纪念碑,后被地方政府接受,继而被展示陈列在公园土地上,就是政府言论[见 Pleasant Grove City];私人设计的特别车牌,由于是机动车政府管理部门批准和发给,也是政府言论。相反,"并不会仅仅因为政府给言论提供了论坛,或者以某种方式允许或者给它提供便利,私人言论就会变成政府言论"[见 Wandering Dago, Inc. v. Destito, 879 F. 3d 20 (2d Cir. 2018).]。在评估言论是否构成与私人言论相反的政府言论时,联邦最高法院至少考虑三个要素:政府是否在历史上利用争议中的言论来"传达政府信息";言论是否"经常被公众识别为是与政府相联系的";政府对其发布信息保持直接控制的程度。

根据政府言论原理,我们拒绝接受任何不假思索的观点,即总统推文的内容受论坛分析的约束。它不那么容易受约束,因为内容是政府言论。记录显示,总统,"有时是在斯卡维诺的协助下",利用他的推文内容,去"通知、描述、捍卫他的政策,推动行政立法日程表,通告官员决定,与外国政治领导人会谈,宣传国事访问,挑战媒体对他政府的报道——他相信报道是不公正的,以及其他的声明,包括偶尔与官方政府事务无关的声明"(Stip.)。确实,@realDonaldTrump 账户发出的推文的内容,仅是总统的或者政府官员的言论。基于同样的理由,账户的时间流,其"展示了账户产生的所有推文",也不易受到论坛分析影响:时间流只是账户推文的内容的合集,所有这些都是政府言论。

然而,用于回复或转发@realDonaldTrump 账户发出的推文的交互空间,却并非如此。关于回复,在最低程度上,它们是最直接与回复用户相关的,而不是与其推文被回复的发送者相关:一条回复推文,出现回复用户的图画、姓名和用户名,最显著地出现在回复用户的时间流中。回复推文,是"由产生它们的用户控制的",而且"没有其他用户可以改变任何回复的内容,不论是在它贴出之前还是之后"。考虑到回复用户账户信息的显著性,显示在回复推文中,在公众心目中,回复不太可能与发件人保持密切联系,即使当其推文被回复的发送者是政府的。而且,在用户对总统推文的回复中,远远不能"对其发出的信息保持直接控制"。政府不能控制回复的内容。综合起来考虑,这些要素支持了一个结论:对总统推文的回复,仍然是回复用户的私人言论。一个回复与政府推文（被回复）发送者形成的联系——表明回复推文是一种回复，它出现在政府发送者时间流的转发链中——不足以使回复变成政府言论。

各条推文的交互空间，也不受内在的选择性和稀缺性观念的控制。一般而言，决定谁有能力与总统推文直接交流，并不涉及选择：@realDonaldTrump 账户"向公众普遍开放，不考虑政治派别或任何其他限制标准"，任何没有被拉黑的推特用户都可以参与（Stip.）。正如一个公园可以容纳许多发言者、示威者和集合游行者，一个推特的交互空间可以容纳无数的回复和转发。确实，记录显示，@realDonaldTrump 账户发出的推文，吸引了上万条——如果不是数十万条——的回复和转发。没有任何迹象表明，对一个推特的交互空间适用论坛分析，将会导致论坛的几乎无情地被关闭；相反，交互空间能够容纳大量的发言者而不会损害其基本功能。的确，一个给定的推特交互空间的基本功能，是允许私人发言者参与推特的内容，这支持论坛分析的适用。

从根本上讲，将推特的交互空间作为推定的论坛，符合联邦最高法院关于"聚焦于发言者寻求进入"的指令。当一个用户被拉黑，造成的最严重妨碍是该用户与拉黑账户发出的推文直接交流的能力。一个被拉黑用户也会受到限制，因为用户不能查看拉黑用户的推文内容，或者查看拉黑用户的时间流，但这些限制可以被完全规避，通过"利用互联网浏览器或者其它未登录到推特的应用程序，或登录到一个没有被拉黑的推特账户"。相反，直接互动的能力无法完全重建，因而能力——进入交互空间的能力，最好被描述为个体原告所寻求进入的能力。

总之，我们的结论是，与总统每条推文相关联的交互空间，不是政府言论，根据联邦最高法院的论坛先例对其分析是适当的。

3. 适用何种类型的公共论坛分析？

法院运用联邦最高法院公共论坛原理的分析框架对交互空间进行了甄别判断，认为账户@realDonaldTrump 发出推文的交互空间，不是传统的公共论坛。因为,推特的交互空间自远古以来被用于公共言论和辩论,缺乏历史实践。作为媒介的推特,根本没有扩展的历史实践。

法院指出,联邦最高法院曾谈及"互联网的大型民主论坛",已经把网络(包括社交媒体平台,比如推特)称作"交流观点的最重要的地方(在空间意义上)之一",并且已经将互联网比喻为街道和公园的"公共集会的重要场馆"〔见 Packingham v. North Carolina,137 S. Ct. 1730,1735(2017).〕。因此,我们考虑交互空间是否是被指定的论坛。

法院以"政府意图"(governmental intent)作为是否公共论坛被创造的检测标准。"意图不仅仅是表示出来的目的问题,确实,它必须从一定数量的客观要素中体现出来,包括:政府政策和过去的实践,还有财产的性质,以及其与表达活动的相容性"。在此,这些要素都可以支持交互空间是指定公共论坛的结论。争诉双方达成的关于总统推特账户的事实协议(Stip.)认定,"@realDonaldTrump账户对公众普遍开放,没有政治派别或者其他限制性标准""任何公众都可以评论他的推特""任何人(推特用户)想在推特上关注它的都可以这么做",除非这个人被拉黑。同样的,任何一个有推特账户没有被拉黑的人,都可以通过回复或者转发总统推文参与交互空间。更进一步,账户——包括它的所有组成成分——由斯卡维诺进行维护,作为一个手段,通过它总统可以直接"跟你们,美国人民"交流。最后,说交互空间与表达活动不相容无任何根据。相反,推特作为一个平台,被设计给用户允许"跟与其推特相关联的其他用户交流",用户可以利用推特"向他们的民意代表请愿,或者以一种直接方式与他们交流",推特的交互性是其被定义的特征之一。实际上,总统推特的交互空间容纳了大量的表达活动。一并考虑这些要素,我们得出结论:@realDonaldTrump账户的交互空间构成指定公共论坛。

4. 是否构成观点歧视?

法院指出,"政府控制访问的程度,取决于相关论坛的性质",所以，我们接下来考虑的是，在一个指定公共论坛是否允许拉黑个人原告。对指定论坛的规制，受制于跟管理传统公共论坛同样的限制。"只有在它们被严格适合于实现令人信服的政府利益时"，限制才被允许。然而，不管论坛的特殊性质，在论坛限制范围内，直接针对言论的观点歧视，是假定不允许的。

在这里，个人原告毋庸置疑地是因为观点歧视而被拉黑的，拉黑是观点歧视的结果。记录显示："就在个人原告贴出他们的推文之后的很短时间——在推文里他们批评了总统或其政策，总统就拉黑了每个个人原告"。而且，被告"没有反驳原告的指控——原告是贴出了批评总统或其政策的推文之后，被总统账户拉黑的"。对于原告进行排除是基于观点，因此，根据第一修正案，是不被允许的。被告辩称，拉黑个人原告是被允许的，因为总统享有第一修正案个人利益，有选择交流人群，以及选择不与个人原告交流的权利。他们进一步认为，个人原告没有要求被政府听到的权利，也没有要求政府放大他们的观点的权利。这些命题作为法律陈述是准确的，尽管如此，它们并不能使得拉黑个人原告成为宪法允许的合宪状态。

很清楚的是，公共官员在执行职务时不能失去他的第一修正案权利。关于公众在听闻公共议题的所有方面的利益，第一修正案寻求保护的利益，几乎不会通过向公民提供比公共官员更多的保护来推进。这就是说，没有原告能够可信地争辩：根据第一修正案，他们有阻止公共官员行使他们自己权利的宪法权利。更进一步说，第一修正案或者联邦最高法院对第一修正案的案例法解释，不会支持发言、集会、请愿的权利——其要求政府政策制定者听取或者回应个人在公共议题上的交流。当被挑战的政府行为只是简单地忽略了说话者时，不会产生第一修正案的损害问题。正如联邦最高法院已经确认的：这是自由的。另要说明的是，当政府简单地忽略某种发言者而听闻其他人的时候，或者，当政府"放大"某一个发言者的声音超过其他发言者，一个人说话的权利没有被侵害。尽管如此，当政府比仅仅放大声音或者不与其他发言者交流走得更远，即政府行为远远超过了放大声音和不与其他人交流，实际上限制了"一个发言者自由发表和倡导思想的权利"，它就踏入了被第一修正案禁止的领域。

考察一下推特限制用户之间交互的两个功能——消音和拉黑，有助于澄清政府一方面作为听者另一方面作为说者的潜在冲突的宪法特权，就像这两个功能在某些相互关联的方面是不同的。正如推特公司所解释的，"消音功能是允许用户把某个账户从该用户的时间流中移除，不需要取消关注或者拉黑那个账户"。对于被消音的账户来说，消音中的账户不能关注推特，回复和提及不会出现在消音账户的通知中，也不会被消音账户提及。就是说，消音允许一个用户忽略一个其不希望与其交流的用户——被消音用户可以一直参与到消音账户，被消音可能仍在试图与消音账户进行接触，它可以一直回复消音账户发出的推文，以及其他功能——但是，消音账户一般不看这些回复。而且，严重的是，被消音账户一直直接回复消音账户，即使它的回复最终根本上被忽略。相反，拉黑功能要走得更远。拉黑用户将不会看到任何被拉黑用户贴出的推文，就像一个消音用户不会看到被消音用户贴出的推文一样。然而，消音保留了被消音用户回复消音用户发出的推文的能力，拉黑则完全阻止、排除了被拉黑用户"观看、回复拉黑用户的推文"。对于被拉黑用户直接回复能力的消除，要大于拉黑用户仅仅忽略被拉黑用户；正是拉黑用户限制了被拉黑用户以一种离散的、可测量的方式说话的权利。消音同样维护了总统的权利——忽略某些发言者，有选择性地放大另外一些人的声音。但是，与拉黑不同，这样做的时候没有限制被忽略者的说话的权利。

考虑到消音和拉黑在结果上的差异，我们认为被告的抗辩是没有说服力的，即公共官员消音和拉黑是同样的，同等的合宪的手段选择，选择不与他的选民交流的途径或方式。这一争辩隐含的假定是，回复推文仅针对发送了被回复的推文的用户。如果真是如此，那么被告会是正确的，原因是，在无法发送一个直接回复（就像拉黑），与无法使一个直接回复让初始推文被相应的发送者获知（就像消音）之间,不存在差异。但是,这个假定在记录上得不到支持:一个回复可以被其他人看到,而且这个回复本身可被其他用户回复。一条回复的观众规模远远超过推文被回复的发送者,拉黑即阻住、限制了被拉黑者跟观众说话的能力。说的权利和听的权利可能功能相同,如果说者只针对一个听者的话;但是,当听者不止一个时,它们就是不同的。

总而言之,我们的结论是,因原告个人已经表达的政治观点而拉黑他们,是第一修正案所不允许的。我们必须辨别出总统个人的第一修正案权利,并对此敏感。但是,总统行使权利的方式,不能侵害那些批评他的人的第一修正案权利。诚然,我们并不认为,对于原告个人(通过扩展可以及于 knight 机构)造成的影响是最高层级的,然而法律也是清楚的:第一修正案识别并防止最小程度的损害。尽管被告的抗辩完全正确——个人原告可以继续访问总统推特的内容,可以对较早回复总统推文的推文进行回复,但是,拉黑个人原告具有离散性的影响——在阻止他们与总统推文进行直接交流上,限制了虽然短小却是真实的只言片语。不需要再怎么过多地违反宪法了。

(二) 采用宣告性救济形式

在得出总统拉黑用户行为构成违反宪法的结论之后,法院指出,关于司法救济形式,本案适合采用宣告性救济(declaratory relief)。

原告请求禁令和宣告性救济,我们需要考虑哪种救济是合适的。对于被告提出的我们绝对无权禁止总统的主张,我们不能接受。简单地说,"分权原则并不禁止任何针对合众国总统的司法执行"[见 Nixon v. Fitzgerald, 457 U. S. 731, 753 - 54 (1982).],相反,"在适当情况下总统受制于司法过程"[见 Clinton v. Jones, 520 U. S. 681 (1997).],联邦最高法院已经明确否定"一种绝对的、在任何情况下总统完全豁免于司法过程"[见 United States v. Nixon, 418 U. S. 683, 706 (1974).]的观念。然而,"法院在作出裁判之前,必须作出宪法上的利益衡量，对执法分支可能造成的权威或功能上的侵入危险"。联邦最高法院确立的平衡路径是：一个要求履行部长职责（a ministerial duty）的禁令，意味着"对执法分支权威和功能的最小危险的侵犯"。

在本案，法院发布禁止拉黑原告推特的指令，对行政特权的侵犯将会是最小的。这种指令不会要求总统以某种方式执行法律，也不会要求总统追求实质性的政策目标。即使承认总统的拉黑决定起初是裁量性质的，但解锁责任（the duty to unblock）——由认定拉黑是违宪的判决所施加——将不会是裁量性的，就像总统的行动必须遵守宪法和其他法律。也就是说，一个违宪行为的纠正，更像履行"一个仅属部长的职责"。在此，没有留下裁量的余地，不同于履行"纯粹执法性的或者政治性"责任——要求留给总统裁量解决的责任。一个直接对个人原告解锁的禁令，因此会施加责任。毕竟，没有政府官员拥有从事违宪行为的自由裁量权。

然而，我们不需要最终解决是否可以针对总统发出禁令救济这个问题，因为直接针对斯卡维诺发出禁令救济和宣告性救济，依然是可利用的。我们发现这个说法是完全没有说服力的，即一个要求总统遵从宪法限制的司法禁令将会干涉执法事务，对政府造成困扰。尽管如此，我们认识到，"作为一个尊让问题，法院应该通常把法律程序指向下级执法官员，尽管程序的结果是约束或强制总统"〔见Nixon v. Sirica, 487 F. 2d 700 (D. C. Cir. 1973).〕。当然，附属官员可以被法院强制，直接向斯卡维诺发出的禁令救济，会对权力分立影响牵连更少。但是，我们也认识到，"禁令这剂猛药"（法院）应该少开，即便那些宪法影响没有出现。

因此，尽管我们的结论是，本案法院可以发出禁令救济——至少对斯卡维诺发出，但是，我们拒绝在这个时候这么做，因为，宣告性救济也能达到同样的目的。联邦最高法院指出：我们必须"假定，很有可能，总统和其他执法官员会遵守对于宪法条文的权威解释"。〔见Franklin v. Massachusetts, 505 U. S. 788 (1992).〕而且，在这个时候没有理由背离这个假定,宣告性判决是合适的,根据第二巡回上诉法院指示我们考虑的要素。因而宣告性裁决将宣布:在 @ realDonaldTrump 账户上因政治观点而拉黑原告推特,是违反第一修正案的。我们已经判决,根据第一修正案,总统拉黑原告推特是违反宪法的,因为没有政府官员可以凌驾于法律之上,也因为一旦法院阐明了法律的含义,则推定所有政府官员都必须要遵守。所以,我们认为,总统和斯卡维诺将纠正已被我们判决违宪的拉黑行为。

三、裁判或可商榷之处

上述地区法院(和上诉法院)对于 Knight 案的裁判,总体上遵循了联邦最高法院在司法实践中形成的第一修正案原理,具体是公共论坛原理。通过确认总统推特账号上的交互空间构成指定公共论坛,裁判总统拉黑交互空间发言的用户,属于基于内容或观点的歧视,侵害了被拉黑者的言论自由,违反第一修正案。

概括地说,地区法院判决书是相当出彩的。论证的严密程度、说理的清晰程度、先例的丰富程度、行文的通达程度,都可圈可点。特别是对于社交媒体账户这一新型交流平台的讨论,一改既有决定的裁判思路,可谓独辟蹊径。对包括总统在内的公共官员社交媒体账户的性质,既有认定大多处于两个极端:是公共论坛非政府言论、是政府言论非公共论坛。该案将总统推特账户的整体和部分分开,只将账户的交互空间确认为指定公共论坛,较之于既往的绝对肯定或绝对否定的认定,更具针对性和说服力。这不失为一种开拓性的司法判断,反映了地区法院对于社交媒体平台的第一修正案意义的新探索。用"高手在基层"来评价,也不为过。裁判不仅在技术层面是过硬的,更在理念层面,坚持了第一修正案案例法的固有立场。即对于政府任何可能的压制言论自由的行为抱以最大的警惕和警觉,以言论自由的实现为终极或者第一要义。这种警惕,足以让法院有理由和根据去裁判总统拉黑账号行为的可疑性。正如上诉判决所言,

"在解决这一上诉审时,我们提醒诉讼当事人和公众:如果说第一修正案意味着什么,那它意味着,对那些公共关切事务之不受欢迎言论的最好回应,是更多的言论,而不是更少。"①

毫无疑问,这个判决是"安全的"。那么,是否"无懈可击"呢? 从论证的角度看,至少有下面几处值得商榷。

(一) 推特账户的整体与部分

法院没有将总统推特账户@realDonaldTrump 在整体上认定为公共论坛,而是将总统账户进行功能区间划分,不同功能区间对应了不同的性质,由此得出不同判断。账户的交互空间被认为是指定公共论坛,其余区间不是公共论坛。这就意味着,总统账户不是公共论坛,总统账户的一个部分——交互空间——才是公共论坛。

法院在论证时,引证了联邦最高法院历史上作出过的多个决定,旨在说明整体和部分——不管是政府所有的财产还是政府控制的财产——是可分的,整体不是论坛,并不意味着部分就一定不是论坛,要看部分的用途。比如公园的一角,街道的指定区域,公共建筑的某个空间,等等。问题在于,具有物理性质的实物或者财产,比如公园,其中的一部分用于公共论坛不会改变公园的固有性质和用途,即这种整体和部分之分是"地理形态"上的,因而是可分的。公园、街角作为公共论坛,不影响公园的其余部分的存在和使用。地产的性质是,使用一部分,没有被使用的部分并不因为有一个部分被使用而有什么不同。而且,尽管不是公园的所有区域,就像不是街道的所有区域都可以被用作公共论坛——政府总会划定一个特定的范围,来容纳发言者或者集会者,但我们习惯上总会说,公园是公共论坛,街道是公共论坛。在这里,公园的一个部分、街道的一个部分,最后以公园、街道之名来"整体命名"。可见,公共论坛原理的既有分析,在很大程度上是建立在公共财产作为有形地产的物理性质上的。

---

① Knight First Amendment Inst. Columbia v. Trump, 928 F. 3d 226 (2nd Cir. 2019).

而推特账户,这个互联网社交媒体平台产物,其功能的整体性,决定了将其中任何一个区间加以区别开来,都会构成对于账户功能的妨碍,即作为一个独立的账户的功能不完整性。不仅如此,交互空间本身就是跟其它的功能密切联系在一起的,难以切割——不像公园或者街道,用于论坛和不用于论坛的不同部分之间,可以没有关联的共存——功能上不影响。但是,交互空间不一样,它本身就是账户的不可或缺的部分。离开或者撇开交互空间,推特账户的功能就是不完整的。推特——社交媒体公司——此处的账户公司对账户功能设计,是考虑了账户特点的,是将账户作为一个有机整体来对待,对应用户通过账户进行交流"需要"的不同能力和需求。在此,交互空间本身与账户整体不可分割或分隔。因此,能不能把不可分割的整体的一部分拿出来,单独存在,以区别于其余部分,可能是需要思考的。

如果推特账户作为整体不可分隔,那么,当政府官员利用社交媒体账户发布官方信息,完成政府功能,即意味着账户的功能是为政府的目的服务。推特账户为政府所用,那么,账户的功能则服务于政府目标,服务于政府行为的目的,对于账户的使用,包括如何管理或打理账户,运用账户上的功能按钮和区间,都是政府有权决定的事项。正如政府在有形的实体空间——办公大楼——履行公务一样。可以设想的是,政府办公大楼有一间办公室是专门用于接待来访公民的,这种接访的时间地点方式由政府决定,可以接待也可以不接待。没有人会认为,政府办公大楼的这间接访办公室是公共论坛——指定公共论坛。政府的推特账户是政府实施行为、发布决定的空间,决定本身属于政府性质,其包含了政府的主张、立场、偏向,如果把此处的账户看做是政府言论的空间,拉黑行为本身也就属于政府立场的表达。

从联邦最高法院有关政府言论案件的决定看,2009 年的"萨姆案"判决,[①]政府有权决定在公园里摆放刻有经文的纪念碑,在政府地产政府选择什么内容的纪念碑可以摆放,这一行为本身就是政府言

---

① Pleasant Grove City v. Summum, 555 U. S. 460 (2009).

论。2015 年的"德州车牌案"判决,[1]政府决定什么样的车牌是许可的,什么样的车牌是不许可的,也是政府言论的表达,许可行为本身含有政府言论的性质。可以说,政府地产上行为的政府性质,比如许可权力的政府性质,决定了政府言论性质。这里的问题是,政府言论,是指政府所发表的言论,还是指政府发表言论的行为,抑或是指政府发表言论的空间? 判决书以内容来判断政府言论,显然是把政府言论归为第一种情形,即,政府所发表的言论,这种理解有失全面和准确。或许更准确的理解是,政府言论,不仅是政府发表的言论本身,也包括政府发表言论的行为——政府权力行使,以及政府发表言论的空间。当推特账户被政府使用,那么,账户服务于政府功能,对于账户的使用,如何管理和运作,都服务于政府目的,可以归为政府言论之地。有学者提出,政府言论,应该准确地称作"政府言论论坛"。[2] 这一观点具有合理性,这种表述准确体现了联邦最高法院在政府言论案件中的决定的全面含义。因此,较之于公共论坛,总统推特账户的政府言论论坛性质是显著的。

(二) 拉黑行为与总统身份

地区法院将总统账户的交互空间认定为指定公共论坛,在此论坛中,总统因政治观点拉黑个人原告的推特账户,构成第一修正案所禁止的观点歧视。如果认同交互空间是指定公共论坛的判断,那么,结论是否就能成立呢? 不一定。此处最为关键的一点是在账户上拉黑原告时,作为账户的使用者的特朗普的身份是什么。

与其他被诉的公权力行为不同,此案被诉的拉黑行为,操作者是总统本人或斯卡维诺,操作本身不含有公权力因素,拉黑——是推特账户的功能之一,所有用户都有能力和机会操作。即,拉黑不是公权

---

① Walker v. Tex. Div. , Sons of Confederate Veterans, Inc. , 576 U. S. 200 (2015).

② See Randall P. Bezanson, *The Government Speech Forum: Forbes and Finley and Government Speech Selection Judgments*, 83 IOWA L. REV. 953 (1998).

力行使的结果——不是依照总统职务或者其他的宪法和法律授予总统的权力展开的，不是行使公权力结果的拉黑。此案唯一的"公"的要素，是公主体要素——总统，是合众国总统，斯卡维诺是总统社交媒体主任和助手，是政府官员。因此，判断拉黑行为的"公"要素的唯一方面，是拉黑主体——总统的身份。

问题在于，特朗普具有双重身份，一个是作为合众国总统的特朗普，一个是作为公民个人的特朗普。拉黑行为的可诉或责任基础，在于作为总统的特朗普的公权力行为，歧视了被拉黑原告的第一修正案权利。对于拉黑时特朗普的身份，法院没有给出解释，只是将这种行为的公权力行为（政府行为）性质作为账户自总统当选后，用作职务使用——比如发布与总统职务相关联的信息，包括政策，包括任命，包括与外国领导人的会谈，等等——的一个当然结果。也就是说，账户是用于总统职务的，那么，账户就是总统行为载体，账户中的所有行为都是总统行为（或其助手行为，性质相同）。既然是总统行为，那么，拉黑原告就是总统行为，就要承担公权力行为的后果。听上去似乎顺理成章，但仔细分析，却发现存在一个漏洞：在 @realDonaldTrump 账户——法院说已经变成官方性质，拉黑就一定是特朗普基于合众国总统身份（政府行为者）作出的吗？如果是特朗普作为公民个人身份作出的呢？

显然，不能排除作为公民个人身份拉黑的可能性。事实上，有时两种身份是很难区分开来或区分清楚的。尤其是在互联网世界，推特账户操作具有特殊性。行为时的政府官员性质，是看权力要素？或以法律的名义？还是以职权的名义？很难说拉黑一定是以总统名义，而不是在以特朗普自己的名义。法院对于账户的政府控制的性质认定，显然是按照身份即政府官员。如前所述，此处的纠结之处在于，拉黑过程没有权力的行使，是推特用户的操作，拉黑本身，与公权力没有关系。当判断"政府控制"的性质的时候，如何区别操作拉黑的是总统特朗普，还是个人特朗普？账户的性质与总统行为的性质如何区分？账户是政府性的，总统性质的，那么，账户上的行为就一定是总统性的吗？会不会也可能是个人性的呢？如何区分总统性的——公权力行为，和个人性的——私主体行为？这可能是推特账户的特殊难题。

在职务行为的判断标准上，当推特账户成为流动的行走办公室，传统的地点要素是否还能够用来证明？当然，在办公室，是否在办公务，也是一个问题。正如在工厂，一般情况下，发生伤害是工伤，甚至在上班途中的伤害，也被归为工伤。在推特这个网络空间办公室，所有行为的认定都因此是公权力行为，似乎也是能够成立的。问题在于，推特完全用于公务与部分用于公务，是否是有区别的？在传统的物理状态下，可能很难仔细分辨官员在某一刻是否在从事公务，比如，看报纸、喝水甚至聊天，发生在办公室或工作场所，一般是难以分辨的。但是，在推特上，用于个人的或私人的联系，是很明显的，推特的公开性让人一目了然。总统也会"干私活"，这些私活也发生在推特上。那么，如何判断总统拉黑用户的时候，不是在干私活，而是在行使权力呢？

与此相关的是，特朗普总统作为最高的民选官员，行使的是什么性质的权力？当然，笼统地将权力归为宪法权力是成立的。但如果仔细区分的话，是统治性权力还是管理性权力呢？针对特朗普账号上内容进行评论，这些用户又是在行使什么性质的权利？这些言论或者评论的内容，是与统治有关，还是跟管理有关？一种见解认为，运用管理性的权力，与运用统治性的权力，存在差异。[1] 管理性权力，政府有更大的裁量空间；统治性权力，则意味着裁量较小。总统的特殊性恰恰在于，他是民选官员，又是执法机构首脑，前者可以归为统治性职务，后者是管理性职务。那么，拉黑行为究竟是统治性行为，还是管理性行为呢？如果这一区分有意义的话，显然，地区法院和巡回上诉法院没有区分，只将总统作为官员来对待。或者，作为统治性权力来对待了。判决书引用事实协议中"与你们，美国人民对话"一句，作为理解和解释总统作为民选官员的身份在推特上与选民之间

---

[1] See Robert C. Post, *Constitutional Domains：Democracy，Community，Management*，Harvard University Press，1995，pp. 200 - 266.

交流的根据。但是，纠结之处也在于，他又是民选官员，又是行政官员，在行使统治权力时是不是也在行使管理性权力？从另外一个角度看，民选，只是成为总统的过程或者程序要求，执法，才是总统的职责之所在。因此，总统权力行使的根据——宪法和法律，所授予的权力的本质更接近管理权力。当然，也蕴含了统治权力在内。差异在于，统治权力是隐而不现的，统治——本身解决的是合法性问题，或总统产生过程的合法性问题；总统行为的合法性，不在于选举，而在于成为总统之后对于宪法和法律的遵行。

需要进一步追问的是，拉黑行为是账户"主人"的行为，还是账户"管理者"或账户"所有者"的行为？在拉黑行为中，总统行为本身是否包含了账户所有者运作规则？比如，总统跟其他用户一样，是可以拉黑的，这个拉黑功能是账户公司提供的，对任何人都一样。另外，拉黑是否是推特的天然交流性的结果？是总统有意图的行为，还是只是作为推特的天然交流性而作出的近乎"自然"或"本能"的反应？这是一个问题。那些交流区的"转发"，是否能够表明就是他有意将他的推特作为公共论坛？还是基于推特特有的交流特点的一种看到推文之后的本能反应？这或许是更难判断的。

关于总统拉黑用户时的身份问题，第二巡回上诉法院的判决书有所回应。上诉法院认为，总统在总统任职期间从其社交媒体账户上拉黑用户，是以政府身份的行为，不是以私人公民身份的行为。尽管他在总统任职之前开设的账户是个人账户，在担任总统后保留对账户的个人控制。因为现在账户属于总统并由总统运作，总统和其幕僚控制账户，账户上存在大量的、普遍的政府参与。总统从账户上的交流被要求作为官方记录保存，而且他一直把账户作为政府和执法外展（部分）的重要工具。这些都支持了法院的决定：第一修正案禁止总统歧视用户——基于用户们批评他和他的政策的观点。[1]由此可见，上诉法院将其拉黑用户时的身份确定为政府身份，是以其推

---

[1] Knight First Amendment Inst. Columbia v. Trump, 928 F. 3d 226 (2nd Cir. 2019).

特账户目前为官方使用、操作、控制为基础的。法院的逻辑是：账户在特朗普任职总统后继续为其所有、使用和控制，频繁、普遍用于政府事务的交流，那么，总统使用账户的行为——不管是发推文还是拉黑用户，都是官方行为，拉黑时的身份就是政府身份。这一分析具有合理性，不足之处在于，其判断即特朗普任职总统后的行为或总统任期期间的行为——使用推特账户的行为，就都是政府身份的行为，过于笼统和绝对，尤其是，忽略了账户本身可能存在的特殊性。事实上，法院完全是以任职总统作为政府身份确定的基础或前提，一旦任职就是政府身份，使用推特账户的行为，只是任职总统期间诸多行为的一种或一部分，无论是在其白宫办公室，还是在推特账户上，都是总统行为，都是政府身份。

（三）网络空间与公共论坛

一审和二审判决书，都不同程度地提到了联邦最高法院 2017 年审结的 Packingham 案。[①] 比如，地区法院指出，联邦最高法院已经将因特网描述为"交流观点的最重要的地点（空间意义上的）"之一，用户可以利用推特去"向他们的民选代表请愿，或者以一种直接方式与他们接触"。[②] 此处引用的内容（双引号中）都来自 Packingham 案决定。上诉法院指出，一般来说，社交媒体有权像其他媒体形式一样得到同样的第一修正案保护。Packingham 案判决，州立法阻止性犯罪登记者访问社交媒体是违法的，并将社交媒体使用描述为"被保护的第一修正案行为"。[③] 可见，Packingham 案已然被作为与拉黑诉讼相关的判决来对待了。尤其是在宽泛意义上讨论社交媒体的第一修正案权利问题时，Packingham 案成为论证的根据之一，即联邦最高法院对社交媒体与第一修正案之间关系的判断，成为下级法院的裁

---

① Packingham v. North Carolina，137 S. Ct. 1730 (2017).

② Knight First Amendment Institute v. Trump, 302 F. Supp. 3d 541 (S. D. N. Y. 2018).

③ Knight First Amendment Inst. Columbia v. Trump, 928 F. 3d 226 (2nd Cir. 2019).

判根据之一,先例的意义显现出来。

那么,Packingham 案究竟能够给总统拉黑诉讼提供多少根据上的支持呢? Packingham 案是否可以为 Knight 案的论证和结论提供先例性的根据或者就是先例? 回答这个问题,关键在于明确Packingham 案到底裁判了什么,对于社交媒体的认识是在什么样的语境下说明的。

在 Packingham 案,原告 Packingham 挑战北卡罗来纳州一项立法的合宪性,该法规定,(出狱后登记在册的)性侵犯罪者不得访问凡未成年人皆可进入的网站。法院的结论是,北卡州立法违反了第一修正案,因为,网络社交媒体平台是言论的重要通道和方式,在美国被普遍使用,不得访问或进入的强制性要求,对于这些性侵犯罪者的言论自由构成限制——这个手段并不适当。这是联邦最高法院第一次对包括推特在内的网络社交媒体平台与第一修正案的关系“表态”。法院认为,在假定第一修正案限制进入网络媒体的权利之时,必须慎重行事。第一修正案的基本原则是,所有人都可以进入他们可以发言和倾听的地方,并在反思之后,再次发言和倾听。法院力求保护在这种空间背景下的发言权。比如,一个基本的规则是,街道或公园是实现第一修正案权利的经典论坛。即使是在现时代,这些地点都一直是公众聚集、表达观点,以及抗议他人、或者简单地学习和询问的重要场所。以往对于一个交流观点的最重要的地方(在空间意义上)的判断是困难的,今天,答案已经很清楚:它就是网络空间——总体上的“互联网上的巨大的民主论坛”,特别是社交媒体。7/10 的美国成年人使用至少一种互联网社交网络服务。社交媒体提供了“限制较小、低成本的所有人开放的交流容纳能力”,每个媒体都各有功能上的优点和优势。社交媒体用户利用这些网站,大范围地从事着受第一修正案保护的“和人类思想一样多样化”的活动。在假定第一修正案限制进入网络媒体的权利之时,必须格外小心。① 由

---

① Packingham v. North Carolina, 137 S. Ct. 1730 (2017).

此可见，Packingham 案在整体上将互联网和社交媒体看作是交流观点的场所，强调政府不得轻率地限制公民进入互联网空间的权利。这是法院对社交媒体与第一修正案关系的概括性判断。

那么，说社交媒体是庞大的交流观点的最重要场所，是不是就等于说，社交媒体就是公共论坛？显然，这是两个问题。发表言论、交流观点的场所，未必就是第一修正案原理意义上的公共论坛，它们不是一个意思，更不用说将社交媒体"当然"作为公共论坛来对待了。法院把网络空间看作是交流观点的最重要的地方，是现代公共广场，并不一定意味着，"与互联网相关的所有可想象的交流手段，都必须构成受保护言论的论坛"。[①] Knight 案对于联邦最高法院 Packingham 案的运用和解读、理解，或许存在偏差。

另外一个疑惑之处是：承认社交媒体是民主论坛，每个人都有权进入，那么，是自己进入社交媒体——在社交媒体上注册或访问，还是进入别人的社交媒体？客观地看，在自己的社交媒体上发表评论，与在别人的社交媒体上发表评论，存在差异。Packingham 案的意思，是政府不可以控制或者阻止个体进入社交媒体的权利，社交媒体已经成为现代公共广场，政府限制进入，即侵害了被限制者的第一修正案权利。但是，这样的判决，并没有为一个个体进入政府官员（或其他个人）的社交媒体发表言论提供根据。也就是说，这不是当然的"必然推论"——你有权进入社交媒体，建立自己的脸书页面或推特账户，发表自己的言论，就意味着，你有权进入别人（无论是否为政府官员）的社交媒体账户，发表言论或者评论。就脸书和推特等社交媒体平台的功能看，每个用户——使用者——都有权利发表言论，在自己的账户上发表，在别人的账户上发表。但是，每个用户，也有权利删除评论或者拉黑用户。如果每个用户都有权利，那么，为什么政府官员没有？

更进一步看，如果你在别人的账户上发表评论是一种言论，受到

---

① Nat'l A-I Advert. v. Network Sols. , Inc. , 121 F. Supp. 2d 156 (D. N. H. 2000).

保护，那么，删除评论者的言论，或者拉黑评论者，为什么不是言论？拉黑，也可以是你的不同意，你对这样的观点不同意、不赞成，这也是一种表达。接下来的问题是：为什么别人可以删除或拉黑，而政府官员不可以？因为，政府官员必须保持中立的立场，对各种言论都不得歧视。问题在于，政府官员在何时何地必须保持中立、不得歧视？与上述问题相关联的是，总统或官员是否一定不能拉黑？即便总统账户是公共论坛，拉黑是不是属于时间、地点、方式的控制？如果从公共论坛原理来看，规制不得基于内容，但是可以规制时间地点方式，拉黑可以说是地点规制吗？这些疑问的存在至少说明，将拉黑行为判断为观点歧视的结论，仍然需要进一步加以论证。否则，就完全否定了政府官员可以拉黑，一旦拉黑就意味着歧视。或许应该澄清的是，是因歧视而拉黑——总统不喜欢或反对用户留言的内容而拉黑用户，还是拉黑就是歧视——只要总统拉黑用户无论基于何种原因和何种情况都是歧视？法院判决明显倾向于后者：总统不得歧视，拉黑就是歧视。很显然 Knight 案在一定程度上忽略了网络空间作为公共论坛的特殊性，即与传统的地理——实际占用土地、房屋或其他空间——意义上的论坛存在的不同之处，如果可以将其认定为公共论坛的话。因此，在推理方式上基本延续了既往的思维路径。

不仅如此，法院运用论坛原理、判决支持被拉黑用户的权利，反映了一种二元路径分析思路——将言论分类为私人的和政府的，但二者不可兼得。这种思路的缺陷在于，很难做到公平地平衡网络空间公民和政府运作的言论利益。[①] 可以说，私人言论的重要性，不应该排除政府言论的重要性；私人言论发表的权利，与政府言论发表的权利，都应该得到尊重。在 Knight 案，被告一方强调的总统的言论自由利益，不应该被忽视，尽管不应该被特别强调，因为政府言论自由的利益是显性的。在进行判断时，当然不应该将总统的言论自由

---

① See Jason Wiener, *Social Media and the Message*：*Facebook Forums*，*and First Amendment Follies*，55 WAKE Forest L. REV. 217 (2020).

利益置于私人言论自由利益之上,但是,是否总统言论自由利益就必然应该在私人言论自由利益之下呢? 从推特账户的交换空间而言,总统是否必然被排除了拉黑的权力? 拉黑行为本身是否包含了总统的言论自由和言论自由利益? 恐怕,很难排除。地区法院在判断时,认定总统言论自由利益不可以超越于第一修正案之上。这个思路是将总统的言论自由与第一修正案相关联,拉黑——基于政治观点的歧视的拉黑,就是违反第一修正案;总统的言论自由利益的实现,不足以以违反第一修正案为手段。法院没有思考的是,总统拉黑本身,是否也存在利益? 一般情况下,规制必须内容中立,一旦出现内容歧视,即构成严格审查,意味着政府必须证明令人信服的政府利益的存在,由此产生利益平衡问题。那么,在这里,拉黑存在政府利益吗? 如果存在,这种利益足够重要吗? 如何证明这样的重要性? 或许,被告一方应该在这个问题上作出阐述。当然,是否成立,利益的平衡如何得出结论,还需要法院的判断。关键在于,如果一概不考虑其中的总统言论利益——在某种程度上的公共利益或政府利益,是否也是不适当的?

(四) 适用论坛分析适当与否

Knight 案的突出疑点还在于,其法律问题似乎跟第一修正案的几个原理都沾边,因而认定和判断存在不同思路,这也构成该案判决上的一个难点。

具体而言,运用不同的言论自由原理对总统推特账户进行分析,似乎都能够找到与原理相容的部分或者全部。[①] 在归类上,说是公共论坛,或者政府言论(论坛),抑或是其他的类型比如混合言论,或归为第一修正案请愿条款的领域,都有一定根据和道理。比如,有学者

---

① See Bryan C. Siddique, *Tweets that Break the Law: How the President's RealDonaldTrump Twitter Account is a Public Forum and His Use of Twitter Violates the First Amendment and the President Records Act*, 42 NOVA L. REV. 317 (2018).

认为,运用公共论坛或政府言论来判断 Knight 案都存在论证上的不严密和不充分之处,应该适用第一修正案请愿条款来解释。[1] 在政府社交媒体上和平集会,尤其是利用交互空间进行对话、交流、表达自己的观点和意愿,是第一修正案保护的集会和请愿权利。值得一提的是,关于请愿条款的适用问题,地区法院判决书在脚注部分进行了说明。[2] 可见,判断和分析总统社交媒体账户的路径不限于一种,且每种路径得出的结论不一定完全相同。

就与该案法律问题的关联程度看,公共论坛和政府言论是最为直接和有针对性的。在原告和被告之间,被告主张总统推特账户是个人账户,不是公共论坛,认为应该适用政府言论原理。跟法院支持的公共论坛分析存在疑问一样,被告没有说清楚的是,为什么个人账户要运用政府言论原理? 在个人账户上发表政府言论,在逻辑上是不是存在某种漏洞? 地区法院的意思是,公共论坛不一定是在政府所有的财产上,也可以是在政府控制的财产上或者空间上。这一点应该是能够成立的。上诉法院认为,总统推文可以被准确地描述为政府言论,但是,在交互空间,推特用户对于总统推文的回复是来自用户而不是来自总统,而且,转发、回复等是由用户控制而非由总统控制,因此,用户对于总统推文的转发、回复、回应等,在任何情况下都不是政府言论。这个判断否定了总统一方关于应该适用政府言论原理的主张。[3]

这里的问题可能在于,公共论坛,似乎是用言论本身来判断的空

---

[1] See Liz Grefrath, ♯*LosingTheThread*: *Recognizing Assembly Rights in the New Public Forum*, 85 BROOK. L. REV. 217 (2019).

[2] 该脚注的内容是:我们不单独分析论点——拉黑个体原告的行为,是侵犯了他们根据第一修正案请愿条款享有的向政府和平请愿申冤的权利。第一修正案的言论权利和请愿权利是不可分离的,一般来说,给一方提供比另一方更大的宪法保护,缺乏坚实的基础。可能会出现一些情况,此时请愿条款的特别关注点会对独特的分析提供可靠的基础。但是,这个案件并没有呈现出这类情况。参见 Knight First Amendment Institute v. Trump, 302 F. Supp. 3d 541 (S. D. N. Y. 2018)。可见,法院并不认为该案应该或必须适用请愿条款。

[3] Knight First Amendment Inst. Columbia v. Trump, 928 F. 3d 226 (2nd Cir. 2019).

间概念;而对于政府言论,则局限于"言论"本身,是言论,不是言论的场所或者空间。这是迄今为止政府言论原理的一个缺陷——只看到言论,没有看到言论发表或者发生的场所。就公共论坛而言,言论是私人的,因此,解决的是在公共论坛——地点或者场所——上私人发表言论的限制或者限度问题。政府言论原理,如果与公共论坛原理相对应的话,只区分是私人言论还是政府言论是不够的,因为不足以完全解释清楚问题,还需要区分是公共论坛还是政府论坛——政府言论发表或者传播的场所。在这个意义上,公共论坛在某种程度上是政府论坛的一种让渡——原来只允许政府发表言论的场所,现在允许私人发表言论,就成了公共论坛。推特账户被用于执行职务行为的手段或者工具,那么,是否可以理解是政府言论论坛? 私人发表的言论,比如推特账户的交互空间里私人发表的言论,是在政府言论论坛发表的私人言论。如果用政府言论——仅仅是"言论"本身而言,是私人言论,不是政府言论。但是,如果政府言论原理是政府言论论坛原理——不仅指政府言论本身,比如特朗普的推特内容,而且指政府言论发表的地方或者场所,那么,判断就不会那么轻而易举或显而易见了。情况就变成了在政府言论论坛上发表的私人言论,这种情形,用公共论坛原理来解释,是否一定得出"观点歧视"的结论呢? 一个相关联的问题是,在公共论坛上,发言者是否只限于私人? 政府在公共论坛上,有发表言论的权利吗? 还是说,只要是政府发表言论,哪怕是在公共论坛,都必须受制于第一修正案的约束? 此时的疑问是,政府是言论的发表者——以自己的名义或者代表自己的利益,还是言论的管理者或者规制者——以公共秩序的维护者的角色,代表的是公共利益。如果是前者,是否也应该得到保护呢?

实际上,就社交媒体平台言论的政府控制诉讼而言,Knight 案不是这类案件中唯一的一个,也不是第一个,更不可能是最后一个,其代表性在于被告的身份的特殊性,是当时的合众国总统。自 2017年起,联邦法院系统(地区和上诉法院)已经审理了数起这类案件——因政府官员在社交媒体拉黑用户或删除评论而被起诉,不同法院(特别是地区法院)审理时采用的第一修正案原理也并不完全一致。下表是对这类诉讼的部分案件的归纳。

表5-1　针对官员社交媒体诉讼的同类案件裁判

内容 序号	案名	决定	理由	原理
1	Davison v. Plowman, 247 F. Supp. 3d 767 (E. D. Va. 2017).	被告没有侵犯原告言论自由	被告页面是限定公共论坛,删除评论是对论坛目的之外言论的中立规制	公共论坛
2	Davison v. Plowman, 715 F. App'x 298 (4th Cir. 2018).	维持一审判决	同上	公共论坛
3	Davison v. Loudoun Cty. Bd. of Supervisors, 267 F. Supp. 3d 702 (E. D. Va. 2017).	被告侵犯原告言论自由	被告页面是公共论坛,拉黑是违宪的观点歧视	公共论坛
4	Davison v. Randall, 912 F. 3d 666 (4th Cir. 2019).	维持一审判决	同上	公共论坛
5	Morgan v. Bevin, 298 F. Supp. 3d 1003 (E. D. Ky. 2018).	被告没有侵犯原告言论自由	被告账户不是公共论坛,不受制于论坛原理限制	政府言论
6	Knight First Amendment Institute v. Trump, 302 F. Supp. 3d 541 (S. D. N. Y. 2018).	被告侵犯原告言论自由	被告账户的交互空间是公共论坛,拉黑是违宪的观点歧视	公共论坛
7	Knight First Amendment Inst. Columbia v. Trump, 928 F. 3d 226 (2nd Cir. 2019).	维持一审判决	同上	公共论坛

四、公共论坛与政府言论的纠葛

表 5-1 中的案件,显示了联邦法院系统对于政府互联网社交媒体账户之第一修正案争诉的不同裁判结果和审查标准。值得注意的是,在 Knight 案中,法院支持原告的主张,判决总统推特交互区属于公共论坛,所以受制于内容中立的审查标准,总统一方则辩称总统推特是政府言论。法院在分析中,既承认了总统账户的政府言论的存在,也指出了交互空间用户回复的私人性质,由此否定总统在交互空间对私人言论的歧视性处理——拉黑——符合适用政府言论原理分析。上表中的案件判决表明,大多数法院适用公共论坛,少数适用政府言论。可见,二者之间存在某种纠葛——表现在某些方面的紧密关联性以及区别上的困难。公共论坛和政府言论作为两个原理,对应了法院判断第一修正案争诉的不同标准。最大的差异在于,公共论坛意味着政府对于言论的规制受到第一修正案控制,政府言论在第一修正案的约束之外。因此,有必要着重讨论。[1]

(一) 从公共论坛到政府言论

就原理形成的时间看,联邦最高法院创设公共论坛原理在前,发展政府言论原理在后。不仅如此,政府言论原理肇始于对争诉的公共论坛分析过程中,争诉本身被当事人——通常是原告——认为是公共论坛的适用范围。在这个意义上,政府言论可以看作是公共论坛原理的"异化"或"基因突变",既与公共论坛有关联,又区别于公共论坛。也难怪二者如此牵扯不清了。

一般认为,1983 年的"佩里教育协会案"正式确立了公共论坛原

---

[1] 本主题的讨论吸纳了笔者已有成果的部分观点,参见赵娟:《论美国言论自由判例中的公共论坛原理——从 2009 年萨姆案谈起》,《行政法学研究》2010 年第 4 期。

理的框架。① 由怀特大法官（Justice White）传达的法院意见认为，进入政府财产（或公共地产）的权利和限制该权利的标准，必须根据财产的不同特征进行不同评估，并由此整体上归纳了三种政府财产类型：传统公共论坛、指定公共论坛、非公共论坛，政府规制言论的合宪性分别受制于相应不同的审查标准。对此，第一章已作介绍，不再赘述。这里有必要补充的是"（被）限定（的）公共论坛"（Limited Public Forum）问题。

关于限定公共论坛，法院的认识并不清晰，裁判中存在不同思路。能够确定的是，限定公共论坛不是传统公共论坛，但很难区分限定公共论坛与其他非传统公共论坛。有的案件将限定公共论坛与传统公共论坛、指定公共论坛、非公共论坛并列，作为独立类型；②也有案件的反对意见，提出了限定公共论坛等同于非公共论坛的看法。③ 基本上，法院会视财产开放与否而确定，如果相关财产是向公众开放的，无论是基于传统还是基于指定，则适用严格审查；如果财产是向公众关闭的，只限于特定目的、特定主题或特定发言者等特定情形下的使用，则言论规制必须合理且观点中立。前一种（开放）可归为传统论坛或指定论坛，后一种（关闭）可归为限定论坛或非公共论坛。限定论坛的典型情形是：政府"为某个组织或为某个主题的讨论"保留空间，但这种情形也可视为非公共论坛。因此，在结果上限定公共论坛和非公共论坛导致同样的司法分析。④ 比如，表5-1中的第一个案件，法院即判决公共官员的社交媒体是限定公共论坛，受制于合理和观点中立的审查，由此维持了官员删除限定论坛上公民

---

① Perry Education Association v. Perry Local Educators' Association，460 U. S. 37（1983）.

② Walker v. Tex. Div. , Sons of Confederate Veterans, Inc. , 576 U. S. 200（2015）.

③ Am. Freedom Def. Initiative v. King Cty. , Wash. , 136 S. Ct. 1022（2016）.

④ See Elise Berry, *Suppression of Free Tweets：How Packingham Impacts the New Era of Government Social Media and the First Amendment*，9 CONLAWNOW 297（2017 - 2018）.

评论言论的合宪性。[①]

20世纪90年代以来,言论自由的司法实践进一步丰富了公共论坛分析。对于某些传统上不作为公共论坛的特殊政府财产,法院定性为非公共论坛。比如,法院认为,飞机场航空站不是传统和指定意义上的公共论坛,政府规制行为只需要满足合理性要求;[②]监狱也不是公共论坛,允许政府限制服刑人员的言论,如果政府的限制和惩罚行为与合法的监狱利益合理相关。[③] 关于作为公共论坛的财产性质,法院公共论坛分析不仅适用于政府享有所有权的财产,也适用于政府租用或以其他方式使用的私人所有的财产,即公共论坛不限于政府财产。[④] 关于作为公共论坛的财产形态,公共论坛发生可以是物理形态的政府财产,也可以发生在"形而上的"空间,比如法院裁定一份学生报纸构成指定公共论坛。[⑤] 随着互联网的普及使用,网络空间的公共论坛问题不断出现。法院已经判决,公共图书馆的网络设施不是公共论坛,不适用严格审查标准。[⑥] 近年来,公共论坛原理被频繁适用于网络社交媒体言论案件的裁判之中,尤其关于公共官员的社交媒体问题,如表5-1所示,说公共论坛原理是当今数字时代最活跃的第一修正案原理也不为过。

政府言论原理与公共论坛原理不同。政府言论一词跟公共论坛理论密切相关,第一修正案保护私人言论对抗政府的限制,但是,它并不规制政府自身的言论。当政府代表自身的利益发表言论时,各种论坛原理是不适用的。概括地说,政府可以表达他自己的观点,可以试图劝说公众,在"思想的市场上"表达不中立的观点,如果政府官员在所有的问题上都保持观点的中立,那么政府就无法履职。

---

① Davison v. Plowman, 247 F. Supp. 3d 767 (E. D. Va. 2017).

② International Society for Krishna Consciousness, Inc. v. Lee, 505 U. S. 672 (1992).

③ Beard v. Banks, 548 U. S. 521 (2006).

④ Denver Area Educ. Telecomms. Consortium, Inc. v. F. C. C., 518 U. S. 727 (1996).

⑤ Rosenberger v. Rector & Visitors of Univ. of Va., 515 U. S. 819 (1995).

⑥ United States v. Am. Library Ass'n, 539 U. S. 194 (2003).

　　在 1991 年的 Rust v. Sullivan 案，①联邦最高法院第一次提出了
政府言论问题，该案处理的是以基金项目为基础的政府言论方式。
法院认为："要判决政府是违宪地基于观点的歧视，将使许多政府计
划项目在宪法上受到怀疑。当政府选择去资助一个项目——决定去
促进某些被允许的目标，那么项目促进这些目标，就必然不促进替代
的目标，必然会阻碍其他目标的实现"。② 法院指出，"政府可以……
有选择性地资助一个项目，以鼓励政府认为符合公共利益的特定活
动，不需要同时资助一个可供选择的项目以寻求采用另外一种方式
来处理这个问题。政府这样做的时候，政府没有基于观点进行歧视，
它只是选择去资助一个行为而排斥了另一个行为……这不是政府
'压制危险观念'的情况，而是政府对项目受补助人或者项目雇佣者
从事项目范围之外的活动的禁止。"③

　　在 2001 年的 Legal Servs. Corp. v. Velazquez 案，④联邦最高法
院回顾道："我们说过，基于观点的资助基金决定可以被维持，在政府
自己是发言者的情况下……或者，像在 Rust 案中，政府利用私人发
言者传达关于其自身项目的特殊信息。"⑤ 在 2009 年的"萨姆
案"，⑥政府言论原理被适用到了一个新场合：政府从私人那里获得的
资源来表达政府控制的信息。在 2009 年的 Sutliffe v. Epping
School District 案中，⑦原告（身份为选民）认为，镇和学校官员违反
了第一修正案——当他们不允许原告在学校和镇的时事通讯上，特
别是在镇的网站上发表原告的反对观点时。对此，联邦第一巡回上
诉法院的结论是：镇有权通过建立镇的网站发表政府言论，并选择要
在其网站上放置的超链接。为本镇人民和外部世界创造网站以展示

---

① Rust v. Sullivan，500 U. S. 173 (1991).

② *Ibid*.

③ *Ibid*.

④ Legal Servs. Corp. v. Velazquez，531 U. S. 533 (2001).

⑤ *Ibid*.

⑥ Pleasant Grove City v. Summum，555 U. S. 460 (2009).

⑦ Sutliffe v. Epping School District，584 F. 3d 314 (1st Cir. 2009).

信息,是一种言论,通过选择某些超链接,镇传达了关于其自身的重要信息。法院部分否定了原告关于网站应该定性为指定公共论坛的主张,因为镇创造网站的目的不是为公共讨论创造空间。[①]

(二) 从政府言论到公共论坛?

就二者实际存在的时间看,是政府言论在先,公共论坛在后。因为,政府言论自政府运作之日起即存在,只是法院将其作为判断第一修正案纠纷的原理,确立较晚,其作为实际存在的政府言论,要早于作为第一修正案原理的政府言论。公共论坛在后,是指在第一修正案案例法历史上,这一原理产生的时间较晚,是一个被创造的概念或原理,是政府在其所有权行使上的一定程度让步——应该不是让渡——的结果。

在有关言论自由的司法判例中,公共论坛之说经历了一个从无到有的过程。20世纪30年代以前,联邦最高法院拒绝任何为言论目的而使用政府地产的主张。在1897年的"戴维斯案"中,[②]联邦最高法院维持了马萨诸塞州最高法院关于立法机关有权禁止公众进入公共场所发表言论的决定。时任马萨诸塞州最高法院法官的霍姆斯在该案州审阶段的意见中这样写道:立法机关有权绝对地或有条件地禁止公路上或公园里的公众言论,这并不侵犯公众的权利,正如私人房屋的所有者有权禁止在其房屋里的公众言论一样……如果立法机关可以通过终止为公共用途的土地地役权而终止公众进入公共场所的权利,那么,它就可以采取较小的步骤去限制某种目的的公共用途。[③]联邦最高法院认为,宪法并没有摧毁州在其管辖范围内制定治安规制法律的权力,也没有为公民创造一种无视州的宪法和法律而利用公共地产的特殊的个人权利……政府绝对排除利用公共地产的

---

① Sutliffe v. Epping School District,584 F. 3d 314 (1st Cir. 2009).

② Davis v. Massachusetts,167 U. S. 43 (1897).

③ Commonwealth v. David,162 Mass. 510 (1895).

权力,必然包括其决定在什么情况下可以进行这样利用的权力,正像较大的权力包含了较小的权力。1939年的"黑格案"中,[①]联邦最高法院首次提到公众使用公共场所进行集合和交流问题,该案的决定可以被认为是公共论坛原理的起点。法院意见指出,不管街道和公园的产权属于谁,它们都是人们可以休息的地方,它们自古以来就被认为是可供公众使用的,也已经被认为可以用于公众的集会、交流思想、讨论公共问题的目的。在同年的"西耐德案"中,[②]联邦最高法院再次强调:街道是用于传播信息和观点的天然的和合适的场所,一个人在一个合适的场所行使他表达自由的权利不应该被以"他可以在另外的场所行使权利"为由而剥夺。

上述"黑格案"和"西耐德案"表明,联邦最高法院认可了公民至少可以在一定条件下为言论的目的而使用某些政府财产的权利。这是公共论坛原理的起步。在这个意义上,公共论坛的存在,可以理解为是公民对于政府财产的"私人征用"。"在一个开放的民主社会,街道、公园和其他公共场所是用于公共讨论和政治过程的重要设施。它们是公民可以临时征用的公共论坛,慷慨和富有同情心地提供这些设施是自由的标志"。[③]与《美国联邦宪法》的征用条款(taking clause)不同,宪法上的征用是指政府对于私人财产的公共使用进行的征用,公共论坛的私人征用是私人对于公共财产的征用,因为言论的目的而征用。在此,可以看做是财产权对于言论自由的让步,或言论自由对于财产权的"侵入"——言论自由的重要程度超越了财产权。

与公共论坛属于公民使用政府的公共财产不同,政府言论是政府在自己的财产上发表自己的言论,从来就有。不仅如此,政府言论还在很多时候与政府控制的资金、空间等相关联。在言论自由案例

①　Hague v. CIO, 307 U. S. 496 (1939).

②　Schneider v. State (Town of Irvington), 308 U. S. 147 (1939).

③　Robert C. Post, *Constitutional Domains*: *Democracy*, *Community*, *Management*, Harvard University Press, 1995, p. 201.

中,政府言论很多时候表现为政府通过其代理人比如私人组织发表政府所提倡的言论,而政府常常要求由其资助或补贴的个人或者组织,在完成政府资助或补贴项目的过程中,倡导政府自己的政策、发表政府所主张的言论和政府支持的信息;或者政府资助或补贴的项目本身就表达了政府想要表达和促进的特别观点和立场,因而政府言论往往以政府资助言论(government funding of speech)或政府补贴言论(government subsidizing of speech)的形式出现。

从联邦最高法院关于政府言论的论证来看,政府言论原理的基本根据是,政府为了统治和管理必须说话。公共论坛原理提供的第一修正案保护,不适用于标签为政府言论的表达。政府有权为自己发表言论,去说它想说的,选择它想表达的观点。当政府决定向其公民传达信息时,它不需要考虑相反的观点,或者给其他发言者提供空间。对于政府言论的任何控制都来自于政治过程,思想市场会导致观点的自由竞争,允许投票者选择同意政府言论或者不同意。因此,政府有权将观点和发言者排除在其自身财产之外。①

(三) 二者关系的"萨姆案"判断

由于公共论坛和政府言论的某种相似性,在司法实践中,二者往往不易分辨。正如 Knight 案所展示的:针对同一个事实,一方认为是公共论坛,一方认为是政府言论。在不少言论自由案件中,法院在适用公共论坛原理时,需要论证为什么适用论坛分析,在论证过程中,常常不可避免地要对政府言论进行分析,由此将公共论坛与政府言论加以区别。Knight 案也是如此。这在一定程度上反映了二者关系的复杂性。法院对于二者之间关系的正式论证,体现在联邦最高法院 2009 年审结的"萨姆案"中。② 该案的决定也被法院作为第一

---

① See Bryan C. Siddique, *Tweets that Break the Law: How the President's Real Donald Trump Twitter Account is a Public Forum and His Use of Twitter Violates the First Amendment and the President Records Act*, 42 NOVA L. REV. 317 (2018).

② Pleasant Grove City v. Summum, 555 U. S. 460 (2009).

修正案案件审理的先例,尤其在那些公共论坛与政府言论都有可能被认定适用的案件。

在 2009 年的"萨姆案"中,私人身份的萨姆信徒组织,要求犹他州的一个城市许可其在城市公园摆放一个永久性纪念碑,遭到城市拒绝,理由是该纪念碑不符合城市摆放纪念碑的标准——它既不直接与城市的历史相关,也不是来自与城市具有长期密切联系的组织的捐赠。萨姆信徒组织提起诉讼,声称城市违反了第一修正案的言论自由条款,因为城市接受了"摩西十戒"纪念碑(已摆放在公园)而拒绝接受萨姆信徒组织捐赠的"萨姆七句格言"纪念碑。联邦地区法院否定了萨姆信徒组织的诉求,但联邦第十巡回上诉法院推翻了一审决定,上诉法院裁定,先前摆放的"摩西十戒"纪念碑是私人言论而不是政府言论,公园传统上就被认为是公共论坛,城市排除"萨姆七句格言"纪念碑的行为通不过严格审查。联邦最高法院推翻了上诉法院的决定,作出最终判决:尽管公园是演讲和其他短时间表达行为的传统公共论坛,但是,在公园放置永久纪念碑这种表达形式并不适用公共论坛分析。相反,它应该被认为是政府言论的一种形式,因而不受制于言论自由条款的严格审查。[①]

"萨姆案"决定对公共论坛和政府言论之间的关系进行了有益讨论和澄清,其里程碑意义主要体现在以下三个方面。

第一,传统公共论坛分析也需因"事"制宜。公园是传统的公共论坛,但并不意味着在传统的公共论坛的所有表达行为都会得到允许。在"萨姆案"中,联邦最高法院论述了公园面积的有限性和纪念碑的永久性之间的关系问题,法院认为,公共论坛原理在该案并不适用,因为纪念碑是永久性的,公园可以提供摆放纪念碑的数量是有限的。纪念碑不同于临时的演讲者和抗议者,对于后者,政府可以容纳的数量是巨大的,且不需要考虑土地的基本功能。如果政府在选择被捐赠的纪念碑时必须保持内容中性,那么政府就必须接受或者准

---

① Pleasant Grove City v. Summum,555 U. S. 460 (2009).

备接受乱七八糟的公园，或者面对迁移为时久远的珍藏纪念碑的压力。如果公园被认为是为了竖立私人捐赠纪念碑的传统的公共论坛，那么大多数公园除了拒绝所有这类捐赠外别无选择。要是论坛分析的结果几乎导致不可阻挡地关闭所有的公园，论坛分析就是不适合的。①

第二，公共论坛与政府言论之间存在转换可能。在以往案例中，法院一般将公共论坛与政府言论之间的界限看作是绝对的，最显著的一点是，公共论坛的言论是私人言论，政府言论不含有私人言论。而"萨姆案"决定意味着公共论坛问题可以转化为政府言论问题。该案中纪念碑的矗立地点是在公园这一传统的公共论坛，但在联邦最高法院看来，政府接受和展示纪念碑的决定是政府言论的一种形式，尽管纪念碑最初是由私人捐赠的。其理由是，公众通常认为在公共土地上矗立的纪念碑是政府传送信息的方式，与在私人地产上矗立的一个标志或纪念碑非常相似，政府一般通过决定选择某些纪念碑来控制这一领域的信息，而政府已经有选择地接受了私人捐赠的纪念碑，其决定的根据是纪念碑表达了政府想要提倡的内容，比如美学意义、历史和当地文化。② 这说明公园里的私人言论未必都是传统的公共论坛的言论，公园也是政府言论的发生地而非仅仅可以作为私人言论的公共论坛。

第三，公共论坛和政府言论导致对政府言论规制的审查标准差异。在公共论坛情形中，以内容为根据的言论规制，必须满足严格审查的要求——规制是为了保护令人信服的公共利益、规制手段对于实现这种利益是严格适合的，才能合宪。政府言论则不同，其不受严格审查标准的约束。政府有权控制自己言论的内容，政府特别主张某种观点并不构成言论自由规制中的以内容为根据的歧视。"萨姆案"决定指出，政府实体有权说它想说的话，政府在得到私人协助以

---

① Pleasant Grove City v. Summum，555 U. S. 460 (2009).

② *Ibid*.

传播政府控制的信息时享有同样的自由。这并不意味着政府言论是不受限制的，比如，政府言论必须符合立教条款（Establishment Clause），参与其中的公共官员受到法律、规章和惯例的限制，政府实体最终要因其所倡导的言论而对选民和政治过程负责。史蒂文斯大法官（Justice Stevens）的赞同意见也认为，即使言论自由条款既不限制也不保护政府言论，政府言论仍然受制于宪法的其他禁止，包括那些以立教条款和平等保护条款（Equal Protection Clause）为根据的禁止，还有我们的民主过程所施加的审查，这些宪法的安全装置确保了我们今天决定的结果将受到限制。①

　　可以说，"萨姆案"实质上提出了认定政府言论的新标准，而且这种认定在客观上是以对公共论坛的"限缩"来完成的。很明显的是，将政府言论从公共论坛中加以区别或"剔除"，意味着政府在言论问题上受到第一修正案约束的程度降低甚至不受约束——一旦被认定是政府言论，则不受制于既有的言论自由标准的审查，而这无疑会使得司法审查的意义式微，也会在无形中增加政府的恣意的概率，政府言论甚至成了政府规避第一修正案的安全港。这显然不是第一修正案的初衷。尤其是在究竟是公共论坛还是政府言论争论激烈的案件中，似乎归为二者中的任何一边都有根据或理由之时，政府言论认定的消极效应就更加明显。在不同意政府言论归类的当事人或公众眼里，就是对个人言论自由的侵害。这就不难解释，那些被联邦最高法院判决为政府言论的案件为什么备受争议甚至诟病，为什么对于联邦最高法院发展出的政府言论原理存在那么多的否定之声。

　　在对政府言论的认定以及与公共论坛的区别方面，2015 年"德州车牌案"是"萨姆案"之后又一个重要案件，②尽管该案至今仍然受到各种批评。

---

① Pleasant Grove City v. Summum, 555 U. S. 460 (2009).

② Walker v. Tex. Div., Sons of Confederate Veterans, Inc., 576 U. S. 200 (2015).

在"德州车牌案",德克萨斯州允许车辆驾驶者获得特殊车牌,经州车辆管委会批准,驾驶者可以在车牌上装饰图案、绘画、口号、标语。州车管会拒绝了南部联盟军之子组织德州分部关于标识为"联盟军之旗"的车牌申请,被后者以侵犯其言论自由权利为由诉至法院。联邦最高法院否定了特殊车牌是指定公共论坛或部分为非公共论坛的主张,因为德州没有将车牌服务于论坛的目的或意图。虽然车牌设计为公民创设,而且在本质上反映了他们的言论,但是,特殊车牌构成政府言论。将车牌认定为政府言论的理由是:其一,它们在传统上被用于传达来自州政府的声音;其二,它们通常被公众认为是与州一体的;其三,州政府直接控制这些特殊车牌上的信息,政府对这些特殊车牌上的信息可以直接控制,并具有拒绝内容的能力。[1] 此处的第二个理由,被学者总结为"公众感知要素"。在认定政府言论时考虑"公众感知要素",可以完善法院对于政府言论的标准和政府言论原理。[2] 在 2017 年的一个案件中,针对政府一方辩称商标属于政府言论的观点,联邦最高法院判决,商标的联邦注册不是政府言论,理由之一是,没有证据证明,公众将商标的内容与联邦政府联系起来。[3] 这是对"公众感知要素"的运用。

关于"德州车牌案"决定,批评者认为这是"第一修正案的危险路障"。[4] 因为,法院判决车牌上的言论构成政府言论,政府因此可以进行观点的歧视,可以否定任何私人实体提议的设计或者信息,这个判决实际上限制了个体的言论自由,给了政府不受限制的表达权利。因此,法院根据第一修正案作出了一个错误的决定,给公民的第一修正案权利造成不利牵连,它增加了关于政府言论的政府

---

[1] Walker v. Tex. Div. , Sons of Confederate Veterans, Inc. , 576 U. S. 200 (2015).

[2] See Daniel J. Hemel & Lisa Larrimore Ouellette, *Public Perceptions of Government Speech*, 2017 Sup. CT. REV. 33 (2017).

[3] Matal v. Tam, 137 S. Ct. 1744 (2017).

[4] Morgan E. Creamer, *Walker v. Texas Division*, Sons of Confederate Veterans, *Inc. and License Plate Speech: A Dangerous Roadblock for the First Amendment*, 65 AM. U. L. REV. 1461 (2016).

裁量权。[①]

(四) 反思与比较

上述对"德州车牌案"决定的批评,反映了一种担忧:政府言论原理可能影响甚至危及个人的第一修正案权利。毕竟,第一修正案的真义在于,政府不可垄断话语。"如果说我们的宪法星系中存在任何恒久之星的话,那就是,没有官员,无论职务高低,可以规定什么是正统的——在政治上、民族主义上、宗教上或其他观念事项上,或者强迫公民去通过言语或行为承认其信仰"。[②] 任何偏离这一原则的行为和裁判都会引起警惕,政府言论原理受到争议的焦点或突出之处在于,政府可以发表自己认为正确的言论,还可以控制自己认为他人比如公民的不正确的言论,且并不因此受制于第一修正案的审查。这是极其危险的。

实际上,对于政府言论原理的批评或者担忧一直存在。有学者指出,政府言论在很大程度上为政府规避第一修正案提供了依据。政府言论,这个法院在言论自由案件裁判过程中"发明""创造"的名词以及原理,什么时候会演化成政府压制言论的工具或借口,不得不防。法院必须对被归为政府言论的类型提供有意义的限制——在完全排除第一修正案对于言论的许多保护之前。当法院尚未明确给出政府所宣称的言论可以归为政府言论的限制(要素),政府极为可能将越来越多的表达类化为政府言论。简而言之,法院运用了没有被定义的言论类型处理案件,而没有提供任何有益的方式,去阻止政府排除第一修正案保护。法院应该迅速行动起来填补这个其自己创造的漏洞,否则,法院必须适用的言论保护规制(关乎言论本身的保障)可能无法修复。在联邦最高法院明确标准之前,我们可能只能预料

---

① See Morgan E. Creamer, *Walker v. Texas Division*, *Sons of Confederate Veterans*, *Inc. and License Plate Speech: A Dangerous Roadblock for the First Amendment*, 65 AM. U. L. REV. 1461 (2016).

② W. Va. State Bd. of Educ. v. Barnette, 319 U. S. 624 (1943).

一个更加模糊的司法理论,以及更多的情形是:巡回上诉法院将会以完全不同的规则处理相同案件。[①] 这也正是问题之所在,从一个侧面解释了,为什么同样是涉及政府或官员社交媒体账户言论案件,有些被裁定适用政府言论原理,有些被裁定不适用。

但是,上述立场可能有失全面。苏特大法官在 2005 年 Johanns 案的反对意见指出,"为了统治,政府必须说点什么,第一修正案诘问者否定任何思想市场中的政府声音的促成作用,这是无法接受的。"[②]这意味着,政府必须有说话的能力,而且是为自己说话的能力。正如任何统治都需要权力,任何政府都需要在权力行使中发表言论,这也构成权力行使的一部分或内容。否定这一点,无异于否定政府权力或者否定政府本身。因此,这种差异是有意义的:第一修正案严格限制政府禁止反对言论的权力,但并不给政府发表其自己的言论施加同样的限制。

此处的一个基本判断是,政府言论不受制于第一修正案审查标准的限制。"言论自由条款限制政府规制私人言论,但是不规制政府言论"。[③] 显然,政府言论与第一修正案关系中第一修正案作为"限制"的一面被关注,第一修正案作为"保护"的一面被忽略,即第一修正案被解释为限制,而不是保护。对此,有学者提出了"作为第一修正案发言者的政府行为者"的见解,试图回答"第一修正案保护政府言论吗"问题。见解认为,政府的独特角色——在表达自由制度中的严重祸害和参与者,需要独特的分析路径,来分析其言论作为宪法保护的对象。这一独特路径应该考虑一些要素,一是首先承认政府是组织化的而非个体的发言者,因而政府言论不能被简单地用促进诸如自治和自我表达等人类价值来分析;二是要考虑,和其他发言者一样,政府也拥有贡献思想市场的能力,要考虑政府的能力,也是责

---

① See Mark Strasser, *Government Speech and Circumvention of the First Amendment*, 44 Hastings Const. L. Q. 37 (2016).

② Johanns v. Livestock Mktg. Ass'n, 544 U. S. 550 (2005).

③ *Ibid*.

任——通过影响公民能力和愿望这种贡献来形成市场；三是必须认识到，政府通过主导讨论和消除不同意见以退化公共讨论的能力，政府可以说话，但它还拥有形成公共讨论的强制性权威——这使它不同于任何其他发言者。因此，关于政府言论宪法地位的分析路径都应该考虑这些要素。[1] 这或许是一个有益的思路。

在相关研究方面，珀斯特教授关于公共论坛原理的探讨，也可以为我们认识政府言论提供启发。珀斯特教授认为，区别公共论坛与非公共论坛的关键不在于政府财产的特征，而在于政府权力的特性。存在着两种政府权力即"管理性"权力和"统治性"权力，它们分别对应着不同的第一修正案规制规则。[2] 统治与管理之间的界线，对应着公共论坛与非公共论坛之间的区别。当一种资源是政府管理性权力的对象时，它就是非公共论坛。当其用于交流的目的时，通常受制于政府官员的自由裁量权和事前限制，且在许多情形下成为观点歧视的对象；而所有这些都假定要受到统治的禁止——当一种资源是公共论坛时，它仅仅可以按照统治标准进行规制。这并不是因为公共论坛受到特别严格的宪法保护，而是因为公共论坛的言论限制受到通常的第一修正案判决规则的控制。[3] 从这种视角来看，此处的非公共论坛，往往被认为是政府言论或与政府言论相关。在分析政府言论问题时，不可忽略的是政府的管理性权力的行使，在管理层面政府的裁量空间比较大。因此，权力的性质要素，也可以成为衡量和判断政府言论的要素。

或许，价值或功能层面的探讨只有落实在形而下层面的规则才具有实际意义。因此，问题的关键点可能不在于是否必须承认政府可以说话，或者第一修正案是否也必须保护政府的言论，而在于政府

---

[1] See David Fagundes, *State Actors as First Amendment Speakers*, 100 NW. U. L. REV. 1637 (2006).

[2] See Robert C. Post, *Constitutional Domains*: *Democracy*, *Community*, *Management*, Harvard University Press, 1995, p. 200.

[3] *Ibid.*, p. 266.

说话如何不侵害公民受到第一修正案保护的言论自由。否则,私人言论对抗政府言论的结果,很可能是前者被后者所侵害,如果没有第一修正案的保护。这也是为什么需要总结清晰的判断标准——对于政府言论,若非如此,政府言论的判断只会在个案中"出离"地出现,作为公共论坛的例外。而每一次例外都会有新的标准或规则,不免造成过于浮动的状态。迄今为止,联邦最高法院仍然没有明晰地给出区别公共论坛与政府言论的精确标准。在政府言论原理的技术层面,有学者提出,"政府言论"一词不够准确,应该用"政府言论论坛"一词,以区别于一般的公共论坛,相应的原理应该称作"政府言论论坛"原理。[1] 还有学者认为,法院关于政府言论原理的更新速度,总是慢于政府运用新技术手段发表言论的实践步伐。政府言论原理与政府言论实践之间的脱节,使得原理无力解决政府运用新技术手段表达的宪法意义,而相关的实体性发展,可能掩盖或模糊政府对其所选择表达的政治责任。因此,有必要及时完善和更新政府言论原理的版本(比如政府言论 2.0 版)。[2] 这一观点是有意义的,不过,版本的更新本身存在局限,滞后似是必然。因为争诉的裁判总在争诉发生之后,而争诉总发生在已有的社会现实之后。这也难怪会有那么多批评政府言论原理的声音了。

总结以上讨论,公共论坛与政府言论区别的直接后果是,二者受到第一修正案的约束不同,对于公共论坛,私人在政府所有或控制的财产或空间发表言论,政府不得基于内容进行歧视;对于政府言论,政府或官员在政府所有或控制的地产或空间发表言论,不受内容中立原则的约束。因此,法院能否对它们作出准确判断显得十分重要。基于现有规则和认识,可以将公共论坛与政府言论的关系梳理成下表。

---

[1] 较早讨论"政府言论论坛"的文章,可参见 Randall P. Bezanson, *The Government Speech Forum: Forbes and Finley and Government Speech Selection Judgments*, 83 IOWA L. REV. 953 (1998)。

[2] See Helen Norton & Danielle Keats Citron, *Government Speech 2.0*, 87 DENV. U. L. REV. 899 (2010).

表5-2　公共论坛与政府言论比较

比较＼内容		公共论坛	政府言论
相同	权利基础	私人/公民的言论自由	政府/官员的言论自由
	言论发生空间	由政府所有或控制	由政府所有或控制
	言论内容	涉及公共事务	涉及公共事务
	言论方式	书面或口头	书面或口头
	与政府职能的关系	相关联	相关联
差异	发言者	私人	政府及其官员
	政府可否控制言论	否	可
	发表言论的目的	参与公共讨论	政府管理/统治
	提供空间的目的	为了公众发表言论	为了发布/传递政府信息
	权利行使程度	有限利用政府财产发表言论	完全利用政府财产发表言论
	与宪法的关系	受第一修正案约束	不受第一修正案约束
难以区分之处	言论类型/性质	私人言论	私人言论可转化成政府言论
	言论传播/交流	存在与政府的交流	存在与公民的交流
	内容歧视	存在	存在
	身份分辨	发言者	发言者与规制者共于一体
	权力要素	存在	存在

第六章 总统的言论自由

可以说，无论是总统拉黑推特用户还是推特平台关闭总统推特账户，都在实质上指向了一个共同的潜在问题：总统的言论自由。"纽约时报案"开启了公共官员的名誉几乎不受保护的先例，法院确立的"实际恶意"证明标准，使得原告身份的公共官员在诽谤诉讼中往往以败诉告终。这就产生了一个疑问：公共官员的名誉权利不受保护，是不是意味着公共官员的言论权利也不受保护？回答当然是否定的。公共官员——包括总统在内——同样享有言论自由。在第一修正案的历史上，总统的言论自由没有引起实务界和理论界的特别关注，是特朗普总统使它成了一个充满争议的棘手问题。这表现在：特朗普总统的言论，尤其是他在推特上发表的言论，备受公众关注并常常引发议论和批评，也是不同类型司法争诉案件的审查对象，甚至成为国会弹劾他的事实根据。那么，如何看待和评判总统的言论及其自由？基于职位、职责的特殊性，总统的言论自由又处于什么样的特殊状态？特朗普总统"剑走偏锋"式的表达在多大程度上构成了言论自由的"另类"？本章试对这些问题进行探讨。

一、第一修正案适用于总统

首先需要澄清的是，第一修正案——言论自由宪法条款和法院的言论自由案例法——对总统适用。

　　在总统的所有身份中，作为公民的身份是首要的和基础性的，第一修正案适用于所有公民，总统是公民（公民是当选总统的必要条件），因此，适用于总统。这意味着，总统的言论自由受到宪法第一修正案的保护——总统不因为是公职人员就丧失言论自由；同时，第一修正案也限制总统的言论自由——宪法禁止政府做的事情，总统也不能做。总之，在第一修正案适用问题上，总统不存在例外。换言之，任何一个人，无论是否担任公职，其言论自由都是受宪法保护的基本权利。总统和普通公民一样，可以自由地发表言论，同时对自己的言论承担后果。

　　尽管如此，公共官员（或公职人员）与普通公民在言论自由受到的限制上仍然存在差异。这意味着，作为普通公民不受限制的言论，作为公共官员会受到限制。此处的公共官员首先指通过公开考试进入政府的常任的公务员，在美国，也称"政府雇员"。"为了保证公共服务的有效和可靠，法律可以要求公务员在言行举止之间表现出对政府的忠诚，甚至禁止某些从其言论及其和极端党派的关系而表露出对政府不忠的人进入公共行业。毕竟，第一修正案不应该允许宪法的破坏者利用言论或结社自由进入政府以最有效地破坏保护这些自由的国家"。① 从联邦最高法院在这个领域的案例来看，"第一修正案也不是对政府雇员完全不起作用。法律对政府雇员的条件限制不得是任意的，而必须是为了实现某种受宪法承认的公共利益而又对第一修正案权利限制最小的手段"。② 因此，政府雇员的言论所受到的限制，可以看作是进入政府、从事公共服务的代价。

　　总统不属于常任的政府雇员。与考任的政府雇员不同，总统是民选的政府官员，而且是高级政府官员，其言论自由受到限制的"方向"也不相同。对于一般政府雇员来说，法律的约束几乎是唯一的，但是，"高级政府官员的言论自由不仅可能受到法律的约束，更重要

---

① 张千帆：《美国联邦宪法》，法律出版社 2011 年版，第 374 页。
② 同上。

的是受到政治过程的约束"。① 总统是"最高级"政府官员，选民对他的言论的接受程度或同意程度，影响到他的支持率和再次获选的几率，这是政治过程约束的典型表现，也可以看作是成为总统的特殊成本。在法律约束上，总统的忠诚不需要法律再作"额外"规定，宪法宣誓表明，总统忠诚于宪法和政府是必要的。法律约束表现在总统言论不能超然于第一修正案之外，也受到第一修正案的禁止性限制。

关于民选官员的言论自由问题，联邦最高法院曾经在两个案件中给出明确判断。在 1962 年的"县治安官言论案"中，②上诉人伍德（Wood）是选举产生的县治安官员——民选官员，正在寻求连选连任。在当地政治竞选期间，一位县法官，在新闻媒介代表（他们因法官的要求而集中出席）在场的情况下，向大陪审团提出指控并给予特别指示——调查谣言、控告涉嫌黑人集团投票、谣传政治候选人使用金钱来获得选票事项。第二天，大陪审团正在开会，上诉人在同一栋楼的办公室向新闻界发表了一份声明，批评法官的行为，并敦促公民们注意——他们的法官威胁要对选民进行政治恐吓和迫害。由此，上诉人被县法院以涉嫌藐视法庭之名传唤，后被判犯有藐视法庭罪，并被判处罚金和监禁。联邦最高法院认为：事实记录不支持法院的判断——上诉人的言论给司法行政造成了清楚的和现存的危险，对他的有罪判决侵犯了他受第一修正案和第十四修正案保护的言论自由。联邦最高法院指出："上诉人是民选官员，有权进入公共争议领域，特别是他的政治生涯危在旦夕之时。民选官员在我们社会所扮演的角色，使得这一点变得更加重要——他们被允许针对重大的公共问题自由地表达己见。我们对于上诉人发表的言论内容及其发表的环境进行审查后得出结论：它们没有给司法行政造成清楚的和现

---

① 张千帆：《美国联邦宪法》，法律出版社 2011 年版，第 374 页。
② Wood v. Georgia, 370 U. S. 375 (1962).

存的危险，以至于应该使得以这种方式发表的言论的自由失效。"①在
1966年的"州议员言论案"中，②原告邦德（Bond），一位当选的佐治亚
州众议院议员，因发表反对战争和批评联邦政府越战政策及实施义
务兵役立法的言论，被州众议院取消议员资格。联邦最高法院认为，
对于一州根据表面上适当的宪法原则取消州立法官员职务行为是否
侵犯第一修正案权利，联邦最高法院具有司法管辖权。州因为邦德
的言论而取消他的议员资格，违反了第一修正案。其中，州立法机构
的多数议员没有权力检测另一位正式当选的议员的忠诚度，判断后
者的言行是否符合其就职时立下的拥护联邦和州宪法的誓言。州不
能对立法官员适用比普通公民更严格的第一修正案标准。邦德的言
论没有显示出煽动违反义务兵役立法关于禁止建议对抗征兵登记的
规定。尽管一州可以对立法官员施加宣誓要求，但是，它不能够限制
立法官员对于当地和国家政策表达观点的行为能力和资格。③ 这两
个案件目前仍然是处理民选官员言论自由问题的先例。

　　由此，我们可以总结出联邦最高法院关于民选官员言论自由的
基本立场，也是结论。其一，民选官员也有言论自由，他们的言论自
由也受到第一修正案保护；其二，民选官员的言论如果造成清楚与现
存危险，构成煽动违法行为或者其他违法情形，也要承担法律责任，
民选官员的身份并不能使他们豁免于其言论造成的法律责任；其三，
民选官员担任职务时的誓言——宣誓维护联邦宪法和州宪法，并不
导致他们的第一修正案权利的丧失，他们的言论自由受到宪法保护；
第四，民选官员言论不受保护，只能是言论造成的危害所致，取决于
法院对于言论危害结果的审查和判断。而法院审查的标准，与对普
通公民言论的审查标准并无二致，对民选官员言论的审查标准并不
严于对普通公民言论的审查标准。

---

① Wood v. Georgia, 370 U.S. 375 (1962).
② Bond v. Floyd, 385 U.S. 116 (1966).
③ *Ibid*.

"州议员言论案"还特别澄清了一种似是而非的认识:"纽约时报案"表明,对于公共事务的讨论应该是无拘无束的、富有活力的、充分开放的,但是,"纽约时报案"的原则不应该被扩展到立法官员的表达,因为鼓励对政府政策展开自由讨论的原则仅仅适用于公民对于政府的批评。法院认为,这种观点是错误的,是对"纽约时报案"的误读,"纽约时报案"和联邦最高法院的任何判决都不支持这个观点。公众听取关于公共事务所有方面意见的利益,很难通过给予公民比立法官员更多的保护的方式得到促进。① 相反,民选官员应该能够对公共事务自由地发表意见。"在代议制政府,第一修正案的显性功能就是要求,立法官员被给予表达他们对于政策问题见解的最广阔的空间"。② 因此,针对总统是民选官员就没有言论自由的观点,或者认为民选官员没有言论自由的说法,是错误的。而这种错误也会发生在国会弹劾程序,用特朗普辩护律师的话来说,众议院弹劾经理人(House managers)认为总统作为民选官员没有言论自由,这完全不合法。当否定总统有言论自由之时,就是往第一修正案相反的方向行进——站到了联邦最高法院的对立面。③

在一般情况下,进入司法过程的言论争诉案件,无论总统是以何种主体身份出现——被告抑或原告,都不影响裁判过程的判断。法院运用言论自由案例法裁判,主要集中在两个层面:一是与其他公民的关系上,通常是言论侵权诉讼,关键词是诽谤;二是与公共秩序的关系上,通常是公法上的诉讼,关键词是煽动。如果将涉及总统的言论争诉案件进行辨析的话,可以说,事实上的差异呈现出个性或特殊性——因为总统的身份不同于公民个人,也因为总统言论的形式、发生、特点等;法律上的差异不存在——法院不会因为是总统,而改变或迁就,以至于放弃言论自由原则和原理。在这个意义上,司法过程

---

① Bond v. Floyd, 385 U. S. 116 (1966).

② *Ibid*.

③ See Trump Lawyer Michael van der Veen Closing Argument Transcript in 2nd Trump Impeachment, February 13, 2021.

中不因总统身份而存在言论自由规则适用上的例外——即言论自由原理因为当事人是总统而不适用。不仅如此,国会的弹劾过程中,对于总统言论是否构成煽动问题的判断,采用的依然(应该)是司法原理。

表 6-1　部分特朗普言论被诉案件

序号	案件名称	争诉点	法院决定
1	Nwanguma v. Trump, 273 F. Supp. 3d 719 (W. D. Ky. 2017).	言论是否构成煽动暴力	是
2	Jacobus v. Trump, 51 N. Y. S. 3d 330 (N. Y. Sup. Ct. 2017).	言论是否构成诽谤	否
3	Int'l Refugee Assistance Project v. Trump, 857 F. 3d 554 (4th Cir. 2017).	言论(推文)是否可用来分析行政命令背后的动机	是
4	Clifford v. Trump, 339 F. Supp. 3d 915 (C. D. Cal. 2018).	言论是否构成诽谤	否
5	Nwanguma V. Trump, 903 F. 3d 604 (6th Cir. 2018).	言论是否构成煽动暴力	否
6	Zervos v. Trump, 74 N. Y. S. 3d 442 (N. Y. Sup. Ct. 2018).	言论是否构成诽谤	是

如表 6-1 的案件显示,总统,不因为是总统,就不受第一修正案约束,自由和限制同在。被诉诸法院后,法院的审查过程,与审查普通公民、其他公共官员的言论案件不存在差异。

但是,上述的一般情形不排除结果处理上的特殊性。这主要是指,总统基于职务行为造成的法律责任,在总统任职期间享有一定的豁免权。在 1982 年的"尼克松豁免起诉案",①联邦最高法院判决前总统对其在职期间的职务行为享有绝对的民事豁免权。这一"绝对豁免"标准后来有所松动,在 1997 年的"克林顿豁免起诉案",②联邦

---

① Nixon v. Fitzgerald, 457 U. S. 731 (1982).

② Clinton v. Jones,520 U. S. 681 (1997).

最高法院判决,对于非职务的个人和私人行为,从来没有任何公共官员被授予豁免权。"就和其他政府官员一样,总统也受制于适用于我们社会所有其他成员的同样法律"。① 从案例法看,总统对其任期期间的行为并没有当然的刑事豁免权,尼克松(Richard Nixon)的刑事豁免权来自于继任总统福特(Gerald Rudolph Ford)运用总统特赦权使得其免于被刑事追责。在言论自由领域,法院实践的结果是:总统不享有刑事豁免权,一些案件中对于总统言论的煽动行为认定本身,可以看作是法院有权对总统进行刑事追责,因此,刑事责任不在豁免的范围。基于职务行为的民事责任,属于豁免之列。基于个人或私人行为的民事责任,不在豁免之列。言论自由案件中,总统无论是基于职务行为还是基于个人行为涉嫌违反第一修正案的结果,都不在豁免之列。比如,前章讨论的 Knight 案判决总统拉黑行为违反第一修正案,侵犯了推特用户的言论自由权利;②在 Jacobus 案中,法院判决特朗普在总统大选期间的推特言论不构成诽谤;③Clifford 案则是判决在总统任职期间的言论不构成诽谤;④在 Nwanguma 案上诉阶段,法院判决总统在竞选集会上的言论不构成煽动暴力。⑤

与直接挑战总统言论不同,表 6 - 1 中 Int'l Refugee Assistance Project 案的特殊性在于,原告诉讼的是特朗普总统发布的行政命令,不是直接针对特朗普的言论本身。⑥ 但是,法院在判决行政命令违反宪法第一修正案宗教自由活动条款(Free Exercise Clause)时,分析了特朗普在竞选中和担任总统后发表的言论——通过制作推文发表的言论,对于认定行政命令本身合宪性的作用。在该案口头辩论阶段,"法官们似乎被一种观点冒犯了:他们在司法上有义务对特

---

① Clinton v. Jones, 520 U. S. 681 (1997).

② Knight First Amendment Institute v. Trump, 302 F. Supp. 3d 541 (S. D. N. Y. 2018).

③ Jacobus v. Trump, 51 N. Y. S. 3d 330 (N. Y. Sup. Ct. 2017).

④ Clifford v. Trump, 339 F. Supp. 3d 915 (C. D. Cal. 2018).

⑤ Nwanguma v. Trump, 903 F. 3d 604 (6th Cir. 2018).

⑥ Int'l Refugee Assistance Project v. Trump, 857 F. 3d 554 (4th Cir. 2017).

朗普的推文视而不见,因为行政命令表面上可以说是中立的,尤其是特朗普在推文上坦白了——该行政命令是由一贯的反穆斯林情绪推动的"。[①] 法院判决这一命令违反宪法,法院认为,"尽管挑战政治分支在移民问题上的权力有很高的标准,但是,宪法不应该被作为空白支票来对待:被挑战的政府行为必须是表面合法和善意的,也就是说,它在表面上必须有合法的理由,而且是基于善意作出的"。[②] 赞同意见指出,"在判决特朗普行政命令构成不合宪的歧视之时,法院只需要看看——并且毫不犹豫地去看——特朗普的推特简讯"。[③]

二、总统言论与弹劾审判

特朗普是美国历史上唯一一位被国会众议院两次弹劾、又被参议院两次宣布无罪的总统。[④] 第二次弹劾中,众议院关于"煽动叛乱"的指控,直接针对特朗普的言论,总统言论自由的边界成为弹劾审判的关键诉点。

(一)总统"因言遭弹"?

"我将到场。历史性的一天。"这是特朗普总统 2021 年 1 月 3 日发出的推文,推特账户上同时转发了一条号召集会的帖子。2021 年 1 月 6 日,数以万计的特朗普支持者在华盛顿举行集会游行,主题是

---

① Sara Swartzwelder, *Taking Orders from Tweets：Redefining the First Amendment Boundaries of Executive Speech in the Age of Social Media*, 16 First AMEND. L. REV. 538 (2018).

② *Ibid.*

③ *Ibid.*

④ 第一次遭到弹劾发生在 2019 年,特朗普总统被指控"滥用权力、妨碍国会调查"。2019 年 10 月 31 日,美国国会众议院以 232 票赞成、196 票反对,通过弹劾调查程序。2019 年 2 月 5 日,参议院以 52 票反对、48 票赞成的表决结果认定指控特朗普滥用职权的弹劾条款不成立,以 53 票反对、47 票赞成的表决结果认定指控特朗普妨碍国会的弹劾条款不成立。特朗普总统被宣布无罪,弹劾案结束。

抗议 2020 年总统大选结果——国会即将正式宣布拜登获胜，特朗普总统在白宫外的集会地点向支持者发表了讲话。后来的事情众所周知，主要由特朗普支持者组成的集会游行人群冲击国会大厦，造成了人员伤亡和秩序混乱。

故此，美国国会众议院再次启动弹劾。2021 年 1 月 13 日，众议院以 232 票赞成、197 票反对、4 票弃权，通过了对美国总统特朗普的弹劾案。继而，国会参议院审理特朗普弹劾案。参议院首先投票表决（56 票对 44 票）：对一位卸任总统的在任职期间的行为进行弹劾符合宪法，之后展开弹劾审判程序。2021 年 2 月 13 日，参议院以 43 票认为无罪、57 票认为有罪的表决结果，认定指控特朗普"煽动叛乱"的弹劾条款不成立。《美国联邦宪法》第 1 条第 3 款规定："参议院独自拥有审判一切弹劾案的权力……无论何人，非经出席参议员三分之二的同意，不得被定罪。"特朗普因而未被定罪，弹劾案审理结束。

众议院对于特朗普的弹劾罪行指控集中在"煽动暴力"，特朗普在集会上发表的言论，也包括相关推文，都成为"疑似煽动"的证据。根据特朗普律师斯科恩（David Schoen）的辩护词，国会弹劾经理人展示的"证据"，包括被刻意删节和编辑过的特朗普那周推特上的推文，以证明和强调特朗普推文表达了武力号召，其行为和言辞导致暴动。[①] 最终，参议院表决被指控的罪名不成立，特朗普被判无罪。

（二）如何审查总统言论？

那么，特朗普的言论构成煽动暴力吗？这应该是所有言论自由诉讼或涉言诉讼中最受关注也是最为重要的一类。虽然总统的言论自由相较于一般公民要受到更多限制，但仍然受到保护，对于总统，

---

① See Trump Lawyer David Schoen Argument Transcript February 12: Trump's Second Impeachment Trial, February 12, 2021.

言论自由最基本的规则——"言论有自由,行为有责任"——也是适用的。在这个规则之下,煽动暴力,是对言论构成行为的判断。关键在于,言论在什么情况下、要符合什么样的标准才能构成行为,即言论不再是言论,而是行为、是煽动。在实践中,要证明言论本身就是行为,起诉方的举证责任是沉重的。这里存在的一个前提问题是,在弹劾审判中,对于总统言论是否构成煽动暴力的判断采用何种审查标准?

对于这个前提,众议院作为弹劾方与特朗普律师团队作为辩护方观点各异。弹劾方强调,民选官员无所谓言论自由,弹劾程序不同于一般司法程序,不适用法院的审查标准。特朗普的辩护律师认为,众议院的弹劾经理人错误地否定总统作为民选官员具有言论自由,其法律逻辑上"民选官员没有言论自由"的潜在假定是错误的,原因就在于,他们知道他们的证据通不过联邦最高法院的标准检验,他们创立了自己的标准即"一种政治性的法律"标准,与联邦最高法院的言论自由案例法所确定的规则相悖。在辩护律师看来,不存在其他的、非司法的言论自由审查标准。言论是否构成煽动暴力,必须根据联邦最高法院确定的审查标准来检验和判断,[1]这个审查标准就是"勃兰登堡检验规则"(Brandenburg Test)。

"勃兰登堡检验规则"是联邦最高法院在 1969 年"勃兰登堡案"(一译"右翼党派案")中确定的判断"言论是否构成煽动"的审查标准。[2] 俄亥俄州《犯罪集团法》惩罚宣扬用暴力来推翻政府,"勃兰登堡案"挑战了这一言论规制立法的合宪性。被告是一名三 K 组织(Ku Klux Klan)的领导人,他在电视上宣称要向国会进军,被州法院依据州法判决有罪。被告提出自己有言论自由,州法违反了宪法第一和第十四修正案。联邦最高法院推翻了州法,法院重塑了"清楚与

---

① See Trump Lawyer Michael van der Veen Closing Argument Transcript in 2nd Trump Impeachment, February 13, 2021.

② Brandenburg v. Ohio, 395 U. S. 444 (1969).

现存危险"标准，发展出高度保护言论自由的新标准即"勃兰登堡检验规则"。该标准有三个核心部分：意图（intent）、可能（likelihood）、急迫（imminence）。具体来说：其一，意图要求。它被解读为表明了煽动要求的意图，这是对发言者的主观上的考虑或主观性考量。具有煽动的意图的要求，是之前的案件所不具有的。这一要求保护"偶然的"煽动者——发言者的言论导致了混乱或引发了暴乱，但是他没有煽动不法行为的意图。其二，可能性要求。这是要求政府证明发言者的倡议"可能煽动或制造不法行为"，即倡议必须带来了不法行为，而非"只是想挑起"不法行为。根据这个标准，"无效果的"即没有产生效果的煽动者是受保护的——无论发言者是多么渴望去引发即将发生的不法行为，但言论不可能制造出这样的结果，那么，言论受保护。其三，急迫标准。这是"时间紧迫性"要求，意味着言论与不法行为发生之间的直接关联，即"说了就发生"，或"你说了我就做了"，或"你说了，你、我和我们就做了"。这也是关键要素。如果在言论和非法行为之间存在延迟，则满足不了急迫标准的要求。这三个要求使得"勃兰登堡检验规则"被称为"联邦最高法院发展形成的最高级别的言论保护标准"，适用至今。[1] 实践中，三个要求很难满足，特别是其中的主观意图要求，最难证明，这一标准实际上实现了对于言论内容的绝对保护。

(三) 总统言论"导致"暴力？

在弹劾审判中，特朗普律师团队提出了两大理由以对抗弹劾，也是辩护要点：其一，对于卸任总统的弹劾，不符合宪法；其二，总统的言论受到第一修正案的保护。

第一点涉及程序。辩护人认为，弹劾卸任总统"不合宪"。其实，准确地说，是宪法文本没有明确规定总统卸任后是否可以被弹劾。

---

[1] See Susan M. Gilles, *Brandenburg v. State of Ohio: An Accidental, Too Easy, and Incomplete Landmark Case*, 38 CAP. U. L. REV. 517 (2010).

就程序的连续性而言,似乎是可以弹劾的。因为,在卸任之前,众议院就已经启动了弹劾程序,完成了第一阶段的工作,第二阶段在参议院,可以看作是程序的进一步推进,而不是新的开启。所以,就不是对卸任总统的弹劾,而是对在任总统的弹劾,针对的也是总统在任期间的行为。在这个意义上,弹劾不能说是违反宪法的。[①] 但是,从另外一个角度看,宪法设计弹劾的目的是明确的:弹劾是去职,不是简单地惩罚犯罪者。因此,对于已经卸任的总统的弹劾本身就不具意义。已知的结果是,参议院通过表决确认了参议院继续弹劾程序的合宪性。这也算是"提前"针对特朗普律师"程序异议"的"程序性回应",虽然合宪性仍然是存疑的。

第二点涉及实体。第二个理由是实质性的,更为有力。从宪法实践看,确定言论受第一修正案保护,是言论"自由"的基础或前提,意味着,对于受宪法保护的言论进行限制或惩罚,必须证明言论构成了行为且引发了严重的损害性后果,必须是为了达到极其重要的政府利益,否则即是违反了第一修正案。这里涉及言论自由的限度和边界的判断。具体到总统的言论上,弹劾经理人必须证明,特朗普的言论直接导致了国会骚乱事件,言论构成了煽动行为,否则,弹劾指控就是不能成立的。总统和其他所有人一样,享有第一修正案保护的言论自由。这个理由,成功地把特朗普总统的言论及其自由纳入到第一修正案的分析框架中,避免了脱离宪法评判总统言论的危险——完全由政治过程依照政治标准作出决定。

针对弹劾经理人关于"特朗普煽动其支持者暴力冲击国会、对民主和人民造成危害"的指控,特朗普律师的回应是:1月6日的事件是很恶劣,但是,这跟特朗普没有直接联系,特朗普发表演讲是他的言

---

① 值得进一步思考的是,无论是在任,还是离任,弹劾针对的都必须是职务行为,是基于总统职务的行为。由此面临的问题是:特朗普的言行,哪些是基于总统职务的,哪些是基于非总统职务——又有两种情形:一是普通公民,二是总统参选人。那么,作为参选人的言行,是不是要归为总统的言行?

论自由。辩护律师确实抓住了问题的关键：其一，否定1月6日事件跟特朗普之间的直接联系，即不存在因果关系；其二，将特朗普在1月6日发表演讲定性为言论自由，言下之意是，言论自由受到宪法保护，宪法也保护总统的言论自由。实际上，弹劾方是要把事件归咎于特朗普——特朗普演讲导致事件；辩护方则要撇开这个关系——特朗普演讲和事件没有直接联系，特朗普是演讲，不是煽动。认定演讲是煽动，必须证明演讲与事件之间的因果关系。如果不能证明因果关系，就不能认定为煽动，只能是演讲，演讲就是言论，言论就有自由。

弹劾经理人列举特朗普在1月6日集会上的演讲，并通过放映视频和图片（包括推文截图），形成对比场面：一边是特朗普的演讲和推文，一边是参加集会听特朗普演讲的人冲击国会大厦以及暴乱场景，以证明演讲就是煽动。对此，特朗普辩护律师卡贝尔（Bruce Castor）认为，特朗普在1月6日集会上的言论，是在号召和平集会和抗议，这是每一个美国人的第一修正案权利——和平集会和向政府请愿和申冤的权利，运用"勃兰登堡检验规则"的三要素检验，不能证明特朗普的言论构成煽动暴力。"根据'勃兰登堡检验规则'，必须证明三个要素：第一，被质疑的言论必须是明示或者默示地鼓励使用暴力或采取非法行动，但是，总统的言论是号召和平集会；第二，发言者必须有意使他的演讲产生使用暴力和非法行为的结果，但是特朗普强烈反对暴乱者和政治暴力，在他总统任期期间始终对保卫这个国家的人士表示钦佩；第三，即将（发生的，临近的）使用暴力，换言之，就在那时那刻使用暴力。即刻暴力的使用和采取非法行为必须是言论可能的结果，但事实是——被联邦调查局（Federal Bureau of Investigation，简称FBI）调查所证实，暴力早就提前计划，不是言论的结果。"[1]辩护律师团队还指责弹劾经理人向参议院提交的特朗

---

[1] Trump Lawyer Bruce Castor Argument Transcript February 12：Trump's Second Impeachment Trial，February 12，2021.

普言论的视频被切割过，呈现的特朗普语言是孤立的、缺乏语境的、被挑出的，是被刻意地剪断、剪辑、拼接的；而且不播放全部，只播放其中的只言片语，观众不了解前因后果具体语境，可能会被这样的视频所误导。即便是这样，辩护律师指出，仍然没有一个例子能够证明特朗普的言论是在煽动暴力。

辩护律师范德维恩（Michael van der Veen）的终结陈词（closing argument）指出："尽管所有的视频录像都已经播放，但是，他们（指弹劾经理人）呈现出来的你们（指出席参议员）所看到的演示材料中，没有一处是特朗普先生在鼓动任何一个人去从事任何形式的暴力活动，一个例子都没有。你们所听到的任何一点都不可能被理解为特朗普先生鼓励和认可暴动。参议员先生们，你们看不到那样的录像因为它们不存在，因为煽动行为从来就没有发生。他没有说煽动语言，无论是在 1 月 6 日或者选举之后的任何一天。公正的人在诚实地审查特朗普先生集会上的言辞时，不会相信他是在提议实施暴力。他非常清楚地告诉集会者，他希望在国会大厦外面的抗议是和平的和爱国的。他的整个前提是，联席会议应该继续，他的全部言论几乎都在讨论他认为参议院和众议院应该如何就此事投票。"①终结陈词一针见血，指出弹劾经理人在逻辑上和法律上的最大问题：他们制造了他们自己的法律标准，他们的法律服务于民主党的政治——所有的民主党民选官员的言论都受保护，而所有共和党民选官员的言论都不受保护。为什么？因为他们知道，他们不能够满足联邦最高法院确立的已经存在了超半个世纪之久的宪法标准，他们认为，特朗普先生作为一个民选官员，没有第一修正案权利。这与法律完全背离。我们雄辩地向你们证明了这是错误的。②"不存在任何证据证明特朗普言论导致煽动即刻的非法行为，没有任何证

---

① Trump Lawyer Michael van der Veen Closing Argument Transcript in 2nd Trump Impeachment，February 13，2021.

② *Ibid.*

据证明特朗普意图通过语言煽动暴力,暴力是一群不法之徒组成的团伙提前早已计划准备、预谋和事先策划的,这些人必须在法律允许的范围内受到起诉,但这证明:不是特朗普的言论启动了这个行为。什么是煽动?"①

(四) 总统言论"始终""暴力"?

关于特朗普言论是否构成煽动暴力问题,此回弹劾(2021 年 2 月)审查不是第一次。准确地说,特朗普的言论被作为构成煽动暴力的"嫌疑言论"来对待,在弹劾之前就存在过,发生在法院的司法过程。

2017 年,几位在特朗普竞选活动集会上的抗议者,以受到特朗普和其支持者粗暴对待为由,向法院提起诉讼。② 肯塔基西区联邦地区法院法官认为,这个针对特朗普煽动暴乱的诉讼成立,联邦最高法院的著名保护性标准"勃兰登堡检验规则"不能保护特朗普。该案被诉的特朗普言论为:"把他们弄出去"(Get'em out of here.)。背景是,几位抗议者举着特朗普的头与猪的身体"嫁接"的画像进入集会现场,特朗普当即说了这句话。那么,这句话是否构成了煽动暴力? 地区法院认为,特朗普的表述,很可能煽动暴力——当一群特朗普支持者随后开始对特朗普的反对者进行身体攻击的时候。也就是说,言论引发的暴力在活动期间是即刻的、可能的,已经迫在眉睫。联邦第六巡回上诉法院推翻了地区法院的决定。③ 上诉法院考量的是,根据"勃兰登堡检验规则",特朗普在总统竞选集会上的言论,据称引发了对几名抗议者的袭击,是否构成非法煽动。法院的结论是特朗普的言论受到第一修正案保护,法院注意到:"勃兰登堡检验规则"排除被惩罚的言论作为煽动暴力

---

① Trump Lawyer Michael van der Veen Closing Argument Transcript in 2nd Trump Impeachment, February 13, 2021.

② Nwanguma v. Trump, 273 F. Supp. 3d 719 (W. D. Ky. 2017).

③ Nwanguma v. Trump, 903 F. 3d 604 (6th Cir. 2018).

来对待,除非发言者的意图是想要他的言论即将导致暴力的使用或者不法行为。该案信息显示,特朗普的言论"没有明确要求使用暴力"。[①] 因此,不构成非法煽动。在这个案件中,不是总统特朗普,而是候选人特朗普是否在竞选集会上煽动暴力问题。有学者指出,尽管第六巡回上诉法院推翻了地区法院的判决,但是,这个现代例子显示出法院的高度警觉——在我们目前对立的政治环境下,充满争议的言论已经产生了极其激烈的反应。[②] 换言之,言论自由的"社会环境"变得更加不宽容。

上述诉讼和弹劾,实质上都在讨论言论自由问题的一个核心点也是难点:言论和行为之间的距离有多大? 一个人的言论什么时候就会成为行为? 在言论和行为之间,将言论定罪,难度很大。无论是法院诉讼,还是国会弹劾诉讼,均未认定特朗普"煽动暴力"成立。从纵向看,法院诉讼和弹劾诉讼,跨越了从候选人到总统再到候选人(同时是总统)的时间、职务、身份跨度,真可谓诉讼始、弹劾终,"煽动"始、"煽动"终,特朗普言论与煽动暴力之间的"嫌疑"关系也是前无古人了。

三、总统言论自由的差序格局

如上所述,总统同样享有宪法权利,他的言论自由受到第一修正案保护。但是,总统职位、职责的特殊性,又使得其言论自由处于某种特殊的状态,需要仔细加以分辨。

---

① See Clay Calvert, *The First Amendment and Speech Urging Suicide: Lessons from the Case of Michelle Carter and the Need to Expand Brandenburg's Application*, 94 TUL. L. REV. 79 (2019).

② See Alyson R. Hamby, *You Are Not Cordially Invited: How Universities Maintain First Amendment Rights and Safety in the Midst of Controversial On-Campus Speakers*, 104 CORNELL L. REV. 287 (2018).

在一定程度上,总统的言论自由呈现某种"差序格局"。这种差序格局既有言论层面的,也有自由层面的;公民身份与总统身份的重合,使得言论自由的权利—权力关系呈现出多维状态或空间;从总统作为第一修正案言论自由条款所"对抗"的"政府"权力来说,总统的言论自由受到司法审查的约束,也受到政治过程之民主选举的约束,还受到政治过程之国会弹劾的约束。因此,总统言论受到的限制,要大于普通公民。普通公民在于言论自由的"权利"一面,总统既有权利一面,也有权力一面。既是"盾",又是"矛",而矛呈现复杂性——当法院认为总统言论构成对于言论自由的规制,受制于第一修正案对于政府行为的限制——合宪性审查;但是,当法院认为总统言论归为"政府言论"之时,其不受制于第一修正案的约束。问题在于,这种矛往往锋利无比,含有了权力色彩的言论自由,也是对抗权利(所有人的权利)的矛。

(一) 司法过程的权利—权力关系

总统言论自由与第一修正案的关系,首先是通过司法过程勾连的,司法过程是实现总统言论自由的"根据地"。与普通公民不同的是,公民的言论自由只涉及权利层面,总统的言论自由既有权利层面又有权力层面,当总统言论被诉诸法院,法院需要根据诉的性质来分辨总统言论的权利与权力要素。权力要素的总统言论,含有政府行为性质,被作为第一修正案约束的对象——被控制的主体来对待。从联邦最高法院的案例法原理看,并非含有权力要素的总统言论都会成为第一修正案控制的对象,如果法院认为总统言论是"政府言论",则不受制于第一修正案的约束;如果是"言论的政府规制"(speech's government regulation)或称"政府规制言论"(speech of government regulation),则受制于第一修正案约束。如表 6 - 2 所示。

表6-2 总统言论自由分析——权力/权利要素

要素 / 状态	权利	权力
不受限制（自由）	所有人（包括总统）的言论自由	政府言论＋言论的政府规制（法院肯定）
受限制（不自由）	所有人（包括总统）的言论不自由	言论的政府规制（法院否定）

从整体上看，总统任职期间的言论诉讼，多数情况下法院是将其作为权利对待的，突出表现在言论诽谤诉讼案件的审理上。比如Jacobus v. Trump案，[①]这是一起针对特朗普总统（被告）在推特上的言论的诽谤侵权诉讼，法院以诽谤不成立为由判决否定原告的主张。

原告雅各布斯（Cheryl Jacobus）针对特朗普等被告的言论提起诽谤诉讼，其中涉及特朗普所发推文，比如："Great job on @donlemon tonight @kayleighmcenany @cherijacobus begged us for a job. We said no and she went hostile. A real dummy! @CNN." "Really dumb @CheriJacobus. Begged my people for a job. Turned her down twice and she went hostile. Major loser, zero credibility!"原告认为特朗普的推文是一种实质性诽谤，对她的职业声誉构成了损害。但是，法院拒绝处理原告声称的实质性诽谤的合法性问题，相反，法院认为，原告没有能够证明被告的评论和推文不受保护或属于不受保护的观点。特朗普的推文在政治评论者和她（Jacobus）批评的对象之间展开，特朗普的评论被视为在共和党总统初选的大背景下，用作宣传他的立场、讽刺他的对手和其他批评者（批评他的人）的工具。推特——社交媒体平台——上的言论特点是：随意，尖刻，无礼，直接，没有余地。特朗普的推文偏离了严肃的斟酌，因为充斥了含糊和直接的侮辱。最终，原告的实质诽谤的诉讼

---

① Jacobus v. Trump, 51 N. Y. S. 3d 330 (N. Y. Sup. Ct. 2017).

请求被驳回，根据被告的动议——原告没能提出符合起诉条件的要求。[①] 原告认为她诉讼的根据，不是特朗普在推特上发表的五颜六色的贬义词对她的攻击，而是针对她的推文言论中的事实上的错误，由此损害了她的名誉。对此，法院认为，运用区分陈述和观点的要素，本着第一修正案的精神，也考虑到陈述作为一个整体——不精确的和夸张的政治争论及争吵，一个理性的读者会把被告的陈述看作是观点，尽管陈述中的某些部分，孤立地看可以被发现是传达了事实。而且，尽管某些读者能够从陈述中推断出诽谤的意思，也不能就此确定是诽谤。[②] 被告（尽管是公共官员）的主观意图——不是诽谤，而是评论和看法，这是受到保护的言论，此意图可以作为否定诽谤的重要因素。该案决定衍生出一个值得思考的问题：公共官员通过推特平台发文对某人或某事进行"官方谴责"（Official Condemnation），是否会产生第一修正案主张——引发被谴责方对此的第一修正案诉讼？[③] 这可以归为公共官员的言论自由问题，法院的决定显然是以最大程度地保护推特上的言论自由作为出发点的。

（二）自由—限制关系的一般性与特殊性

与所有公民一样，总统具有受到宪法保护的言论自由，并受制于法律的约束，这是总统作为公民的言论自由的一般性；与普通公民不同的是，总统的言论自由具有特殊性。这些特殊性表现在：在宪法上——受制于宪法约束，不得违反第一修正案对政府的控制，不得侵犯公民的言论自由；在政治上——受制于民主过程的约束，主要包括

① See Tiffany A. Jones, *Tort Law-Defamation, Opinion, and Social Media: Distinguishing Hyperbole and Constitutionally Protected Opinions from Actionable Defamation*, 41 AM. J. TRIAL ADVOC. 441 (2017).

② See Ruthann Robson, *The Sexual Misconduct of Donald J. Trump: Toward a Misogyny Report*, 27 MICH. J. GENDER & L. 81 (2020).

③ See Frank D. Lomonte & Linda Riedemann Norbut, *Failing New York Times v. Trump: Is There a First Amendment Claim for Official Condemnation by Tweet*, 33 COMM. LAW. 1 (2018).

民主选举的控制、国会弹劾的控制；在其他方面——受制于没有纳入到上述约束程序的控制。如表 6-3 所示。

表6-3　总统言论自由分析——自由/责任要素

状态 ＼ 类型	一般性（作为公民）	特殊性（作为总统）
宪法自由	√	
法律约束	√	
宪法约束		√
政治约束		√
其他约束		√

在这里，法律约束和宪法约束，是通过司法过程实现的，表现在法律责任和宪法责任的司法追究。这是确定的状态。不确定的是政治层面的约束。在受到的约束上，不排除不发生作用的情形。除了上面所说的弹劾之外，在民主过程，受制于政治约束。这常常表现为顾忌选民的感受，接受或者反感的程度，会在言论时有选择性的措辞，这也可以看作是"政治正确"，因为选民左右了民选官员的前途。然而，例外的是，跟前任奥巴马（Barack Hussein Obama），甚至所有前任总统不一样，特朗普并不在意竞选和任职期间的言论对于选民的影响。民主党或民主党候选人的顾忌——政治正确，特朗普不在意，不用为了选票去说一些想说不敢说的话，也不需要专门说讨好选民的话，堪称"政治不正确"。他知道，不管他说什么，支持他的选民会支持他，反对他的，也不会因为不说什么或者说了什么而支持他。这种情形，可以看成是政治约束的不确定性，或者约束的或然性。在此情况下，总统言论事实上受到的约束就是小的，言论的自由度得到前所未有的扩展。

（三）自由与限制状态的理论—实际差异

从自由与限制关系看，作为总统的言论自由受到的限制，要远远多于普通公民，因此，在理论上总统的言论更加不自由。但在实践中，总统言论的自由度并不是理论上的那么小，那些归入不到法律、宪法、政治等方面约束的言论，事实上就是自由的。不仅如此，这些"灰色地带"的言论，被作为权利来对待，又因为含有权力要素，其实际的效应和产生的影响，远远超过普通公民作为权利的言论。如表6-4所示。

表6-4　总统言论自由分析——理论/实际要素

类型＼状态	理论上	实际上
自由的程度	小（权利受限＋权力受限）	大（灰色地带更自由）
受限制的程度	大（法院控制＋政治控制）	小（灰色地带不受限）

在司法实践中，法院判断的思路是，政府言论之外的言论，以及总统职务下的总统的言论给其他人言论造成的负担，归为政府对于人民言论的限制，这时，总统是"国会不得"的被禁止的主体，用第一修正案来加以审查。但是，总有一些言论很难归类，既不是政府言论，又不是总统运用言论对人民言论进行控制，这些"缝隙"，就都被归入了总统作为公民的言论自由。比如，他经常说的"假新闻"一词，很难认定构成限制媒介的言论自由，但在事实上对媒介言论自由产生了消极影响——如上所述，有寒蝉效应；从总统这方面来说，又是总统的观点或见解，只要没有进一步的行动，包括总统"说了还做"、媒介被说了之后进行诉讼，司法介入就是不可能的。

在这里，我们以特朗普总统的言论为例进行分析。

其一，"假新闻"。

"假新闻"（fake news），是特朗普总统任期期间的一个"热词"，也是特朗普推文和公开口头言论的高频词之一，以至于"假新闻"和"特朗普"成为一个词，说到特朗普，就想到假新闻。比如，在2017年2月，他的一篇推文是"The fake news media is going crazy with their conspiracy theories and blind hatred. @ MSNBC & @ CNN are unwatchable. @foxandfriends is great!"[1]特朗普与新闻媒介之间的紧张关系,开始于2016年总统竞选期间,甚至更早。这种紧张关系没有随着就任总统而缓和,相反,特朗普总统及其团队与新闻媒介的对立、对抗甚至大战,几乎成了"总统言论连续剧"或"白宫系列剧"的不变剧情。据统计,特朗普总统在其就任的第一个月内就用了15次"假新闻"一词,以置疑他认为不可靠的新闻报道。[2]

"假新闻"之说给言论自由带来了新问题,值得思考。比如,总统说假新闻是否意味着CNN即美国有线电视新闻网的新闻就是假新闻,总统说假新闻是否构成对于言论和新闻的压制,违反第一修正案。如何看待这个"假新闻"——总统说的话与话的内容?

首先,总统说假新闻,是否是政府官员对新闻的认证或者审查?假新闻这个词反映了总统与新闻媒介的关系,这是第一修正案言论自由(新闻自由)的"传统领域"。司法实践已经确定的是:内容中立原则是言论自由的根本保障,第一修正案禁止政府对言论的内容进行审查。因此,政府不得对新闻进行认证:是假新闻还是真新闻。如果认证,即意味着对于新闻进行审查。因此,如果将假新闻看作是政府权力对于言论的审查,那么结论就是,总统这么做违反第一修正案。总统没有审查新闻和言论的权力,第一修正案是禁止包括总统在内的所有政府机构侵犯人民(包括新闻媒介)的言论自由。在这个意义上,是无所谓"真新闻"和"假新闻"的。即,政府不能认证、不得认证,否则,就是违反第一修正案。

其次,总统说"假新闻"时的主观意图是不是打压新闻媒介、对媒介泼冷水?第一修正案的"寒蝉效应概念",禁止政府对言论进行控

---

[1] Clay Calvert, Stephanie McNeff, Austin Vining & Sebastian Zarate, *Fake News and the First Amendment*: *Reconciling a Disconnect between Theory and Doctrine*, 86 U. CIN. L. REV. 99 (2018).

[2] See Allison Orr Larsen, *Constitutional Law in an Age of Alternative Facts*, 93 N. Y. U. L. REV. 175 (2018).

制，造成言论的寒蝉效应，由此破坏思想市场的竞争状态。新闻自由是民主社会的重要保障，也是前提。在民主社会，保持自由的、批判性的、独立的新闻媒介，具有重要意义。如果总统是以打压媒介作为目的，指责其内容是假新闻，影响读者特别是他的支持者对待媒介的态度，在一定程度上就是走向了繁荣新闻和言论的反面。因此，如果认为总统的这种说法构成了寒蝉效应，也不算夸张。毕竟，总统认为是假新闻，虽然不是认证，也不是审查，但是这种说法的影响力实在不容低估。

最后，总统说"假新闻"，也是一种言论吗？总统在推特上将某个媒介的报道说成是假新闻，很明显，是他说的话——用推特文字形式显现出来，这是言论，总统的言论。总统言论很容易被归入政府言论的范畴，因为，总统是政府机构——宪法机构，因而很自然地被归入政府言论。问题在于，总统言论，就一定是政府言论吗？是不是也有可能是总统个人的言论？总统个人言论——作为公民个人的言论？当总统只是在推特上说假新闻，但是并没有采用任何打压行为——比如动用执法机构对新闻媒介进行直接的限制——之时，这种言论作为政府规制言论的合宪性通常是会得到维持的；而如果作为政府言论来对待，则不受制于第一修正案的约束。从第一修正案原理看，政府言论不受制于言论自由条款，即不适用第一修正案对于政府的限制——不得侵犯言论自由。即政府言论的任何内容或者方面，都不适用原则和原理来分析，相当于排除了政府言论的第一修正案责任。如果将总统言论都归入到政府言论的范畴，那么，无论总统说什么，似乎都很难从法律的角度去追究他的责任，特别是宪法上的责任即第一修正案责任。

在理论上，总统说是假新闻，并不意味着就是假新闻，总统的判断只能是他自己的判断，不能代替别人判断。问题的关键在于，当法院认为总统的言论不构成对于言论自由的限制、被作为政府言论来对待时，"假新闻"之说的负面作用被放大：因为加入了总统的权力要素，事实上造成了寒蝉效应，但在法律和宪法上又难以追究总统的责任。确实，当总统没有越过界限从言语攻击走向威胁和明显行动，那么，司法"无法阻止总统对媒体的连珠炮式的攻击"。[1] 这或许是实际与理论的反差。有评论认为，特朗普选择利用推特发文来对抗媒介，不失为一个聪明的策略，"特朗普那些似乎是随性的、即兴的、未经准备思考的推文，是其政治技巧的精彩展示的不小部分"。[2] 因为，与以更加正式的和可能引起诉讼的方式完全不同，利用非常短小的推文包裹来传达立场，能够规避责任。这跟诽谤言论的发表者，通过采用"巧妙的或模棱两可的词组掩盖诽谤"来逃避责任，存在某些近似之处。[3] 更值得注意的是，在数字媒体繁多的时代，对于一些人来说，"真相本身已经在网上刺耳的嘈杂声和推文的废话中迷失到了这样的程度：它似乎要将国家意识滚落掉，就像水过鸭背，一滑而落，毫无反应。因为存在更多的可供选择的媒介，人们倾向于关注那些与他们的观点契合的信息（即对自己胃口的信息），而无论事实是否准确"。[4] 这可能是对于言论自由最严重的损害。

其二，"兔崽子"。

爆粗口，是特朗普言论（包括推文）的又一个显著特点，说他口无遮拦、不过脑子，一点不夸张。在公开场合不加任何掩饰地直接骂人，当属其对于"NFL 球员国歌抗议事件"的评论。

2016 年 9 月初，美国国家职业橄榄球联盟（NFL）球赛期间，非洲裔球员凯普尼克（Colin Kaepernick）在赛场奏国歌时没有站立并将手放在胸前，而是单膝跪地表示抗议。不久，其他球员和球队也加入进来，国歌抗议变成了一场政治活动。在抗议活动的高潮期间，有 200 个 NFL 球员在国歌奏响时采用臂挽着臂、坐着不站立、单膝跪

[1] Stephen Behnke & Corey Artim, *Stop the Presses：Donald Trump's Attack on the Media*, 44 U. DAYTON L. REV. 443 (2019).

[2] Ruthann Robson, *The Sexual Misconduct of Donald J. Trump：Toward a Misogyny Report*, 27 MICH. J. GENDER & L. 81 (2020).

[3] *Ibid.*

[4] *Ibid.*

地的方式,抗议从警察暴行到白人至上主义者"团结右翼"(Unite the Right)集会等范围广泛的问题。就在凯普尼克最初抗议发生一年之后,特朗普总统在阿拉巴马州的一次集会演讲中对此回应。他认为球队所有者应该开除那些演奏国歌时单膝跪地的球员,他说:"难道你不想看到联盟所有者中有这样一个人,当有人不尊重我们的国旗时,你会说'让那个兔崽子马上离开球场。滚出去! 他被开除了。'"①这一言论引发了更大范围的球员的反感,也由此成为第一修正案讨论的焦点。

那么,如何看待特朗普呼吁 NFL 球队所有者开除"兔崽子"球员? 一个宪法思考路径是:如果把它视为是政府自身在发表言论,则政府作为发言者本身也受到保护,政府言论不受制于第一修正案的宪法审查。总统言论,一般会被归入政府言论的范围。关键在于,政府对于私人公民言论的强烈谴责,与传统上被作为政府言论对待的言论是不是存在什么宪法上的不同,以至于不能简单地把总统这种言论不加甄别地归入到政府言论中。换言之,它是不是政府言论?

对此,珀斯特教授指出,结果差异因事实不同而存在。如果总统的言论是要用法律的力量来压制公民言论,那么,他就是违反第一修正案的。联邦最高法院在 1963 年"道德委员会案"中,②判决被告罗德岛州促进青年道德委员会违反宪法。尽管法院把委员会的言论归为政府言论再合适不过了,因为它"只是劝诫书商,并建议他们的合法权利"。但是,法院还是毫不费力地禁止了委员会的行为,因为"记录显示,委员会故意着手实现压制被认为是'令人反感的'出版物并取得成功",委员会构成"事实上通过法律外制裁进行的州审查"。参考这个案件来分析特朗普言论,特朗普也是用官方口头宣称来压制

---

① Haley Tuchman, *Outsourced Censorship: A Case for Judicial Revival of the State Action Doctrine's Encouragement Theory*, 93 S. CAL. L. REV. 1039 (2020).

② Bantam Books, Inc. v. Rhode Island, 372 U. S. 58 (1963).

那些冒犯者的言论。委员会针对的是淫秽言论，不属于法律保护的一类言论；特朗普针对的就是核心的政治言论，这完全就是一种观点歧视——一种违反第一修正案的特别极端形式。至关重要的是，在委员会案，委员会的威胁因与州的普通执法机构的联系而得到加强，书商们所害怕的是委员会的影响导致州提起刑事诉讼。对于特朗普的傲慢和自负，没有迹象表明，他意图利用联邦法律机构去侵扰或惩罚单膝下跪的 NFL 球员。假如有了这样的证据，他就是违反了第一修正案。如果特朗普意图激活联邦政府庞大的民事和规制设施的任何部分去报复 NFL 球员或者他们的雇主——因为他们的抗议，那么，结果也是一样——违反第一修正案。假设有迹象表明，特朗普利用他相当大的职权，与私人团体合谋以促进经济抵制，迫使 NFL 所有者制裁单膝下跪的球员，那么，他也违反了第一修正案。第一修正案禁止滥用职权来压制言论。因此，特朗普不能在椭圆办公室或者在任何其他的地方会见私人组织，凭借他的领导地位和职权认可进行合作，以名义上是"私人"的努力，去给 NFL 造成经济损失，以报复他认为可鄙的和不爱国的言论。[①]

　　然而，必须清楚地把这些情况区别于那些总统除了口头攻击私人言论之外什么都没做的情况，私人因此遭受的不利后果的损害来自于跟总统没有共谋的第三方。如果总统严厉谴责科学家出版著作中的观点——尼古丁跟癌症没有关系，假如这些科学家失去了商业机会或私人基金资助，抑或担任顾问的机会，要主张第一修正案保护发挥作用，是极其困难的。这种情况下，总统的言论就会被归类为政府言论。对于总统是否违反第一修正案的判断，在很大程度上依赖于任何针对他的诉讼中的事实认定，能不能证明特朗普正在使得美国的执法和规制机构承担责任？能不能证明他利用了职务的特权与

---

① See Robert Post, *Friends, Enemies, and Trump's First Amendment Violations*, TAKECAREBLOG. COM (Sept. 26, 2017), available at https://takecareblog. com/blog/friends-enemies-and-trump-s-irst-amendment-violations, last visited May 6, 2021.

私人组织共谋压制言论？如果回答是"yes"，那么总统就违反了宪法。[①]

按照珀斯特教授的思路来分析，仅凭特朗普总统的"开除"言论，很难构成"压制言论"或"惩罚球员"。问题是，特朗普总统有没有动用政府机构或滥用职权达到压制言论或惩罚球员目的的行为——有事实支持和证明，没有事实，则难以追究他违反第一修正案的责任。

不过，特朗普总统其后言论与 NFL 政策改变或许是一个"嫌疑事实"：特朗普总统 2017 年 10 月 10 日发布推文："为什么是不尊重我们国歌、国旗、国家的 NFL 获得大规模减税优待？改变税法！"面对这个要让联盟失去减税待遇的观点，NFL 总裁古德尔（Roger Goodell）随后发表了一个声明——与一个月之前的基调明显不同。一个月前针对特朗普总统"开除"言论，古德尔为抗议进行辩护，并在一个声明中还击特朗普："像这样的分裂性评论，表现出对 NFL 和我们所有运动员缺乏尊重。"此时，在致球队和球员的备忘录中，古德尔说，"我们相信，每个人都应该为国歌站立。这是我们比赛的重要时刻。"随后，特朗普赞扬了古德兰的要求，发推称："NEL 是时候最终要求所有球员为我们的国歌站立了。"但是，联盟和球队政策都没有要求球员为国歌站立，特朗普就在 2017 年余下的时间里连续发推文严厉指责 NEL。结果在 2018 年 5 月 23 日，NFL 发布了其国歌政策。政策要求所有球员为国歌站立，主要包括：比赛现场的所有球队和联盟人员都必须站立，并表现出对国旗和国歌的尊重；选择不为国歌站立的人员，可以呆在更衣室或场外的类似地点，直至国歌演奏完毕；俱乐部将被联盟罚款，如果其在比赛场地的人员没有站立和向国旗国歌表示尊重；总裁将对没有站立和向国旗国歌表示尊重的联盟

① See Robert Post, *Friends, Enemies, and Trump's First Amendment Violations*, TAKECAREBLOG. COM (Sept. 26, 2017), available at https://takecareblog.com/blog/friends-enemies-and-trump-s-irst-amendment-violations, last visited May 6, 2021.

人员实施适当纪律。后由于球员工会的反对，国歌政策没有恢复执行。[①]

如何认识上述事实呢？有学者认为，特朗普言论（包括推文）是对 NFL 出台限制球员言论自由政策的鼓励、诱导甚至胁迫，实现对言论的"外包审查"（outsourced censorship），应该被认定为促使或激励私人组织实施违反宪法的行为。[②] 这一认识具有一定合理性。从联邦最高法院的先例看，特朗普总统的推文难以构成滥用职权或动用法律力量，推文与 NFL 国歌政策之间存在一定关系，这种关系的紧密程度，远达不到政府行为原理的"关系牵连检测"——至少没有证据显示，特朗普在推文之外，还有"共谋"或强迫。推文中"改变税法！"一句的嫌疑最大，但没有发现特朗普进一步"改变"的行动，只能看作是观点的表达——应该改变税法，因为竟然给不尊重国歌的组织减税。换言之，一边不尊重国歌一边又享受国家给予的税收减免优惠待遇，这是不合理的。因此，特朗普总统的言论会被作为政府言论对待。

上面两个例子（假新闻、兔崽子）表明了总统言论自由在权利—权力关系上的多维空间。当可以追究的时候，是可以限制的权力；难以追究的时候，是什么呢？是权利还是权力？需要具体情况具体分析？这可能是总统言论自由的复杂性之所在。可以确定的是，仍然有一些言论，甚至很大一部分言论，是难以归入到第一修正案的限制范围的，游离于宪法约束之外。

（四）差异与层次

此处的"差序格局"的特殊性在于，在以身份不同相区别的主体差异上，言论自由的空间是不同的。从公民到总统，言论自由的范围

[①] See Haley Tuchman, *Outsourced Censorship*: *A Case for Judicial Revival of the State Action Doctrine's Encouragement Theory*, 93 S. CAL. L. REV. 1039 (2020).

[②] *Ibid.*

在整体上是越来越小的,如果细分的话,还可以在公民和总统之间,细分为公民——总统大选候选人——总统——总统＋总统大选候选人——卸任总统(公民),就言论自由受到的限制而言,公民受到的限制最小,总统受到的限制最大。与这种言论自由范围上由大到小的状态相反,对于言论自由所产生的责任的追究上或在责任的承担上,是由小到大的状态,这表现在,公民身份的言论自由的责任范围通常小于总统身份的言论自由的责任范围。

在总统言论自由的限制方面,公民受到限制的言论,总统也受到限制。比如,被法院案例排除的淫秽、煽动言论等等,这些被排除出第一修正案保护范围的言论,不因为是总统发表的,就属于第一修正案保护的范围。所以,在这个意义上,总统与一般公民没有差异。作为总统,无论是基于个人名义,还是基于政府名义,仍然存在诽谤、煽动的限制,责任者是总统自己。第一修正案禁止追究个人"诽谤"政府官员的责任,"纽约时报案"判决保护人民发表批评政府及其官员言论的权利,运用"实际恶意"标准裁判政府官员提出的诽谤诉讼,所以,官员通常不会胜诉。相反,当政府官员成为诽谤诉讼的被告时,"实际恶意"标准并不当然适用于审查这样的诽谤行为,这就意味着总统言论的诽谤责任的承担,并不比其他个人承担的风险小。实际是,总统批评个人,也批评其他政府机构或公职人员,这种批评一般不被认为与"诽谤"相关。比如,特朗普在推特上批评过法官:美利坚合众国啥时候要由一个联邦法官来确定政策了? 这是政府批评政府,通常不产生诽谤问题。

总统与公民的不同之处在于权力要素,即作为总统的职务要素考虑的言论自由的限制问题。法院对此作出区分,职务要素下的言论分为两大类:一是政府自身运行的言论,被归为政府言论。政府言论不受制于第一修正案的检验和约束,受制于民主过程;二是政府对于作为权利存在的言论自由的规制,此时,规制受到第一修正案的合宪性检验,通过检验则能存在,通不过检验就不能存在。

但是,由于总统身份的特殊性,总统在实际上享有的言论自由的空间要比其作为公民身份时大得多，这主要归因于四个方面的要素。一是政府言论。总统言论一旦被法院认定为政府言论，就不受制于第一修正案的约束——对总统的政府言论不适用，那么，总统说什么，都是他的自由，司法无法限制。当然，如果构成刑事责任和民事责任，仍然需要承担责任，但是对于没有诉诸法院的言论，法院无从进行司法审查。

二是有限度的豁免。尽管联邦最高法院没有对总统任职期间的刑事追责是否得到豁免给出明确判断，但是，迄今为止没有任何一位美国总统在职或离任后被追究刑事责任，无论是基于职务行为还是基于个人行为。对于职务行为，可以推断为是豁免的——豁免的概率很高。对于个人行为，则是不确定——也有可能性，问题是，联邦最高法院从来没有追究过，更没有针对总统的言论追究其刑事责任。总统职务豁免的存在，给了总统言论另外一层保护。

三是国会弹劾控制的非司法性。弹劾过程的政治性突出，尽管启动程序和审查标准适用等方面含有司法成分，但整体上是政治性的不是司法性的。尤其是，对于总统弹劾的目的在于使其去位，而不是要他承担刑责。所以，总统言论在事实上很难被追责。在美国，因一位总统的言论——双重身份：在任总统和总统候选人——而启动弹劾程序，也是历史上的第一次。问题在于，言论与行为不同，如何判断是一个难题（参看本章第二部分）。所以，结果是"总统说了就说了"，能奈他何？或就是无可奈何。

四是民主过程约束的"弹性"。与普通公民直接受制于法治程序不同，比如，一个普通公民在集会上进行煽动，可能直接被警察抓捕；总统不一样，警察通常不能抓捕总统——不排除特殊情形。但是，总统作为民选官员、政治家，受到民选过程、选民的约束，客观上使得总统言论受到控制，这又区别于普通公民。从美国历史看，总统作为政治家，言论受到基本礼貌的约束，还受到对于选民能够接受什么样的政策考虑的约束。因此，尽管基于民主过程的选举言论，通常不受制于司法过程，但总统仍然会特别在意自己的表达。比如，奥巴马总统在发表言论时，似乎就很在意避免引起某些特殊选民的反感或不去冒犯这些选民。但是,凡事皆有例外。特朗普总统,无论是在竞选之时还是在任期间,都毫无顾忌,想说什么说什么。没有顾忌,就会信口开河。以至于他认为自己受到了很大限制(比如推特封号),实际上受到的限制最少。

这里的焦点是,总统言论事实上造成了言论自由理论禁止的损害,但是,在实际上又不能对其施加法律责任。这样的状态跟《通信规范法》第230条豁免条款引起的平台控制言论的结果,多少存在相似之处:平台限制用户言论自由,但不承担宪法上限制言论自由的责任。这可以理解为法律或宪法所能作用到的领域总是有"漏洞"的——难以排除也没有弥补的特殊必要性,因为排除或弥补的结果有可能带来更大的损害。在这个意义上,总统,是这个国家言论最自由的人,作为总统的公民与作为公民的公民,存在差异。说总统言论自由受到的保护程度是最高的,也不算夸张。总统的言论自由可以认为是言论自由的"另类"或者第一修正案的"例外"。

总结这一部分的讨论,可以将总统言论自由的差序格局用下列图示说明,图6-1是理论上的差序格局状态;图6-2是实际上的差序格局状态。

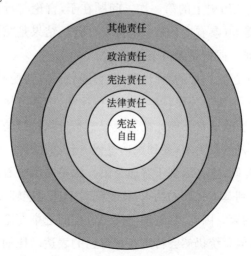

图6-1　理论上总统言论自由差序格局

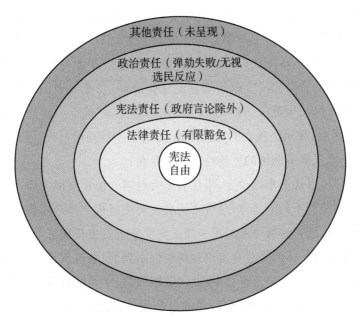

图6-2 实际上总统言论自由差序格局

四、言论自由的"另类"?

在美国宪法体制下,相较于国会议员、联邦法院法官,总统被认为是所有联邦公职人员中最为重要的一个。总统言论的影响力也最不容忽视。由以上讨论可知,特朗普总统言论所引发的诉讼,无论是胜诉还是败诉,抑或是否进入了诉讼过程,都给第一修正案带来了前所未有的冲击与影响。反思这些案件和事件,我们能够从中看出总统的言论自由的一般性、特殊性。就形式、内容以及冲击力、影响力而言,总统言论自由足以称作言论自由的"另类",也可以说是充满挑战的、复杂的言论自由新问题。

上述总统言论自由在现阶段的种种现象,需要认真对待和反思。

法院一直是认真的。从代表性总统言论案件的裁判情况看,法院固守第一修正案底线的坚持没有改变。在案件裁判中,法院没有因为当事人是总统——或总统候选人——而有所不同。在制度层面,总统不能在形式上对第一修正案有多大影响。总统不得凌驾于宪法之上,是基本宪法原则,总统不能借故将批评者关起来,或者改变保护不同意见和民主政策表达的法律原理,总统或者国会议员也不能把诽谤法规范拉回到 1964 年"纽约时报案"确立的宪法水准之下。[①] 因此,在司法独立的宪法体制下,总统干预司法过程、以至于改变第一修正案案例法的可能性几乎不存在。

但是,形式上难以改变,不代表不会对第一修正案的实质产生影响,在司法管不到的地方,总统言论会在司法过程之外产生影响。这意味着,总统言论有可能对第一修正案实质上造成负面影响,但是法院无能为力——因为总有言论是司法管不到的,总统言论尤其如此。在这个意义上,总统言论自由的"问题域"超出了司法过程。换言之,总统的言论自由引发的问题,司法过程能够解决的只是其中的一部分,剩余的部分不是司法所能解决的。也正因为如此,总统的言论自由往往在司法之外产生效应。关键在于,当司法过程不能解决总统言论自由的所有问题的时候,总统言论自由的空间在一定程度上就是"不可测"的:有些问题可以通过政治过程来处理,比如选举和弹劾;但仍然有选举和弹劾处理不到的问题,留给了整个社会或者国家。因此,如果说总统言论自由在司法过程是可控的,那么在司法过程之外就是不可控的。当这样的不可控恰好又是由一位特殊的总统比如特朗普总统的言论所引发,其言论的效应——无论正负——就是难以估量的。

有学者指出,尽管难以改变言论自由制度,但是,作为官员的权力给了总统能力来动摇基础——破坏法律理论赖以存在的一些机构。[②] 比如,言论自由理论建立在(新闻)媒介的充分发展的基础上,

① See Neil Richards, *Free Speech and the Twitter Presidency*, 2017 U. ILL. L. REV. ONLINE [1] (2017).
② *Ibid.*

没有媒介无所谓新闻自由，对于媒介的破坏，就动摇了言论自由理论的基础。我们看到有人（特朗普总统）试图通过攻击新闻界来做到这一点，总统称媒介是"人民的敌人"；而对一个独立的法官，他称作"活动家"和"政治活动家"；"假新闻"和"另类事实"概念本身，就表明了对于真相的某种攻击。因此，总统不能在形式上损害第一修正案，却站在了损害"没有拘束的、富有活力的、视野开放的"公共辩论所赖以存在的机构的立场上。① 这种观点似乎有些"危言耸听"，却不是空穴来风。它警示我们思考第一修正案得以存在的基础——无论是机构上的，还是人员上的。这是另类总统的另类言论带来的警示。当我们习惯于政府官员的动辄得咎——言论自由语境中的官员是第一修正控制的对象，对于另类官员特朗普总统的一系列言论——是不适应的。特别是，当这些言论不被司法过程所控制，而又在事实上突破了言论自由的底线，这种损害难以评估。当"假新闻"一词被"用来破坏批评特朗普的任何人或任何报道的可信度"，②就构成对媒介的谴责和抨击，在强势的总统权力面前，"失败的"是媒介而不是总统。③ 总统的谴责、抨击造成了媒介某种实际上的危机：在传统上被认为是思想市场的参与者的媒介，还有多少值得信任之处？是否还具有民主社会参与公共讨论和公共辩论的能力？如果这些媒介的能力丧失，那么，言论自由理论存在的基础就遭到了破坏。

　　对总统在社交媒体上针对媒介的谴责，提出宪法挑战，会存在困难，令人望而却步。④ 换言之，就诉讼救济而言，特朗普总统对于

---

① See Neil Richards, *Free Speech and the Twitter Presidency*, 2017 U. ILL. L. REV. ONLINE[1] (2017).

② Terri R. Day & Danielle Weatherby, *Shackled Speech: How President Trump's Treatment of the Press and the Citizen-Critic Undermines the Central Meaning of the First Amendment*, 23 Lewis & CLARK L. REV. 311 (2019).

③ See Frank D. Lomonte & Linda Riedemann Norbut, *Failing New York Times v. Trump: Is There a First Amendment Claim for Official Condemnation by Tweet*, 33 COMM. LAW. 1 (2018).

④ *Ibid*.

新闻媒介的指责——假新闻,作为媒介很难通过司法过程获得救济。但是,这种言论本身给媒介和言论环境带来了影响。对此,一个深刻的评论是:"这不是言论违反了宪法的问题,而是它违反了公民社会的原则,在这里,未经证实的虚假和捏造指控,降低了公共话语的价值。"①质言之,最为严重的损害,是对于第一修正案本质的背离。珀斯特教授指出,特朗普总统给言论和新闻自由造成了前所未有的威胁,我们如何用受法律保护的方式,去对抗特朗普利用"霸道讲坛"(bully podium)发表的言论,②是一个问题。或许可以说,言论自由真正的危机出现在司法的尽头。

特朗普政府与媒介关系最为离奇的情节之一,是所谓"另类事实"(Alternative facts)一词的诞生和流行。总统顾问康威(Kellyanne Conway)在 2017 年 1 月 22 日接受美国全国广播公司(NBC)记者托德(Chuck Todd)采访过程中,针对之前白宫新闻秘书斯派塞(Sean Spicer)关于特朗普总统就职典礼出席人数上的表述错误,托德提问:为什么斯派塞会"说一个很容易被证实的假话?",康威辩护道:"斯派塞只是简单地给出了另类事实"。③ 有评论指出,特朗普团队及其支持者面对记者指出他们的错误时作如此回应——真相不必一定要黑白分明或根本不是什么大事,已经

---

① Frank D. Lomonte & Linda Riedemann Norbut, *Failing New York Times v. Trump*: *Is There a First Amendment Claim for Official Condemnation by Tweet*, 33 COMM. LAW. 1 (2018).

② See Robert Post, *Friends, Enemies, and Trump's First Amendment Violations*, TAKECAREBLOG. COM (Sept. 26, 2017), available at https://takecareblog. com/blog/friends-enemies-and-trump-s-irst-amendment-violations, last visited May 6, 2021.

③ See Eric Bradner, Conway: *Trump White House Offered "Alternative Facts" on Crowd Size*, CNN (Jan. 23, 2017), http://www. cnn. com/2017/01/22/politics/kellyanne-conway-alternative-facts/[https://perma. cc/67JJ-2NPR], Cf. S. I. Strong, *Alternative Facts and the Post-Truth Society: Meeting the Challenge*, 165 U. PA. L. REV. ONLINE 137 (2016 – 2017).

不是第一次。"另类事实"已然成了行政机构忽视真相的正当理由，似乎代表了对真相的排斥。对此，有学者将这种状况与《一九八四》相提并论，认为："限制真实信息的获取和散布错误信息，是极权政府统治的两条危险的途径。事实上，如此重写历史和控制信息通道，正是奥威尔在其反乌托邦小说《一九八四》中描述的类型。"[1]从这个角度看，这类观点的出现就不足为奇了：《一九八四》可以解码特朗普第一个执政百日，因为其与特朗普政府之间存在相似之处。[2]

"另类事实"一词被媒体描述成了"奥威尔式"(Orwellian)用语，一时间引发了《一九八四》的购买和阅读狂潮，在托德对康威访谈后的四天内，该书销量上升了 9500％。这可能是个意外的"促销"结果。不意外的是，在一个民主社会，民众对于言论自由的关注度超乎想象，言论自由是民众关切的，只要有一点疑问，就会想到要去了解究竟。"另类事实"也被认为是特朗普总统及政府与新闻媒介关系的另外一个"关键词"。对此，有学者深刻反思道："2017 年总统典礼之后，'另类事实'被推向世界，这个术语迅速成为一种特定信仰表达意愿的同义语——以完全无知或完全无视事实的方式。大众和政治领域另类事实的发生率越来越高，这给律师、法官、立法者和任何一个对审议式民主感兴趣的人，制造了一个关键难题，因为尚不清楚的是：如果经验证据没有了说服力价值，理性辩论如

---

① Terri R. Day & Danielle Weatherby, *Shackled Speech：How President Trump's Treatment of the Press and the Citizen-Critic Undermines the Central Meaning of the First Amendment*, 23 Lewis & CLARK L. REV. 311 (2019).

② See Alexander J. Urbelis, *How '1984' Can Decode Trump's First 100 Days*, CNN (Jan. 31, 2017), https://www.cnn.com/2017/01/31/opinions/why-we-read-i 984-urbelis-opinion/index.html. Cf. Terri R. Day & Danielle Weatherby, *Shackled Speech：How President Trump's Treatment of the Press and the Citizen-Critic Undermines the Central Meaning of the First Amendment*, 23 Lewis & CLARK L. REV. 311 (2019).

何进行。"①换言之，这与公共辩论的传统观念相悖，是对公共辩论的根基的损害，几近颠覆性的损害。"在今天的政治对话中，我们只相信我们想要相信的。客观事实——虽然也许总是难以捉摸，现在已经是濒临灭绝的物种"。② 这或许是所谓"后真相"（post-truth）时代的最大问题。

---

① S. I. Strong, *Alternative Facts and the Post-Truth Society*: *Meeting the Challenge*, 165 U. PA. L. REV. ONLINE 137 (2016–2017).

② Allison Orr Larsen, *Constitutional Law in an Age of Alternative Facts*, 93 N. Y. U. L. REV. 175 (2018).

第七章 ⬤ 挑战—回应模式下的第一修正案

历史地看,第一修正案理论和实践的发展历程,充满着时代的印记,展现出不同社会需要背景下的法治演进脉络及其宪法变迁轨迹。在这个意义上,第一修正案案例法也是在"挑战—回应"(challenge-response)模式下前行的。那么,面对新时代及其新考验,特别是前所未有的新技术发展带来的社会新变革和折射到法律领域的新难题——推特社交媒体平台言论自由问题的复杂性即是数字技术时代的宪法产物,第一修正案在多大程度上必须"维续",又在多大程度上需要"创造"呢?对于这个问题的思考,借助于库恩(Thomas S. Kuhn)的"范式理论"是有益的。第一修正案与生俱来的范式意象,决定了引入范式理论进行解说和分析具有方法论上的优势。本章即尝试对此进行探讨。

一、技术与言论

19世纪末期以来,几乎每一种新技术的出现,都会在言论自由领域得到反映。司法过程中法院对于新的表达方式的确认,形成了技术与言论之间的案例法演化关系。表7-1是对部分案件的总结。

表7-1　部分技术与言论关系案件

序号	案件名称	言论自由领域
1	United States v. Paramount Pictures，334 U. S. 131 (1948).	moving pictures(电影)
2	Joseph Burstyn, Inc. v. Wilson，343 U. S. 495 (1952).	expression by means of motion pictures(电影表达)
3	Red Lion Broadcasting Co. v. FCC，395 U. S. 367 (1969).	broadcast(广播)
4	Sable Communications of Cal., Inc. v. FCC，492 U. S. 115 (1989).	commercial telephone messages (商业电报信息)
5	Denver Area Educational. Telecommunications Consortium, Inc. v. FCC，518 U. S. 727 (1996).	cable television(有线电视)
6	Reno v. American Civil Liberties Union，521 U. S. 844 (1997).	communications on the Internet (互联网交流)
7	Brown v. Entertainment Merchants Association，564 U. S. 786 (2011).	video games(电子游戏)
8	Sorrell v. IMS Health, Inc.，564 U. S. 552 (2011).	the creation and dissemination of information(信息制造与传播)
9	Jian Zhang v. Baidu. com, Inc.，10 F. Supp. 3d 433 (S. D. N. Y. 2014).	Chatbot's editorial judgement & results (聊天机器人的编辑判断和结果)
10	Packingham v. North Carolina，137 S. Ct. 1730 (2017).	cyberspace, particularly social media (网络空间,特别是社交媒体)

从整体上看,司法裁判,与立法过程和执法活动一样,会不可避免地对技术的革新和发展作出回应。在美国法的历史上,司法应对具有自身的特点和优势。这方面的范例当属"隐私权"的由来。今天,我们对于隐私权已经不陌生,其不仅是侵权法概念,也是宪法概

念,但是,隐私作为权利受保护不是从来就有的。130 年前,沃伦(Samuel D. Warren)和布兰代斯(Louis D. Brandeis,后来成为联邦最高法院法官)最早提出了隐私权这个概念,标志是二人合作完成的《论隐私权》一文在《哈佛法律评论》上公开发表。[1] 他们撰写此文的直接动因是:报纸成为彼时传播最广的媒介,报纸上的花边新闻,常常成为普通民众茶余饭后的谈资,沃伦夫人也未能幸免成了话题中心。出于激愤和正义,也是出于法律专业人士的敏锐思维,他们提出和论证了"隐私权"范畴及普通法体系下的保护路径。[2] 其实,这也可以看作是普通法(侵权法)应对新技术产生的新问题的新思路,当传统司法原理难以保护新媒介下的权利侵害的结果救济时,新的侵权法司法规则就应运而生了。在某种程度上,隐私权是技术—言论关系发展的司法结果。具体来说,技术与言论的关系,也是技术与权利的关系。技术本身不具有法律意义,但是技术所产生的后果——人对于技术运用产生的影响,主要表现为自由或权利的行使、权利的损害,具有法律意义。此时,司法的回应是针对权利或自由的,不是直接针对技术的。所以,技术本身不是问题的关键,权利行使、权利救济,才是关键。隐私权的保护,体现了美国司法过程与时俱进的能力,以及普通法的韧性特点。

言论自由问题的特殊性在于,技术与言论的方式存在关联性,而且每一种技术所对应的言论方式都具有自身的特点,也给司法裁判带来不同的挑战。

从表 7-1 看,言论自由条款已经发展到包括电影、广播、电视、电子游戏、互联网等技术手段所产生的言论,通过这些方式的表达均属于言论自由的范围,受第一修正案保护。比如,在 2011 年 Brown案,[3]联邦最高法院认定电子游戏符合第一修正案保护条件。法院指

---

[1] See Samuel D. Warren & Louis D. Brandeis, *Right to Privacy*, 4 HARV. L. REV. 193 (1890-1891).

[2] *Ibid*.

[3] Brown v. Entertainment Merchants Association, 564 U. S. 786 (2011).

出，言论自由条款的存在主要是为了保护公共事务的讨论，但是，我们已经长期认识到，把政治从娱乐中区分出来，是困难的，而且试图如此区分也是危险的。正如之前受保护的书籍、戏剧和电影一样，电子游戏交流思想甚至社交信息——通过许多熟悉的文学手段（比如人物、对话、情节和音乐），并通过独特的媒体特征（比如玩家与虚拟世界的互动）。这足以给予第一修正案的保护。在 Jian Zhang 案，①联邦地区法院确认，聊天（对话）机器人编辑判断和结果满足"言论"要求，有资格作为言论即构成言论自由条款保护的言论。在 Sorrell 案，②联邦最高法院判决，信息的创造和传播是第一修正案意义上的言论。事实（fact），是大部分言论的起点或出发点，这对促进人类知识的发展和展开人文领域的研究至关重要。如前所述，2017年，联邦最高法院在 Packingham 案中，③将互联网空间特别是社交媒体的表达也纳入到了第一修正案的保护范围。

当然，"每一种表达的媒介，都会有它们自己的问题。因此，一些案件已经明确：对于规制广播媒介的特殊司法原理，不能适用于其他的发言者"。④ 比如，在有关广播规制案件中，⑤法院依靠的是大量政府规制广播媒介的历史，开始时可用频率的稀缺性，⑥以及它的"可侵入"特性，⑦这些要素体现了第一修正案司法原理随着技术进步而不断发展的过程。对于互联网空间而言，"稀缺性"和"可侵入"特点并不突出，显然不能将这些要素套用到互联网言论规制及其合宪性判断中。如杰克逊大法官（Justice Jackson）所言，"电影屏幕、收音机、报纸、传单小广告、声音卡车和街头演说家，都有不同的特性、价值、

① Jian Zhang v. Baidu. com, Inc., 10 F. Supp. 3d 433 (S. D. N. Y. 2011).
② Sorrell v. IMS Health, Inc., 564 U. S. 552 (2011).
③ Packingham v. North Carolina, 137 S. Ct. 1730 (2017).
④ Southeastern Promotions, Ltd. v. Conrad, 420 U. S. 546 (1975).
⑤ Red Lion Broadcasting Co. v. FCC, 395 U. S. 367 (1969); FCC v. Pacifica Foundation, 438 U. S. 726 (1978).
⑥ Turner Broadcasting System, Inc. v. FCC, 512 U. S. 622 (1994).
⑦ Sable Communications of Cal., Inc. v. FCC, 492 U. S. 115 (1989).

滥用和危险。每一个……都指向自身的特殊法则。"①随着 20 世纪规制国家的到来，联邦最高法院采取的立场是："新媒介特征的差异，证明适用于它们的第一修正案标准存在差异"，②就此形成了不同的标准，确立了对于电影、广播、有线电视、电话通信、互联网不同的保护层次。对第一修正案的这一解释路径，引导联邦最高法院以三步过程（three-step process）回应每一种新型交流媒介的出现：首先，作为门槛问题，它决定媒介是否受到宪法的保护；其次，它确立适用于特定技术的宪法豁免层次；最后，随着各种媒介被社会所接受消化，它决定它以前的分析是否应该被修改。③

　　联邦最高法院指出，不管宪法适用于不断进步的技术之中会有什么样的挑战，当新的不同的交流媒介出现之时，言论和新闻自由的基本原则不会改变。④ 这些原则中最为基本的是，"一般来说，政府没有权力去限制表达，因为它的信息、它的思想、它的主题或者它的内容"。⑤ 当然也有例外，"从 1791 年到现在，第一修正案已经允许对一些有限领域的言论的内容进行限制，从未包括无视这些传统限制的自由"。⑥ 这些受到的限制的领域，比如淫秽、煽动和好战言辞，属于定义明确且范围狭窄的言论类别，对这些言论的阻止和惩罚，从来不被认为会引起任何宪法问题。⑦ 即便如此，立法也不能简单地通过衡量或平衡特别类型的价值与其社会成本，创造新的不受保护言论的类型。⑧ 这说明，法院对于言论的限度判断——比如决定某些类型不

① Kovacs v. Cooper, 336 U. S. 77 (1949).

② Red Lion Broadcasting Co. v. FCC, 395 U. S. 367 (1969).

③ See Robert Corn-Revere, *The First Amendment and the Electronic Media*, FIRSTAMENDMENT CTR. （Nov. 20, 2002）, http://www. firstamendmentcenter. org/internet-first-amendment-overview [http://perma. cc/QNU3-CPUF], last visited May 6, 2021.

④ Joseph Burstyn, Inc. v. Wilson, 343 U. S. 495 (1952).

⑤ Ashcroft v. American Civil Liberties Union, 535 U. S. 564 (2002).

⑥ United States v. Stevens, 559 U. S. 460 (2010).

⑦ Brown v. Entertainment Merchants Association, 564 U. S. 786 (2011).

⑧ Ashcroft v. American Civil Liberties Union, 535 U. S. 564 (2004).

受言论自由保护,并不意味着国会有权通过立法确定新的不受保护的类型。

从上述案例法的发展来看,技术在言论自由领域从不缺席。技术与言论的关系表明,"新技术"通常对应了"新言论"或"新的言论方式"。迄今为止,联邦最高法院在言论自由案例法中,将技术作为要素来对待,技术革新直接带来言论范围、领域和方式的扩展。这种将技术作为要素吸纳的思路,是将技术这个手段或方式对言论所产生的作用和影响,纳入到第一修正案的原理之中。在这里,第一修正案原理仅仅把技术看作手段,跟受保护的书籍、游戏、电影、电子游戏等手段一样,第一修正案的基本原则没有改变。司法过程的主导性体现在:技术是可以被吸纳到现有原理之中来的,无须改变或过多改变先例,就可以应对和处理新的技术问题。言论保护范围的扩展成为言论自由案件的显著特点,每一次扩展,都在形式上丰富了言论——内容、形式、类型等等,也丰富了言论自由原理。而且,在每一次的扩展过程中,法院总是将技术等新的要素加以选择、衡量和判断,寻找到与以往先例、决定和原理的契合之处,由此丰富第一修正案体系。对于不断扩展的言论范围,也有学者认为:"形式上的扩展的同时,是核心层面的威胁。"[①]这相当于是一种提醒:言论自由不可"得形忘意"。

二、数字技术改变了什么

由以上讨论可知,在处理技术与言论的关系问题上,联邦最高法院(也包括联邦下级法院和州法院)一直游刃有余。这样说,没有任何贬义,因为,法院必须面对争诉,辨明是非、实现正义。尽管如此,近30年来数字技术发展所引发的种种变化,使得基本成型于20世纪50—60年代的言论自由法律框架面临前所未有的考验,法院是否

---

① Morgan N. Weiland, *Expanding the Periphery and Threatening the Core: The Ascendant Libertarian Speech Tradition*, 69 Stan. L. REV. 1389 (2017).

能够始终从容应对，备受关注。在当今这个技术控制的时代，新技术革命是社会变革的先声和条件。以推特等网络社交媒体为代表的现代数字技术出现及其发展甚至膨胀，使得信息传播方式和效果发生了根本性改变，也使得言论自由领域的问题更加复杂和棘手。对此，有学者提出了互联网例外主义——对待以网络为载体的数字技术，法律——包括言论自由法——不能再延续之前的做法，因为太不一样了。① 那么，数字技术到底给言论自由产生了什么样的不同于过往的影响呢？

（一）言论的技术控制——思想自由市场的式微

数字技术改变了言论的社会状态和条件，给普通人带来更多言论机会和途径，使得言论自由的价值——价值互动、大众参与以及修改和转换的能力——得以在更大的、更便捷的对话空间及其功能作用下充分实现。然而，技术是把双刃剑，在繁荣言论的同时，也给言论自由造成伤害。一个突出的技术现象是，大技术公司对于其社交媒体平台的控制，事实上使得言论的自由传播受到限制，自由讨论、公共话题的对话、选举信息的传播等等，都受到影响。

现代科技的发展，改变了言论的方式、表达的途径，没有改变言论自由对于民主的实质意义。无论是什么样的表达方式，言论自由的体制性功能不会改变。言论自由是公民参与国家管理的基本形式，言论自由是维护自由民主的制度条件：没有言论自由，其它自由就得不到有效保障；言论自由是民主政治的前提，否则信息得不到有效的交流，选民不可能作出理性选择。因此，保护言论自由就是保护民主制度。数字技术给言论自由带来的影响，也影响到民主政治，在这个意义上，技术与民主之间的关联性就产生了，其中介是言论。"技术—言论—民主"的内在关联，使得任何技术缺陷都会在民主的

---

① See Mark Tushnet, *Internet Exceptionalism: An Overview from General Constitutional Law*, 56 WM. & MARY L. REV. 1637 (2015).

框架下或背景下被放大，成为重大弊端。

民主制度最不能容忍的，就是言论的不自由，而技术垄断恰恰危及到了言论自由。在技术、言论与民主的关系上，呈现出得技术者得天下、得新媒体者得天下的状态。因为通过垄断技术就可以垄断话语权，技术控制意味着掌控对话，成为赤裸裸的"数字暴政"，言论自由和民主政治受到损害。"网络平台高度集中的权力，就像是放在桌子上的一个上了膛的武器"，[1]这种控制实质性地威胁到了言论自由的基础，"第一修正案设想的是一个思想的市场，在那里，是竞争，不是规制，保护了公共对话。然而，在大型平台这个放大、控制、对准政治信息的世界，思想市场垮掉了"。[2] 因此，要从大公司的技术垄断中拯救民主，在科技中保护民主，必须终结大技术公司的垄断。

然而，对于大技术公司的政府规制及其宪法限度或边界在哪里，不是一个简单的问题。法院个案裁判的路径，在多大程度能够缓和技术—言论—民主之间的关系，使得它们处于良性的互动之中，是一个考验。一个显著的例子是，大技术公司的网络平台封号行为，排除了个体通过平台账号参与公共对话的机会。这是垄断的突出表现。那么，法院能够强制性地要求平台恢复被封杀的账号吗？这正是特朗普起诉推特公司时所提出的诉求之一。很显然，在现有言论自由规则体系之下，法院无能为力。

（二）言论自由的"矛盾"困局——责任与权力的错位

在言论自由研究中，"矛"与"盾"的比喻具有深刻影响。"就和任何个人权利问题一样，我们可把第 1 修正案的言论自由保障想象为公民的'盾'，而把宪法允许的必要限制权力设想为政府的'矛'。因此，法院需要探讨的中心问题是：公民的第 1 修正案之'盾'究竟包含

---

[1] Francis Fukuyama, Barak Richman & Ashish Goel, *How to Save Democracy from Technology*：*Ending Big Tech's Information Monopoly*，100 FOREIGN AFF. 98 (2021).

[2] *Ibid*.

多大范围的言论自由、且这块盾牌究竟多么坚固，来抵御政府出于实际需要而控制或惩罚言论的'矛'。显然，世上既没有'物无不陷'的矛，也不存在'物莫能陷'的盾。言论自由及其限制权力也是如此。'矛''盾'交锋、何者取胜，必然取决于社会的法治传统以及实际需要"。[①] 此处对于矛、盾的讨论，阐释了经典言论自由理论下的宪法、政府、个人关系：个人利用宪法，来对抗政府的侵入。

然而，数字时代，"矛盾说"陷入困局。言论自由的矛、盾异位，显示出技术手段下言论自由宪法关系的复杂态势。

言论自由作为盾的比喻，在于说明，言论自由本身并不具有权力的因素——基于传统认识，个人的权利或自由，不具有像权力——政府权力——一样的强制力，因而是没有进攻性的"防守型"权利，言论自由也可以看作是一个"守势条款"。第一修正案的意义在于对抗政府，而非对抗私人。但是，当私人在言论自由过程中成为控制或主导性的一方，问题就出现了。一直以来，政府被认为是对言论自由最大、最严重的侵害者，所以受到宪法控制，而这种侵害来自于私人，则不受宪法控制。当政府手中之矛变成了私人手中之矛，后者不受制于第一修正案约束，私人之盾难以抵挡——因为缺少了宪法防线，特别是在私人间处于事实上的不对等地位之时。简言之，政府之矛变成了公民之矛，传统的政府之矛与公民之盾关系，变成了公民之矛对抗公民之盾。

这并非是预设或者假定，而是现实。数字时代的言论自由，直接置换了经典理论中的"矛、盾人设"。巴尔金（Jack M. Balkin）教授指出，"我看到一些迹象表明我们正朝着这个方向前进。我们的政治和经济体系如何为数字公共领域买单，一种看似无限的言论自由，以换取权利、监视和控制终端用户。但不是你所期望的角色，第一修正案与保护网上言论自由越来越无关。我们在线讲话的实际能力很大程度上依赖于一个数字通信基础设施：宽带公司、域名注册商和注册

—————————————

① 张千帆：《美国联邦宪法》，法律出版社 2011 年版，第 346 页。

处、静态网站托管功能、缓存和安全服务、搜索引擎和社交媒体公司。"[1]而这些设施为私人而非政府拥有和运作，在绝大多数情况下，给表达提供数据设施的经营者，不是受制于第一修正案约束的公权力主体。"如果我们要从数字媒体公司的过度行为中保护人民的隐私和言论自由，第一修正案不会是我们的主要防线……第一修正案是相关的，但方式不同。它会是试图规制私人设施所有者以保护用户言论自由和隐私立法的潜在障碍。网络中立性规制侵犯了宽带公司的言论自由权利。另外一个例子是，限制社交媒体公司使用、传播或者出售消费者数据——它们在运作过程中收集到的，违反了第一修正案，因为数据是言论或知识，限制其使用、传播或出售是违反宪法的"。[2] 比如，在 Sorrell 案，法院推翻了佛蒙特州法律限制医生处方记录的出售和披露的规定。[3]

在这个意义上，对于言论自由进行保护的言论自由条款，成了限制言论自由的条款，走向了其立场和价值的对立面。私人主体对言论实施了事实上的限制，但是，第一修正案要求不得限制私人，在私人对抗私人的过程中，处于弱势的个体，被居于优势地位的社交媒体所控制。这时，如何思考第一修正案？这里存在两个思路，一是政府行为，二是言论自由价值，二者相互关联。政府行为原理的目的之一，在于对抗政府。政府居于优势地位，其强制力使得个体没有任何能力去抗衡，所以，必须防止政府对于言论的压制；与此同时，对于言论压制的防止，是为了让言论有机会充分发表，以繁荣言论市场，形成竞争态势，由人民进行选择。问题在于，不是政府的大公司，却拥有了比政府控制力更强的力量，可以决定社交媒体上的言论的发表，包括时间、地点、方式，甚至完全不给发言者发言的机会。"由联邦最高法院解释的第一修正案，可能对确保实际说话能力没有什么帮

---

① Jack M. Balkin, *The First Amendment in the Second Gilded Age*, 66 BUFF. L. REV. 979 (2018).

② *Ibid.*

③ Sorrell v. IMS Health, Inc., 564 U. S. 552 (2011).

助——通过私人所有的数据交流设备。在某些情况下，联邦最高法院创造的第一修正案原理甚至可能是一个积极的障碍"。[①]

更加突出的是，言论自由之矛来自大技术公司，言论自由之盾保护大技术公司。就言论自由的基础或前提而言，是以承认人民的判断力为前提的，所以，不需要政府来给出好或者坏的结论，引导判断，更不能由政府来垄断真理或者正确思想。那么，互联网平台在多大程度上代替了政府做这些事情而不用承担宪法上的责任？这是不是政府转移权力的方式或者途径？即政府不得禁止，但私人公司禁止，则无关政府，也无关第一修正案的言论自由？在现有规则下，互联网平台不承担宪法责任，只可能承担法律责任，作为受到控制的个体，可以挑战平台是不是违反了法律，而无法挑战平台是不是违反了宪法。尤其是，当立法对于平台的法律责任的规定也非常宽松的时候，比如《通信规范法》第 230 条豁免规则，个人对抗平台的法律空间就更小了。从另外一个方面看，第 230 条的豁免又是对于平台的言论自由的保护，因为政府不得强迫私主体如何应对言论和处理信息。这可能是问题的核心点。

因此，言论自由的盾和矛今天似乎指向了不同的方向。以保护言论自由为己任的第一修正案，站到了言论自由的对立面，变成了数字时代言论自由的障碍。这不能不说是一种反讽。值得思考的是，言论自由的敌人是技术还是制度？当我们反对言论的技术控制时，第一个被谴责的要素就是技术，然而，技术难道不是人类的创造物吗？

（三）技术制成品的言论——言论主体性的稀释

技术对于言论和发言者的影响和控制是全方位的。技术是言论的手段，又是发言者的稀释剂。

"在今天的数字公共领域，个体除了加入到网络平台几乎别无选

[①] Jack M. Balkin, *The First Amendment in the Second Gilded Age*, 66 BUFF. L. REV. 979 (2018).

择。网络平台的设计选择决定了什么是可能的,内容政策影响了什么是允许的,个性化算法决定了什么是可见的。确保在线内容适度,已经成为 21 世纪言论自由最紧迫的挑战之一"。① 与此同时,通过确立和执行私人治理规则——调整网络交流思想和信息的方式,今天最大的平台成了"在线言论的治理者""公共领域的监护人"和"公共文化的服务员"。② 数字技术成为个人发表言论须臾离不开的手段,由此可见个人对于技术的高度依赖。

不仅如此,第一修正案的预设或前提是,每个人都作为自立、自主、自治的个体来对待,这样的个人是有生命的思考者。当机器人的言论也有望纳入到言论的范围,当人工智能等数字技术成果(制造物)成为发言者,传统预设的"个人"还是不是"人"?发言者扩展至技术创造物,是否构成了言论主体的去人格化?正如有学者指出的,保护"强人工智能"(Strong Artificial Intelligence)言论的最大障碍是,是否主张人性对第一修正案权利是重要的或应该重要。③ 实际上,当我们思考,权利本身所保护的对象——享有权利的人——是否可以被替代时,法律革命就真的来临了。20 世纪环境法的初创时期,学界一度争论的问题是,环境、生物是不是权利主体?还是被保护的对象?人的主体性,是不是应该被修正?今天的问题是,人工智能,人类的技术创造物,是不是也有言论自由?相较于技术带来的垄断,这个问题可能是更严重和更实质性的。

当代技术发展,特别是进入数字时代以网络社交媒体作为载体的交流形式,给人类带来了福祉。20 多年前,互联网兴起时代,有人形象地说,没有人知道在互联网上的是不是一条狗。今天,互联网传

---

① Barrie Sander, *Freedom of Expression in the Age of Online Platforms*:*The Promise and Pitfalls of a Human Rights-Based Approach to Content Moderation*, 43 FORDHAM INT'l L. J. 939 (2020).

② *Ibid*.

③ See Toni M. Massaro, Helen Norton & Margot E. Kaminski, *SIRI-OUSLY 2.0*:*What Artificial Intelligence Reveals about the First Amendment*, 101 MINN. L. REV. 2481 (2017).

播的快捷,带来信息的爆炸、过剩,甚至是负效应——比如对于隐私等权利的损害,数字形式言论的"秒闪""秒删""秒杀"成为常态——没有人知道下一秒的世界是什么样子。如果沿用那个比喻,我们可以说,你不知道那一端是一个生命体(狗,是生命),还是一个机器,比如聊天机器人。

　　作为数字技术的成果,机器在代替人工的同时,在思维上也影响人类。机器人是算法的汇集,人类思维也被算法所左右,信息爆炸和运算,甚至使得人类自身也成了算法的一部分,是信息的一部分,分不清是主体还是工具,抑或人又是主体又是工具。所以,你不知道那一端是不是一个聊天机器人,甚至,就连这一端的你——这个技术发明者、人类中的一分子——也是聊天机器人:虽然你仍然是一个有血有肉的生物体,但是,思维已经很大程度上依赖信息,主动和被动获得的信息,算法对你的指引、诱导,甚至是控制,使得人与机器难以区分。你在互联网上的所有行为,留下的印迹,都会成为算法对于整体的推定的要素——喜好、关注、倾向,等等,不经意地一搜,就成为算法"喂食"信息的导引。质言之,你将不再是你,或者,不再完全是你,你作为思维主体,受制于互联网信息对于你的控制。你的自主性受到前所未有的挑战。这可能足以动摇思想市场的根基,因为,当霍姆斯大法官提出思想市场理论的时候,他的前提是:人是自己的主宰——自己的思维的主人,人是自治的自主的自立的,这才有所谓的思想市场。那么,当主体扭曲,市场会不会扭曲、背离其正常状态?

(四)言论技术化的后果——言论自由缺陷的放大

　　常言道,好事不出门,坏事传千里。在数字技术下,"虚假传播的速度要几倍于真理传播速度,虚假比真相跑得更快"。[①] 虚假传播的

[①] Barrie Sander, *Freedom of Expression in the Age of Online Platforms*: *The Promise and Pitfalls of a Human Rights-Based Approach to Content Moderation*, 43 FORDHAM INT'l L. J. 939 (2020).

快速广泛,对言论自由形成负担。一方面,面对信息,人们难以判断真假;另一方面,治理与否成为难题,治理成本存在疑问。有学者指出,"但我所说的危险并不局限于这种情况,因为公众辩论的扭曲是由社会因素引起的,而不是法律或技术因素。"①这一认识的深刻性在于,技术要素的重要性,法律要素的重要性,可能比不过社会要素的重要性。现在出现的问题,并非是数字时代的特定问题,当然也存在特定问题,但是,在最根本的层面上,是社会的问题在数字时代的清晰呈现。数字技术加剧了这样的问题的暴露,并形成了比非数字技术社会更加严重的后果。所有这些,都清晰可见,为世人所知。②

不仅如此,言论自由成了工具——并非促进其自身应有价值的工具,而是损及他人利益的工具,数字技术使得这种损害性工具几乎畅行无阻。比如,利用社交媒体威胁评论者的现象并不鲜见。其中,2016年艾兴瓦尔德事件(Eichenwald incident)影响巨大。2016年总统大选期间,记者艾兴瓦尔德(Kurt Eichenwald)在他的文字中表达了他对候选人特朗普的看法,其观点在推特上引发公众批评,他收到了大量威胁和侮辱性质的网络信息,并遭到在线骚扰——社交媒体被用来攻击异议者。艾兴瓦尔德患有癫痫病,有人在推特上向艾兴瓦尔德发送了一段视频录像,上面带有"某种闪光灯,闪烁的圆圈和图像……飞向屏幕"内容。这段视频意在引发癫痫发作,幸运的是,艾兴瓦尔德卸载了这个装置,避免了犯病。然而,大约一个月之后,里韦洛(John Raye Rivello)使用其推特账户上的假名字,发送给艾兴瓦尔德一个具有眩目的闪光灯效果的图形交换格式(GIF)。里韦洛阅读艾兴瓦尔德的帖子后知道他是一个癫痫易感性患者,故意发送了容易引发癫痫病的图片格式和一条信息:"你必因你的帖子而发病"。这一次,艾兴瓦尔德发病很严重,他的妻子发现他毫无反应地

---

① Owen M. Fiss, Essay, *Free Speech and Social Structure*, 71 IOWA L. REV. 1405 (1986).

② *Ibid*.

呆在地板上,推特邮件一直出现在艾兴瓦尔德的电脑屏幕上,艾兴瓦尔德在 8 分钟发病时间里完全失去身体功能和脑部功能。FBI 调查了这起事件,后根据联邦网络跟踪骚扰立法对里韦洛提起刑事诉讼。[1] 在社交媒体时代,言论本身的攻击性变得更加容易,也更加明显。

当然,或然性要素的言论支配,也在技术之外对于言论自由起到消极作用。技术发展给言论造成的控制,和对言论自由理论的影响是这个时代最大的挑战,不可忽视。在技术之外,还存在一些或然性要素,比如,总统言论——准确的说,谁成为总统、这个总统又会发表什么样的言论,成为或然性要素中最为突出的要素。上一章讨论的特朗普总统的言论,就是例证。如果用一个词来描述特朗普的言论,可以用"带偏"——把言论自由原理带偏,把第一修正案的方向带偏,甚至把言论自由的基础带偏;而技术,数字技术,因其特有的功能,加剧了这种带偏。因此,技术挑战是一个方面,另外一个方面是:可能遇到了之前很少遇到的候选人,以及支持候选人的选民,选民素质、民主素质、发言者的底线、言论宽容度,等等,在传统媒介下,可能是一个间接被发现和显现出弊端的存在,在数字技术下得以直接地暴露。是匿名发送的瞬间,看不见对方,所以加剧了不宽容? 还是传播的迅速,要求即时给出立场和判断,因此少了宽容、多了对立? 或许都有可能。不宽容的言论市场参与者,可见的实在的传播方式或工具,近似于面对面的辩论,言论市场平台化导致各种观点正常表达或不正常表达的短兵相接,兵戎相见。

上述现象可以看作是言论自由的异化及其危害。即"言论本身成为武器,言论成为控制言论的武器"。[2] 言论武器之说,或曰第一修正案的武器化,可以从联邦最高法院言论案件决定中寻找到细枝末

[1] See Elizabeth M. Jaffe, *Caution Social Media Cyberbullies: Identifying New Harms and Liabilities*, 66 WAYNE L. REV. 381 (2021).

[2] Tim Wu, *Is the First Amendment Obsolete*, 117 MICH. L. REV. 547 (2018).

节。比如,卡根大法官(Justice Kagan)在 Janus 案的反对意见中指出,"今天的决定并没有包上糖衣,多数意见推翻了扎根于这个国家法律——和它的经济生活已历 40 年之久的决定。因此,它阻止了美国人民通过他们的州和当地官员,作出关于工作场所治理的重要选择。这样做是将第一修正案武器化,通过武器化第一修正案的方式,以一种如此咄咄逼人的方式,在现在和将来干涉经济和规制政策。"①在卡根大法官看来,"或许最令人震惊的是,多数法官选择了获胜者——将第一修正案转换成一把剑并利用它对抗普通的经济和规制政策,今天不是第一次——法院以如此激进的方式运用了第一修正案。"②在这里,明明是言论自由的缺陷,却在法院裁判中被作为言论自由来对待,自由的异化可见一斑。

综上,当技术成为无处不在的言论要素,无论是作为言论的工具,还是作为言论的目的,言论、发言者、言论后果都成为技术和技术渗透的控制物。那么,上述技术挑战最终会导致言论自由既有规则的彻底改变吗?

三、言论自由的范式重构?

上一部分的讨论,让我们对技术在言论自由领域的负面影响和消极作用得以了解,也提出了一个必须直面的问题:数字技术的变革是否已经超过了历史上所有技术革命所产生的社会变革的规模和强度,是划时代的、根本性的、革命性的,以至于必然引发第一修正案案例法的革命性更新。换言之,第一修正案必须以革命性改变才能应对技术挑战吗? 如果是这样,是否意味着第一修正案会发生变革? 联邦最高法院运用历史上应对技术发展调适言论自由案件处理的传统习惯做法和思维方式,是否已经不能解决数字技术变革的需要,而

---

① Janus v. Am. Fed'n of State, Cnty. , & Mun. Emps. , 138 S. Ct. 2448 (2018).
② *Ibid*.

需要一场言论自由司法裁判的革命性改变？如果是改变，是局部的还是全部的、根本性的？现有司法规则能否足以应对变革，还是需要修修补补抑或彻底扬弃转向新的构造？等等。在此，我们引入库恩的范式理论进行研究，希望可以使得问题分析更加清晰。

（一）第一修正案（法）的范式意义

范式（paradigm）概念一经提出，就成为解释科学发展的理论工具，影响了其之后的科学研究和科学发展。库恩指出，"我所谓的范式通常是指那些公认的科学成就，它们在一段时间里为实践共同体提供典型的问题和解答。"[①]他进一步解释道，"范式"一词"是一个与'常规科学'密切有关的术语。我选择这个术语，意欲提示出某些实际科学实践的公认范例——它们包括定律、理论、应用和仪器在一起——为特定的连贯的科学研究的传统提供模型。"[②]

在库恩看来，范式转换标志着科学革命，"物理光学范式的这些转变，就是科学革命，而一种范式通过革命向另一种范式的过渡，便是成熟科学通常的发展模式"。[③] 这也意味着，在旧的范式不能解释新出现的超常（异常）或例外现象时，转换就发生了，旧的解说规则转变成了新的解说规则。范式理论的生命力在于，其不仅可以解释自然科学研究问题，也可以用于解释人文和社会科学研究领域的问题。范式这一概念已被不少学科所借用。

在美国宪法理论中，第一修正案（法）是最具有范式意象的存在。根据至少有三点：一是其作为规则本身，是公认的"司法成就"和司法实践的"公认范例"；二是其作为规则体系的完整性，近似于一种"模型"；三是作为解释言论自由规则的统一性，言论自由都被纳入到这个体系来解释，为法律共同体"提供典型的问题和解答"。第一修正

---

① ［美］托马斯·库恩：《科学革命的结构》，金吾伦、胡新和译，北京大学出版社 2003 年版，第 4 页。
② 同上，第 9 页。
③ 同上，第 11 页。

案的范式意义，在于强调其作为一整套规则的约束力。今天的第一修正案是一整套规则体系，形成了第一修正案的司法范式。

构成司法范式的最核心要素是先例，甚至可以说，先例就是范式。因为，当先例形成，则意味着解释第一修正案的范式形成，而改变先例，则意味着范式的转换。因此，在先例和范式之间存在密切关联性。当我们思考第一修正案范式时，我们面对的是一个个先例形成的规则，离开了先例，就没有了规则，先例也是范式的载体。范式作为一个整体概念，涵盖了第一修正案的规则和先例，从另外一个角度看，规则和先例构成了范式。当我们思考新范式时，实际上在思考原有的规则是否还能继续适用，以及先例是否会被推翻或放弃。一个直接的"因果关系"是：改变或推翻先例，意味着或标志着范式的变革和转换。这里的核心问题是，在什么样的情况下，法院才会改变已有的规则。理论上，当社会变革发展到一定时候，规则改变成为必然，先例就会被推翻，新范式就会确立。但是，问题恰恰在于，到底在哪一个点上，才会有这样的变革和改变。这是一个难题。

在第一修正案领域，先例——联邦最高法院的先例，构成了言论自由案件审判（司法审查）的范式，表现为一系列原理和规则，也是解说。实践层面，是司法应对言论自由案件的判断根据，也是方式和方法，可以理解为是一种司法认知。这一认知，是联邦最高法院在言论自由问题上的共识，构成联邦最高法院内部法官之间对话的基础，也是联邦最高法院与法律阶层乃至社会公众之间所形成的对话的基础。当我们说言论自由的时候，是说宪法上的第一修正案条款，也是说联邦最高法院在先例中对于第一修正案的解说，以及在解说过程中形成的规则。所有这些都形成了关于言论自由的基本共识，为法律人士和非法律人士所共知、共享。第一修正案作为宪法条款的存在，属于规范，法院运用第一修正案形成的先例和规则，属于司法原理，二者共同构成整个第一修正案内容。对于后来案件约束的是规范，也是原理，即同时约束。规范本身的至上性不受质疑，但是原理的至上性是可以受到质疑的，并不当然至上。二者之间关系的简单判断是：原理，以符合规范作为效力的基础。但是，此处的悖论是，是不是符合，由法院说了算，法院说符合就符合，因此又存在一个司法的裁量问题。这可能是难以克服的悖论，因为没有更好的替代方案，法院自我判断，是最不坏的操作方案。这也在很大程度上使得法院更难推翻先例，加剧范式固化。

范式转换的发生，通常是在那样的一些时刻——原有范式已经解释不了新的现象，在原有范式下过去没有或不经常出现的例外，现在出现了并经常出现形成了规模，以至于难以将这些例外规整到原有的概念框架或者分析框架之中，这时就是新的范式诞生之时。这种革命，本身也是演化或者演进。言论自由的司法裁判过程，更是如此。今天联邦最高法院所保持和坚持的，跟200多年前的马歇尔大法官时代相比，相差无几。在技术层面，作为言论自由原理也是言论自由范式产生和赖以生存发展的场域，普通法区别于法典法（成文法），其柔韧性、变通性、延展性特别明显，可以应对实际和社会发展的需要。这是普通法本身的优势，也是一种力量。先例制度即是普通法最突出的优势。如果先例可以类比范式，对于言论自由而言，先例就是司法过程保护言论自由的范式，一旦确立则很难改变。在这个意义上，正如科学发现的逻辑是演进的逻辑，革新逻辑发生的前提是演进积累到一定程度上的质的飞跃，新范式就此产生。但新范式并不是"从此完全不同"，新范式与旧范式之间的关系是延续的，不是断裂的。这恰好应对了先例的逻辑。先例也是稳定的，甚至是固化的，推翻先例，通常需要充分的理由和论证。推翻先例的直接代价，是减弱了基于先例所产生的预测性或先例本身所蕴含的预测性，中断了司法决定的稳定性和预测性。这个时候存在一个平衡或者衡量的问题。因此，言论自由规则发生根本转变的概率不高，范式变革的可能性不大。

对于言论自由而言，原有先例的产生背景，在一定程度上决定了先例的内涵和特点。如果以时间为线索，19世纪、20世纪、21世纪代表了第一修正案发展的不同阶段，反映了包括司法在内的政府权力对于言论自由的认知和判断,以及对于社会环境的回应和反馈。今天的司法范式成型于 20 世纪 50 年代之后,可以称之为(第一修正案)言论自由的"现代理论"。[①] 相较于今天言论的"富足"状态,20 世纪 50 年代的特点是言论的"短缺",而且,政治性因素在言论自由案件中十分突出,联邦最高法院更多地扮演了言论自由的忠实维护者的角色。从整体上看,在不同历史时期,第一修正案面临不同考验。伴随推特时代的到来,第一修正案遇到了新挑战。这种挑战是前所未有的,思考技术挑战是否会带来第一修正案的范式转换,本身成为一个有意义的话题,同样富有挑战性。

(二) 范式核心构造的基础性、稳定性特质

正如任何科学范式都会含有恒定的核心要件或要素,言论自由范式的核心构造在于其宪法关系的恒定性和政府行为的确定性及性质判断。其中,宪法关系是核心的核心,政府行为是宪法关系的表现。实际上,这也是所有宪法领域问题的核心,在言论自由领域表现得尤为突出,特别是在数字技术高度发达的时代,这样的核心构造面临挑战。质言之,作为范式基础和前提的宪法关系,以及表现出来的政府行为判断,具有难以更改性或不可更改性,即作为范式基石的不可更改性。改变了这两个方面,言论自由范式即构成革命性变革,由此带来的一个问题是:言论自由是向谁主张的自由? 一直以来,言论自由向政府主张,是宪法文本和宪法判例确定的规则,不可动摇。因此,尽管不排除以后变革的可能性,但是目前被改变的几率即使不是不存在,也是很小。

1. 言论自由宪法关系的性质界限

与所有领域的宪法关系性质一样,言论自由宪法关系的两造是

---

① 有学者将"现代第一修正案言论自由原理"之"现代"一词,定义为自 1954 年沃伦法院 (Warren Court)开始。参见 R. Randall Kelso, *The Structure of Modern Free Speech Doctrine: Strict Scrutiny, Intermediate Review, and Reasonableness Balancing*, 8 ELON L. REV. 291 (2016)。

政府与个人，即个人的言论自由权利所指向的是政府权力，政府作为限制言论自由的一方来对待，个人自由即是对抗政府限制或剥夺的自由。那么，新技术革命会对这一宪法关系带来什么样的影响呢？在最为极端的情形下，是否会导致这一宪法关系的重构？换言之，范式转换的时刻是否到来？这是言论自由范式最为核心的问题，构成其他原理展开的基础，如果这一关系改变，即意味着整个言论自由范式的革命。这里尝试作出论证。

一个首要的问题是：是否将大技术公司作为政府主体来对待？

如上所述，大技术公司在数字技术时代，给言论自由造成了严重影响，引发了不少言论自由问题。突出表现是，个人向大技术公司主张第一修正案权利，即言论自由案件的被告为大技术公司，之前讨论的特朗普诉推特案即为一例。而且，这类诉讼在美国不在少数，凸显出问题的普遍性。

其中，个人、政府、大技术公司之间的关系，引发学者关注和思考，三者关系的"三面体之说"应时而生，①颇具影响力。此说认为，传统言论自由的两重关系，现在转向了三重关系，即从"个人—政府"，变成了"个人—公司—政府"。在很多时候，个人言论自由受到控制的力量并非来自政府，而是来自公司，甚至公司控制的力度要大于政府。更有学者指出，第一修正案理论成型的 20 世纪，其时政治言论环境与现在大不相同。在那个时代，关于任何给定的问题，言论都是稀缺的，仅限于几份报纸、小册子或杂志。所以，法律的假定是，言论自由的最大威胁，是政府对于发言者的直接惩罚。今天，在互联网和社交媒体时代，不再是言论过少的问题——言论不再是稀缺的，相反，是听众的注意力问题。那些试图控制言论的人，利用了新的方式——这些方式是将言论自由本身武器化，比如"水军"的发展、捏造新闻，或者"洪水"战术策略。既有的核心假设或假定是第一修正案

---

① See Jack M. Balkin, *Free Speech Is a Triangle*, 118 COLUM. L. REV. 2011 (2018).

司法理论创立时期发展起来的,而今,这些假设中的许多不再成立,言论的新的技术控制,被政府和非政府行为者利用,以审查言论和削弱言论。言论自由的保护目前依靠法律的执行——在美国言论环境的保护上居于重要角色。[①]

那么,这是否就必然导致将公司作为政府来对待? 问题在于,事实上的三者关系的存在,是否必然导致司法过程对于法律关系意义上的三者关系的承认,以至于以对待政府的形式来对待公司? 从现实到法律,抑或从事实到法律,是一个问题,而难点也恰在于此。二者之间存在一个时间差,也存在一种转换——司法判断的新进展。在本书看来,这种转换并不必然。言论自由宪法关系的核心是权利与权力关系,即个人之盾和政府之矛,这一关系是以宪法约束政府作为基本原则的。换言之,个人在宪法上的权利所指向的对象是政府,是权力,因此,第一修正案调整的是个人和政府的关系——权利与权力关系。在这里,政府行为性质是根本点。如果重构言论自由的宪法关系,即,将个人言论自由所针对的对象扩展至政府之外的个人或组织,意味着个人也承担宪法上的权力之责。这种重构既是对于第一修正案基础的颠覆,也是对美国宪法基础的颠覆,如果范式转换是这个意义上的,那么,转换的概率是微乎其微的,几乎不存在。

严格区分个人和政府,由此确立宪法的约束对象或者承担宪法责任的主体,是美国宪法的突出特征。技术革命引发了各种言论自由问题,首当其冲的是能不能把这些大公司作为权力主体来对待,即,能否将第一修正案的责任主体扩展至大公司。如上所述,这样的概率极低。"当然,西方国家的宪政发展也远非完美。把视野局限于政府权力之限制,过分夸张政府与个人及社会之对立,以至于造成了观念上的狭隘、片面与僵化,并使得宪法之精神亦未能渗透到现代西方社会的深处……如霍布斯所言,没有国家,权利就形同虚设。因此,完整的理解应承认,政府同时是个人权利的保护者与潜在的侵犯

---

① See Tim Wu, *Is the First Amendment Obsolete*, 117 MICH. L. REV. 547 (2018).

者……个人权利是否只可能受到国家权力的侵犯？这种理解显然过于狭隘。事实上，对政府保护的需求本身，即意味着一个人的权利亦可能受到他人或社会的侵犯"。[1] 将权力看作是权利或自由的对立面，或许有些极端甚至偏狭，但是，权力仍然是对于自由和权利最大的威胁，这是毋庸置疑的。另外，言论自由的性质被看作是一种消极权利，政府不干涉即实现的权利，所以，排除政府的干涉是言论自由的第一层意义，也是最为重要的一层意义。

2. 言论自由之政府行为规则限制

与上述问题相关联的是，如果将大技术公司作为政府主体来对待，则意味着言论自由领域的，也是整个宪法领域的基础性规则——政府行为原理规则发生根本性的变革。

政府行为原理的核心在于，将政府与政府之外（或公权力与公权力之外）的存在分开对待和处理。这一基础性的规则，会得到坚守。历史是确定的，从历史中获得的经验也是确定的，如果现实的改变就否定了历史的经验，这不是普通法，不是法治的状态。基础规则的坚守，表现了言论自由范式的历史面向。第一修正案针对政府，限制的或禁止的是政府在人民言论自由活动中的限制甚至是剥夺，这一点不会改变。

在矛与盾关系的多维线状下，作为私人主体的大公司，在言论自由问题上事实上拥有强制性的权力——具有某种公权力的性质，如何应对？一个最直接和简单的做法，是将这些大公司作为政府来对待，将言论自由针对的对象从政府扩展至大公司，即，将它们作为政府的公权力主体来对待。这就意味着，作为第一修正案也是作为宪法的基础性的原则——宪法约束公权力，会被改变，相当于是"底线"的突破。这种突破是不可想象的。政府行为具有不可更改性，至少不能够将政府行为在原则上和根本上加以改变，尽管在个案中对于

---

[1] 张千帆：《美国联邦宪法》，法律出版社 2011 年版，第 4 页。

政府行为性质的判定存在辨析空间或者余地。[①] 当大技术公司的某些控制力具有类同于政府权力的性质时，将政府行为范围扩展至大公司，是一个危险的信号、危险的一步——是根本上的颠覆、宪法原则的颠覆，以及公权力无限度控制私主体的开始。这在效果上、正当性上、合法性上，也是不成立的。在规范层面直接违反第一修正案条款的内容，"国会不得"，意味着政府不得，不是私人不得，言论自由之矛只能是政府之矛，不是私主体之矛。不可改变和动摇的是第一修正案的基础，也是宪法基础，言论自由是向政府主张的自由。

3. 例外不改变原则

那么，是否存在例外？存在。但是，这种例外，不会改变政府行为原理本身，即例外仅仅是例外，并不改变原则。可以补充解释的是，即使是在某些情形之下，私人被施加了为言论的自由表达提供条件的责任或者负担，本身也不意味着，言论自由就是指向私人的权利了。在1980年的Robins案中，[②]联邦最高法院维持了加利福尼亚州最高法院的判决：公民在私人所有的购物中心进行言论活动，不会损害私人的财产权和言论自由。这是一个极端的例外。

这里有一个合理的理解思路——法律所控制的是一类行为中的造成一定程度影响后果的那些，而不是全部。就像刑法中有数额巨大的情节要求，意味着，不是所有这样的行为都会面临这样的刑事责任的后果；从另外一个角度看，就是法律给轻微的行为放行、放水，不追究责任。这可能是无奈的选择，因为法律也是有成本的，只能放走那些轻微的行为，不施加责任，因为其后果并不严重。在民事领域，也是如此。比如隐私权的保护，"在没有造成特别损失的情况下，对于口头宣讲侵犯隐私的行为，法律或许不会提供任何救济。——同样的理由存在于区分对私人事务的口头和书面的发表上，同时可以拿它和反诽谤法中关于口头诽谤的有限责任与书面中伤的完全责任

---

① 本书第三章讨论过政府行为的司法认定问题。

② PruneYard Shopping Center v. Robins, 447 U. S. 74 (1980).

相比。口头传播造成的伤害通常都微不足道，为了维护言论自由，法律干脆将它忽略掉"。[1] 因此，法律控制的针对性是突出的。

自 Robins 案到现在 40 年过去，言论自由对于政府的责任，没有因为该案而改变。这说明，该案没有构成对于第一修正案规则的根本改变，法院的决定，只是处理了一个非常特别的问题，法院甚至都没有明确提及政府行为原理。[2] 对于私人主体的强制，违反第一修正案，仍然是一个确定的规则。

作为例外，Robins 案存在政府行为规则解释上的合目的性思路。对于财产权的坚守——保护私人财产"神圣不可侵犯"，不意味着在任何情况下都不得侵入，现代社会中的私有财产及其使用并不完全是私人的事情。如法院所言，允许在私人所有的购物中心征集签名，没有改变私人财产的性质，没有侵害财产权——不构成宪法第五修正案意义上的征用，也没有侵害购物中心的第一修正案权利——不会将公民征集签名归结为或归属为是购物中心的言论。[3] 这在一定意义上可以理解为财产权的社会责任问题，由此，法院也是在财产权保护与第一修正案利益之间进行平衡。如何把握平衡的尺度，是一个问题。而且，在联邦体制下，同时存在联邦宪法和州宪法，相对而言，联邦宪法是一个最低标准，不排除州宪法在这个最低标准之上确定自己的标准。这意味着，在判断是否对私人财产构成征收的尺度上，联邦和州有自己的把握，在言论自由这一宪法权利的保护上，州具有更大的保护空间。这也是州法院在司法实践上

---

① ［美］塞缪尔·沃伦、路易斯·布兰代斯：《论隐私权》，李丹译，载徐爱国组织编译：《哈佛法律评论·侵权法学精粹》，法律出版社 2005 年版，第 28 页。

② 从另外一个角度看，Robins 案是一起原告有权利（财产权）但诉讼失败的典型案件，更多涉及的是诉讼技术问题，不是对私人财产的言论自由问题的实质性判断。原告主张的首先是财产权受到侵害，言论自由放在了后面。这时，存在一个诉求的主次问题。如果选择从第一修正案权利角度，以言论自由权利作为首选诉求，情况或许不同。因为州规定本身有强迫购物中心的嫌疑——迫使其支持第三方的观点表达，给第一修正案保护的言论自由施加了不被允许的负担。

③ PruneYard Shopping Center v. Robins, 447 U. S. 74 (1980).

的探索。正如有学者评论的那样，加利福尼亚州最高法院的裁判路径并不完美，却代表了对于相互冲突的宪法诉求的更现实的调和。第一，私人所有购物中心正在取代传统公共商业区——在那里言论自由一度繁荣，因为这一趋势，私人财产所有权应该被重新定义以适应整个社会。第二，这一路径确立：一旦私人土地所有者将其土地向一般公众开放，就不能再声称跟私房物主或单个商店主同样的权利，这给 Marsh 案带来了新生。[①] 最后，允许一群有秩序的个体在私人所有的购物中心行使其言论自由，使其服从业主的合理规定，不会影响业主对其财产的预期用途和权利。[②] 即便如此，联邦最高法院不会改变其立场——第一修正案不要求购物中心所有者允许在其财产上的言论自由活动。

因此，并不具备将大公司作为政府主体对待的条件，不仅在量的方面，也在质的方面，表现在对自由干预和限制的深度和广度上。简而言之，以防范政府之规则防范大公司，缺乏正当和合理的理由。政府限制自由的恒定性，区别于第三方干预的不确定性，前者基于秩序——控制，后者基于利益——控制，层出不穷的控制手段来自于政府，政府依然是那个最大威胁的存在。没有任何个人或组织能够比得上政府的强制性的力量——政府的强制性力量充满了正当性，不服从意味着必然承担不利的后果，毫无余地。可以确定的是，技术本身也存在风险，技术是变化的，但是，政府是恒定的，甚至是长存或永存的。来自政府的威胁，要远远超过来自私人威胁。当宪法防范的对象不再仅仅是针对政府的时候，所有的私人主体，现在是大公司，以后或许还可能是其他人，都会成为控制的对象，这种将大公司纳入政府主体对待的行为——司法行为——本身，就是对大公司自由的侵入。虽然有适当的合理的理由，要求它跟政府的义务保持某种一

---

① Marsh v. Alabama, 326 U.S. 501 (1946).

② See James M. McCauley, *Transforming the Privately Owned Shopping Center into a Public Forum: Pruneyard Shopping Center v. Robins*, 15 U. RICH. L. REV. 699 (1981).

致性,但是,它不是政府,这个事实不会改变。言论自由宪法关系的稳定性和恒定性本身具有价值,那是自由的最基本的存在方式——在与政府的对抗中存在,并以防范政府的侵入为抵御的理由。因此,言论自由的范式重构,存在不可行性。正如有学者指出的,"政府行为原理是第一修正案的底线,尽管存在缺陷,但是,我们不能完全废除这一原理。第一修正案必须仅仅适用于政府行为者,我们必须有决定之路——决定政府不得做什么、可以做什么,或者必须做什么而不违反第一修正案。我们需要一个连贯的合乎逻辑的底线,来决定政府何时采取行动,以及解决有时政府是否可以采取行动保护私人主体免受彼此伤害。"[1]

(三) 规则和解释的调适性应对与范式维续

如上所述,在整体上改变原有范式的可能性不大,承认这一点并不意味着,第一修正案原理可以停滞不前,技术变革的现实迫使原理改变。一个稳健的思路是,在规则上作出一定程度或幅度的改变,以调适性地满足需要。也就是通过规则的调适性应对,在个案的裁判中落实,达到范式维续的目的——维持现有范式,并能应对实际需要。

这种思路是符合范式发展的一般规律的:出现的异常情形,可以被纳入到原有范式进行解说之时,原有范式的内容被扩展,但是,仍然没有发生根本性改变。事实上,无论是在科学发展历史上,还是司法原理发展过程中,这样的过程或阶段都是普遍存在的,既是原有范式继续发挥作用,又是积累新的情形,准备为新范式的形成提供基础。正如遵循先例是常态,在特殊情况下修正先例的某些方面或者要素而不必改变先例本身一样。换言之,在言论自由领域,原则还是原则,原理还是原理,但是,内涵或外延不同了,解释的宽严程度不同了,原本不保护的现在也保护了,原本保护程度低的,现在也高了,完

---

[1] Erica Goldberg, *Common Law Baselines and Current Free Speech Doctrine*, 66 VILL. L. REV. 311 (2021).

全取决于应用中的尺度把握。比如,同样是"清楚与现存危险"标准,20 世纪 20 年代与 40 年代的适用是不一样,与后来的冷战之后的案件也是不一样的,没有摒弃,但运用已有相当大的不同。比如,在"抵制征兵第四案"和"勃兰登堡案",①联邦最高法院对"清楚与现存危险"标准的适用存在很大差异。这种思路在稳定和发展之间寻求一定的平衡,既尊重先例又发展先例,在范式之内进行适度的调整或调和。

1. 思路之一:从严格审查到中等审查

基本上,法院对于言论自由案件的审查程度是严格审查。那么,面对数字技术挑战特别是大技术公司的言论控制,严格审查标准是否必须被"刚性"遵守? 即,对于政府规制大公司的行为的审查,是否必须依照严格标准进行?

确实,人们有太多的理由要求政府规制大公司——特别是像推特这样掌控了数字媒介平台的公司。正如有学者指出的,"首先是那些寻求维护程序正义价值观的人,要求平台在终止用户之前提供一定的程序;其次是那些要求观点中立或内容容忍的人,要求社交媒体或搜索引擎,不要根据政治观点歧视言论;第三类是那些要求透明度和披露的人,要求言论平台公开解释,它们的排名算法是如何工作的;第四类人,要求限制这些平台收集、传输和销售个人信息的能力;第五类人,要求限制平台签订合同——要求用户疏远其身份或知识产权。"②由此可见,这些要求与言论自由原则之间具有内在的一致性。甚至可以说,这些要求与对政府的要求是大致相当的,目的都在于确保言论的自由。

政府对于言论进行的基于内容的规制,在传统上受制于司法过程的严格审查。严格审查意味着,政府具有令人信服的政府利益,同

---

① Abrams v. United States, 250 U. S. 616 (1919); Brandenburg v. Ohio, 395 U. S. 444 (1969).

② Andrew Tutt, *The New Speech*, 41 Hastings Const. L. Q. 235 (2014).

时采用的手段严格适合于这一政府利益的实现,才可能通过审查,否则即是违反第一修正案。那么,当政府规制大公司涉及对于内容的控制时,是否应该受制于严格审查？这里涉及审查标准的微调或调适问题,一个思路是:从严格审查到中等程度审查。中等程度审查,意味着政府规制大公司涉及言论控制的行为,司法在判断时,不需要要求政府必须证明存在令人信服的利益,以及手段的严格适合性,政府证明是为了实现重要的政府利益,手段合理相关,法院就可以裁判规制行为的合宪性。此处的内容控制,最重要的是涉及政治言论,大公司对于政治言论的控制,会形成对民主不利的状态,政府在规制大公司的内容控制时,其合宪性的判断,可以适用中等程度的审查标准。当然,政治言论还可以细分,涉及参与的,涉及观点的,前者主要表现为具体的参加民主过程或活动的信息,后者涉及对于政治观点的讨论和争议的信息。[1] 在事实与见解二分法的框架中,前者有真假之分,后者无所谓正确与否。这种内容上的中立,是对于大公司内容控制的要求。

从司法实践来看,中等审查的思路已经有所显现。比如,在 2014 年 Verizon v. FCC 一案,[2]Verizon 公司主张 FCC 的公开网络规则应该受制于第一修正案的严格审查,因为公司享有编辑权利——对于决定什么样的用户通过其高度互联网链接访问,因此,任何限制这种自由裁量权的规定都等同于强迫言论。对此,华盛顿特区联邦上诉法院没有予以支持。FCC 互联网规制措施的网络中立条款(network neutrality provisions),[3]在 2016 年 United States Telecom Ass'n v. FCC 一案中受到宪法挑战,[4]华盛顿特区联邦上诉法院否

---

[1] See Jeremy Horder, *Online Free Speech and the Suppression of False Political Claims*, 8 J. INT'l & COMP. L. 15 (2021).

[2] Verizon v. FCC, 740 F. 3d 623 (D. C. Cir. 2014).

[3] *Federal Communications Commission Record*, FCC Rcd. 15 - 24,¶ 1 - 4,(2015).

[4] United States Telecom Ass'n v. FCC, 825 F. 3d 674 (D. C. Cir. 2016). 有意思的是,当时还是华盛顿特区联邦上诉法院法官的卡瓦诺大法官(Justice Kavanaugh),在该案的决定中投了反对票(1:2),他的反对意见认为,FCC 的网络中立规制违反了第一修正案。

定了对包括网络中立规制在内的 FCC 措施的第一修正案挑战,维持了 FCC 关于宽频互联网接驳服务——从信息服务到远程通信服务——的重新分类。[1] 这两个案件的决定都没有采用过往的严格审查标准,各自判决理由也并不完全相同。

在理论上,网络中立规制引发了激烈讨论,[2]有部分学者认为网络中立规制没有侵害相关公司的言论自由利益。[3] 实践和理论某种程度的"共情",代表了某种思维方式和思路上的趋同性。最为突出的一个思考要素是,大公司不是政府,关于中立问题的出发点是不一样的。对于政府的中立要求,与对于大公司的中立要求,仍然存在差异。

具体而言,大公司与政府不同,政府是为了秩序,大公司是为经济利益——这是经济人或理性人假定的必然结论;政府控制言论,名义上是为了秩序或公共利益等目的,实质上不排除其目的就是不想让人民享有言论自由。不听不同的意见或声音,对于政府的统治来说,是安全的,尤其是对于政府政策的批评之声,往往会使得政府政策落实陷入被动,更有可能损及政府的权威和形象。大公司不以秩序为目的,不以拒绝批评为目的,其目标是逐利,是营利。所以,在很大程度上,大公司不会为了所谓的秩序而限制用户的言论,限制本身是因为言论或者言论表达的方式损害到了平台的利益,因而动机是不一样的。正因为如此,大公司对于言论限制或压制的程度要严重

---

[1] See Justin S. Browni, *Broadband Privacy within Network Neutrality*: *The FCC's Application & Expansion of the CPNI Rules*, 11 U. St. Thomas J. L. & PUB. POL'y 45 (2017).

[2] See *Keeping the Internet Neutral*: *Tim Wu and Christopher Yoo Debate*, 59 FED. COMM. L. J. 575 (2007); Stuart Minor Benjamin, *Transmitting*, *Editing*, *and Communicating*: *Determining What the Freedom of Speech Encompasses*, 60 DUKE L. J. 1673 (2011).

[3] See Bill D. Herman, *Opening Bottlenecks*: *On Behalf of Mandated Network Neutrality*, 59 FED. COMM. L. J. 103 (2006); Marvin Ammori, *Beyond Content Neutrality*: *Understanding Content-Based Promotion of Democratic Speech*, 61 FED. COMM. L. J. 273 (2009).

到什么样的状态，才可能被作为政府来对待？这是一个问题。比如，推特封禁特朗普事件中，销号手段是最为直接和不留余地的。那么，它是为了什么封禁呢？推特公开的理由是：避免造成进一步的混乱——特朗普与国会事件有关联，是为了秩序考虑。但是，实质上还是经济利益。《通信规范法》第 230 条所豁免的是平台的民事赔偿责任或民事责任，没有豁免刑事责任。在这个意义上，平台的自我保护仍然是必要的，问题在于手段的采取是不是适合这个目的。由于大公司存在经济利益上的追求，政府规制措施本身——比如要求网络中立——也就含有了经济规制而非政治规制的色彩，而对于经济规制，联邦最高法院以往的判例基本上是采用中等程度的审查，即使是以内容为基础的规制或者涉及内容要求的规制，因为与经济规制相关，也归入到经济规制的通常标准之下。

2. 思路之二：思想自由市场理论的功能性解释

与上述思路密切相关的问题是，如果我们不能容忍政府对于大公司的基于内容的规制不受制于严格审查，那么，这样的思路在什么意义上或者从什么角度来说是正当的和合理的？这里涉及大公司在思想自由市场的地位，以及不改变其私人主体性质对待前提下的要求——虽然不是政府主体，但是基于其对言论自由市场的结构性影响甚至是主导和控制，应该采取的应对之策。换言之，思想自由市场理论是否也需要与时俱进，是否需要对思想自由市场理论进行结构性新解释，尤其是内容中立审查对于大公司具有意义，在功能性解释与民主自治理论之间保持相容性。

思想市场理论由霍姆斯大法官在"抵制征兵第四案"提出，其后一直成为第一修正案的基础性理论或理论基础，也是言论自由原理的前提。思想自由市场理论的基础假定在于，不承认政府把握真理的能力，政府不能垄断真理，因为其认知能力也和普通人一样是有限的，因而没有理由压制不同意见；就和政府没有权力宣布什么是最好的电视或汽车一样，政府也没有权力宣布哪一种观念最正确。究竟什么是对社会最有价值的观念，应该在思想的"自由市场"决定，不应该由政府钦定。某种观点是香花或毒草，不需要官方鉴定，因为思想观念的广大"消费者"可以根据自己的经验和需要知道得更清楚，因而就和经济市场一样，"消费者"对思想的鉴定更加可靠。通过自由竞争，有害的思想将和劣质产品一样在思想的市场上被淘汰，最后大浪淘沙，剩下的是经得起考验的观念。所以，政府不得垄断言论，不能以自己的选择作为人民的选择，必须容许人民自己选择和判断，给人民以言论自由。

应该承认，霍姆斯提出思想的自由市场理论之时，言论市场是短缺的，言论通道有限、言论有限。作为对言论进行控制或垄断的最大存在物——政府，被认为是言论自由最大的敌人，防止的就是政府之矛的侵入，人民的言论自由之盾对抗的就是政府侵入之矛。同时，这种市场理论的假定还是一种标准市场的假定，在人民和政府之间形成，竞争也是发生在人民和政府之间，去除了或者忽略了其他的要素，比如人民中具有竞争实力、显然与普通民众在言论中的竞争能力不同的主体的作用。在以往的第一修正案实践中，联邦最高法院是将个人的言论自由，与报纸等媒介机构的言论自由，在同一个意义上和层次上来对待的，后者并不比前者拥有更多的言论自由的权利或者言论自由的度更大。标准市场模式下，很容易认识和判断政府在其中的作用，情形一目了然，政府动辄得咎。换言之，思想自由市场理论的标准模式或标准市场，是去除了杂音和不相关因素的标准市场。

数字技术时代到来之后，这种市场理论受到前所未有的挑战。尤其是，当言论自由被认为与信息一词同义的时候，思想的自由交流，以及思想的自由市场就被信息定义了。在"言论自由是一种信息政策"一文中，巴尔金教授讨论了信息之于言论自由的意义——人民的选择和判断基于信息，而信息的传播和流动受制于大的技术公司特别是互联网平台的规则，基于信息的判断，选择以信息为基础。但是，信息的"供给"及其程度，由大技术公司决定，这就决定了，网络时代，除了利用网络，别无选择。信息决定言论、决定选择。此时，不是政府垄断和决定了言论市场，而是大公司利用信息传播通道和方式垄断了言论自由。[①] 那么，对于大公司的垄断，我们仍然将其作为普通的组织来对待吗？如果不能将他们看作是政府主体——不改变根本的范式，那么，应该如何对待他们，以消除或降低信息垄断给言论自由市场造成的偏斜、异化或偏离标准形态？上文提出的解决思路是：尽量的内容中立，以及政府对于大公司基于内容的调控的非严格性审查。

就思想的言论市场理论而言，我们必须获得一种解说，以说得通采用中等程度审查或者要求大公司内容中立的根据是什么。否则，这样的调适仍然存在违反第一修正案的嫌疑。这种对于言论市场的新解释，应该是实用主义或功能主义意义上的。

巴尔金教授认为，数字技术改变了言论的社会状态和条件，所以，应该改变言论自由理论的焦点，我们不应该关注新颖性，而应该关注显著性。[②] 这一观点强调，只关注于技术本身是没有意义的，要关注的是技术带来的变革，这种变革表现的突出之处在哪里，就是其显著性。因此，解说也应该围绕显著性——变革的制度性影响。既然思想的自由竞争是言论自由的保障，那么，当竞争事实上被控制之时，不管这样的控制或垄断来自于何方，是政府的垄断还是大公司的垄断，都必须受到认真对待。理由至少有两点，其一，思想的言论市场理论的根本点在于保持言论的公开发表和自由竞争，由此保障言论自由的实现，所以，排除垄断，是为了保护竞争，也是为了保护言论自由，在目的上和功能上是服务于言论自由目的的。这种对于垄断的排除，是否需要上升到像排除政府垄断一样的程度，是可以讨论的。正如前文所述，不具备改变言论自由宪法关系的条件——或许永远不具备，那么，就必须在不改变的条件下加以应对。

[①] See Jack M. Balkin, *The First Amendment Is an Information Policy*, 41 Hofstra L. REV. 1 (2012).

[②] See Jack M. Balkin, *Digital Speech and Democratic Culture: A Theory of Freedom of Expression for the Information Society*, 79 N. Y. U. L. REV. 1 (2004).

其二,防止宪法上的自由成为摧毁宪法上自由的手段,需要自由的"防卫"或"自卫"理论,言论自由领域亦然。当一种理论的运行或者实践的结果,导致了理论的异化或者走向了理论本应该防止的结果,就是应该反思理论之时。否则,权利本身就成为权利之敌。杰克逊大法官曾在 Terminiello 案的反对意见中指出,"长期而言,维护言论自由会更加危险,如果人们不能从其导致暴力的滥用中得到保护。更安全的自由,要通过判决自由的滥用与自由的享有密不可分而获得……如果法院不能通过一些实践智慧去调和它的原理逻辑,它就会把宪法权利法案变成自杀协约。"①在这里,"宪法的权利法案变成自杀协约",就是权利之敌的意思。无论如何,不能将言论自由的解释和理论变成否定言论或控制言论的根据,难以应对新的现实的需要。"自杀协约"暴露了一种"刻舟求剑"式的条款解释思路,也是自我矛盾或逻辑上不自洽、难以自圆其说的窘况,由此导致条款事实上的无意义。第一修正案成了第一修正案的敌人,这是任何时候都不能接受的。要防止这样的局面出现,理论必须获得新解。

不可否认的是,形成于 20 世纪的现代言论自由理论——第一修正案法,带有时代的背景和痕迹。思想自由市场理论提出之时的言论环境,已是时过境迁。今时不同于往日,前提的假定是否还存在,就是一个问题。因为,今天的思想市场的良性竞争,已经不单存在政府的干涉或干预,还存在其他的私人主体干涉。这种情况下,如果把"责任对象"仍然限定在政府身上,是不是有些局限?②但是,如果扩展,又是一个冒风险的事情——很大的风险,相当于动摇第一修正案的基础,甚至是宪法的基础。那么,联邦最高法院作为的空间在哪里呢?或许这里的中心问题是,1996 年至今,我们是否已经对于互联网特别是社交媒体的特征有了足够的认识,以至于能够凭借足够的认知,对这个人类的创造物采取新的规制思路,比如从促进到控制。

---

① Terminiello v. Chicago, 337 U. S. 1 (1948).
② See Tim Wu, *Is the First Amendment Obsolete*, 117 MICH. L. REV. 547 (2018).

事实上,《通信规范法》第 230 条通过之时,对于技术的促进与对于言论的促进,是同时或并立的两个重要立法目标,甚至可以说,技术促进的意图不低于言论繁荣的目标。今天要加以改变,无疑需要充分理据。真的准备好了吗?

一个有意思的现象是,在言论自由不断扩展的同时,对于言论自由核心价值的思考或反思也成为学者关注和探讨的问题之一。最为突出的是,言论自由的价值到底是什么? 在这个问题上,存在着法院决定和学者理论研究之间的对话和互动,当然学者与学者之间的对话更是经常的。曾有学者批评联邦最高法院在言论自由范围上的扩展思路——在言论扩展的同时,言论自由的核心受到了威胁,联邦最高法院对于言论自由的理解偏离了第一修正案的核心或本质。[①] 该学者将这种现象描述为"方兴未艾的自由主义传统"(The Ascendant Libertarian Speech Tradition)。在他看来,言论自由司法原理的传统可以归为两种传统:自由或自由主义传统和共和或共和主义传统,但是,联邦最高法院在不断扩展言论范围和内容之时,更多的是基于自由主义传统,而忽略了共和主义传统,其典型表现是:抛弃听者权利,拥抱公司权利。这种自由主义传统根植于一种全新的根本性的"微弱自治"(thin autonomy)理念,含有传统的自治因素,剥去了自由主义传统所描绘的个人自治的特征,只剩下一个针对国家的赤裸裸的权利。[②] 这可以看作是对于现有范式的反思。这种反思是必要的,特别是在司法实践发展过程中,言论自由呈现出高度专门化、技术化特点,如何防止其成为工具意义上的存在以及僵化趋势,需要在理论和价值层面回顾和反思。

3. 思路之三:寻求补充性救济或解决路径

但是,现实的悖论必须得到解决。这个悖论是:私主体理论上不

---

① See Morgan N. Weiland, *Expanding the Periphery and Threatening the Core: The Ascendant Libertarian Speech Tradition*, 69 Stan. L. Rav. 1389 (2017).

② *Ibid.*

是言论自由的威胁,但实际上是威胁,威胁有时甚至大过政府,而又不承担政府承担的宪法责任。问题在于,悖论的解决,是否只存在宪法责任的施加这一条路?存在其他的补充性解决或救济路径吗?在法律层次来解决的话,可以通过私法处理吗?可否采取新的途径来解决或者缓和——注意,缓和也是一种有益的思路——现有的紧张关系或者张力?

在变革的可能性上,运用普通法传统理论变通性地应对出现的矛盾,也是一种有益的探索。对此,巴尔金教授提出了信息权利上的"信息信托"(information fiduciaries)理论,这一理论的主旨在于用私法手段解决公法问题。巴尔金教授在讨论信息信托与第一修正案的关系时认为,提出信托模式的动因,在很大程度上是思考第一修正案针对私人公司规制困境的处理出路,如果国会出台法律要求私人公司观点中立,是有违反第一修正案嫌疑的。如何解决私人公司与用户之间的实际上的不对等关系,也是强势与弱势之间的关系,是一个挑战。[1] 这一模式的思路是,用私人之间的关系的处理方式来解决言论自由的问题。

不能忽略的是,这种信托关系的确立,也需要满足第一修正案的约束。比如,法律不能强制性地要求二者——即大公司的平台与其用户之间——确立信托关系。在司法实践中,运用信托理论处理二者之间的争议,与以法律形式确定二者之间的信托法律关系,是两个不同的方式。尽管不同,但都存在是否违反第一修正案的问题,因为,无论是平台还是用户,都有选择的自由,以及对于自己信息的处理的自由,信息本身或者信息处理本身也被认为是第一修正案所保护的言论自由的范畴。巴尔金教授曾经提出一个命题——第一修正案是一种信息政策,[2]这是对当下言论自由与信息传播或流动之间密

---

① See Jack M. Balkin, *Information Fiduciaries and the First Amendment*, 49 U. C. D. L. REV. 1183 (2016).

② See Jack M. Balkin, *The First Amendment Is an Information Policy*, 41 Hofstra L. REV. 1 (2012).

切关系的理论观照。信息政策可能是政府的,也可能是大公司平台的,或许更多的是后者的。把第一修正案理解为一种信息政策,会将注意力集中在信息本身或者信息处理,这是必要的。问题在于,信息作为言论,其特点在多大程度上已经被人们所掌握。以信托关系处理信息问题,其成本收益如何? 即造成的制度成本在多大程度上是远远小于现有体制给言论自由所造成的负担? 都需要衡量。此外,任何一个新学说或新标准必须付诸实践才有实际意义,以司法过程的适用来看,如何实践,取决于法官是否认同和愿意采用这一学说,这就有了很大的不确定性,与立法过程不同,司法过程一般不会预设问题或前提。

尽管存在上述有待澄清之处,信托关系理论不失为一种新模式或新模式的构想。数字技术时代的挑战是前所未有的,层次更高、更复杂。如巴尔金教授所言,与以产业资本主义时代为标志的第一个镀金时代不同,第二个镀金时代是数字或信息资本主义的时代。一个承诺言论自由机会无限的时代,也是一个数字控制和监视日益增多的时代。同样的技术进步带来了这两种结果。对于美国民主来说,情况似乎相当严峻。这是改革复兴与美国民主逐渐完善进步的时代,在所有方面都不完美,但肯定比 19 世纪末的情况要好,它需要拒绝接受现状,需要对民主长期成功的信念。我们曾经在 19 世纪末第一个镀金时代做过,在 21 世纪之初的第二个镀金时代,我们可以再做一次。这将需要动员、抗议,最重要的是,这将需要长期的政治磨练。但以前已经做过了,我们可以再做一次。①

(四) 遵循先例的司法惯性与范式固化倾向

在遵循先例的原则之下,任何对于先例的否定都会引发某种不稳定状态,因此,面对争诉,向先例寻求解决的路径,是司法过程的一般状态。正是这样的状态,导致了一定程度上的司法惯性或惰性,

---

① See Jack M. Balkin, *The First Amendment in the Second Gilded Age*, 66 BUFF. L. REV. 979 (2018).

即,在可能的情况下,先例是最适当也是最为稳妥的解决方案,如果事实问题不是那么特别"另类"的话。所以,不推翻先例是常态,这就形成了范式的固化——范式更新或者转化具有很大的困难。

从另外一个角度看,范式变革的困难,正是因为遵循先例的规则,二者之间存在相互的因果关系。在根源上,是遵循先例导致范式固化。这固然有好的一面,即稳定性、安定性、可预测性,但也有缺点,即保守性、僵化性、刻板性。这种状态显然不仅仅表现在第一修正案领域,在整个宪法领域都存在同样的状况。这或许是由于整体的司法惯性造成的不可以避免的结果或者局面。故此,图示奈特(Mark Tushnet)教授认为思考第一修正案问题必须要从宪法整体上考察,不能局限在第一修正案本身。按照图示奈特教授的观点,应该将第一修正案问题放到整个宪法的框架下去理解和研究,二者之间有着千丝万缕的联系,有人可能试图只使用第一修正案的原理或理论来处理问题。① 这显然是有局限性的。

从历史发展来看,司法应对宪法转型和变迁的基本立场和风格总体上是保守的。这也可以解释为什么说是一种惯性或惰性,并不是仅仅针对第一修正案问题,在其他宪法问题上,也是如此。我们很难想象,司法——不是立法和执法,走在了宪法转型或者变迁的最前列、最前沿,直接应对挑战。司法克制或司法抑制是司法常态,保守性是其天然特点。② 那么,是否存在不可预测的司法过程之"宪法时刻"(constitutional moments)?当先例被推翻,司法应对新问题的思路发生改变,范式的固化状态会被打破,范式的转换发生了,新范式产生。这样的情境应该是司法过程的"宪法时刻",但是,究竟何时发生,在哪个案件中发生,是一个不可预测的问题。取决于多数法官的

---

① See Mark Tushnet, *Introduction: Reflections on the First Amendment and the Information Economy*, 127 HARV. L. REV. 2234 (2014).

② See Jack M. Balkin, *Why Liberals and Conservatives Flipped on Judicial Restraint: Judicial Review in the Cycles of Constitutional Time*, 98 TEX. L. REV. 215 (2019).

判断,还是取决于事实上的根本性差异,以至于用旧范式已经不能完全解释清楚眼前的问题? 取决于积累的程度,不规制出现的频率或频次,难以被现有范式所兼容? 不可测,是不知道在哪个争诉中会发生。有意思的是,根据既往的先例,我们往往所能够预测到的是法院仍然会按照原来的先例进行判决,不会改变既有范式。这可能就是一种变革上的悖论。这也说明,任何新的都是脱胎于旧的,不存在全新的与既往没有任何关联的新的范式。所以,承袭与发展、演进或进化,是常态;革命和更新、突变或断裂,是例外。

言论自由司法原理的发展,是一种缓慢的过程,自奠基开始,每个时代都会面对不同的问题。普通法的特点也决定了进步或者变化的缓慢性,是不知不觉的,不会是革命的,而是进化的。因此,很难想象,会有突然大刀阔斧的改革。在有些看似根本性的变革之前,总有积累,积累到一定程度,就会突破原有的规则,向前走。在科学的发展上,是这样,在法律的发展上,也是这样。因此,科技是一个外因或者环境,法律的应对是审慎的。其中,立法和司法各有各的轨迹,体现在不同方面。第一修正案(问题)与整个宪法(问题)紧密相关,呈现出共同的特点。"美国宪法是长时间演进和发展的结果或产物。当越来越多的案件被决定,越来越多的宪法问题被解决,宪法解释的潜在范围变得越来越窄。法院有权推翻它之前的决定,一项纵向分析表明,被推翻的决定很少。比如,1789—1995 年之间,联邦最高法院决定被后来案件推翻的情况是:在 167 个案件中,联邦最高法院推翻了先前的决定或判断,这些实例中包括对再审的推翻或者部分推翻,其中的 17 个案件发生在1810—1894 年,其余的发生在 1914—1995 年。部分被推翻的决定,是基于该决定与其他决定或特定领域宪法原理的发展相冲突。法院已经坦率地表示,它相信,早期的案件是错误的决定,不能被作出之时的原理或先例所支持。有些决定被推翻,在实际效果上,是因为它们已被法院对该问题的处理方法所取代。然而,在大多数情况下,先例仍然是可行的,它们是宪法原理的来源,法院继续运用它们解决未来案件"。①

研究显示，宪法在"生长线"（line of growth）上发展，并在生长线上继续进化、持续演进。② 在 20 世纪最后 25 年左右的时间里，宪法有许多重大发展，但这种发展的路径往往可以在"生长线"内追溯到早期判决的案件。比如，第一修正案已经被宽泛地解释，以对言论自由提供大量的宪法保护。第一修正案原理的生长线，可以追溯到1930 年代的案件决定，它在 1960 年代的许多案件中得到加强，这些案件产生于民权运动和反对越战抗议活动。按照这个生长线，言论自由的宪法保护在过去多年里持续扩展。比如，法院将第一修正案扩展至纯粹的商业言论；法院还严格限定一些条件（the circumstances）——其中，媒体可能因公布公众关注的问题对个人造成的伤害而负有责任；法院更进一步判决：政府不能禁止对于美国国旗的亵渎；第一修正案还保护色情言论、泄恨言论。一些学术评论家呼吁减少这类保护，但没有引起联邦最高法院的重视。③

推翻先例的困难，在遵循先例的普通法体系，表现得尤为突出。实践表明，联邦最高法院宪法原理（案例法）的变化是相当有限的，未来，也仍然会是有限的。宪法原理的安定性、确定性特点极为鲜明，原理适用中偶尔出现的波动或异常或许比较醒目，但实际上并没有看上去那么"离经叛道"。这就意味着，当间或有案件的判决稍微偏离了原理或原则的定位或方向，也会被仅仅当作是少见的例外，与原有规则和原理的差别并不大，或差异不明显。正如异常情况戏剧性地显示的那样，正是这样的不明显，使得突破性的革命很难一蹴而就；而另一方面，悄然的变革、演进或进化，也在这样的不明显的差异中出现和发展了。"这种做法——在这个方向上延续先例，从道德或

---

① Robert A. Sedler, *The Settled Nature of American Constitutional Law*, 48 Wayne L. Rev. 173 (2002).

② See Robert A. Sedler, *The Settled Nature of American Constitutional Law*, 48 Wayne L. Rev. 173 (2002).

③ *Ibid.*

良好政策的角度来看,这似乎更有意义,这是普通法的特点"。[①] 宪法领域的特殊之处在于,宪法的先例和宪法的文本已经在司法实践中被融合一体。尤其是,相较于文本,先例的作用和功能更加突出。"说是要同文本协调,实际上,却由先例或政策来决定,而不是按照最直接的文本阅读,或者公开将宪法视为灵感的源泉,而非约束力法律文件"。[②] 这就决定了,正如文本难以更改一样,先例也是难以更改的。

(五) 范式的实验定位及其开放性扩展

科学范式形成的基础是科学实验,是对于科学实验的理论描述。与科学范式理论相似的是,言论自由范式也是以实验主义作为其形成基础的,抑或是一种司法实验或试验的产物,本身离不开司法实践。如霍姆斯大法官所言,宪法理论是一场试验。[③] 二者略有差异之处或许在于,言论自由范式更加强调其功能主义面向,即强调范式解决现实的言论自由问题的能力和容量。与恪守文本的规范主义——不作任何实事求是因时制宜的解释、判断和落实——不同,功能主义是以解决问题作为追求的,是一定程度上的结果主义的立场。在数字技术的新时代,可能会要求更加彻底的功能主义面向。这样说或许并不准确,因为在科学层面也是强调功能的,强调理论对于实践的从属性、应对性和非僵化性。科学范式是一个开放的面向未来的体系,是应对一个难题并解决之后又应对下一个难题的不会停歇的处理过程,因此,很难说某种范式的绝对真理性,否则,即是承认了科学的不可发展性或者固化。很显然,科学史的事实证明,科学是不断扩展和发展的过程,无从探究第一位科学家,也难以确定最后的探索

---

① David A. Strauss, *Does the Constitution Mean What It Says*, 129 HARV. L. REV. 1 (2015).

② *Ibid*.

③ Abrams v. United States, 250 U. S. 616 (1919).

者,"最后"一词只具有特定时间和空间的意义。

波普尔(Karl Popper)指出,"理论是我们撒出去抓住世界的'网'。理论使得世界合理化,说明它,并且支配它。我们尽力使这个网的网眼越来越小。"①正因为这样,"客观科学的经验基础没有任何'绝对的'东西。科学不是建立在坚固的岩基上。可以说,科学理论的大胆结构耸立在沼泽之上。它就像树立在木桩上的建筑物,木桩从上面被打进沼泽中,但是没有到达任何自然的或'既定的'基地;假如我们停止下来不再把木桩打得更深一些,这不是因为我们已经达到了坚固的基础。我们只是在认为木桩至少暂时坚固得足以支持这个结构时停止下来。"②不仅如此,"科学决不追求使它的回答成为最后的甚至可几的这种幻想目的。宁可说,它的前进是趋向永远发现新的、更深刻的和更一般的问题,以及使它的永远是试探性的回答去接受永远更新的和永远更严格的检验这一无限然而可达到的目的。"③在论及"科学的道路"问题时,波普尔认为:"科学不是一个确定的或既成的陈述的系统;它也不是一个朝着终极状态稳定前进的系统。我们的科学不是绝对的真知:它决不能自称已达到真理,甚或像概率一样的真理的替代物。然而科学具有的价值不只是生物学的生存价值。它不仅是一个有用的工具。虽然它既不能达到真理,也不能达到概率,追求知识和探索真理仍然是科学发现最有力的动机。"④在这个意义上,科学的发展不是建立在逻辑实证主义和归纳主义基础之上的,而是建立在"实验—探索—证明—检验"基础之上的。

法律的道路具有相似性。霍姆斯大法官指出和论证的法律道路的经验性质和实验性质,以及由此产生的预测作用,⑤在一定程度上

---

① 〔英〕卡尔·波普尔:《科学发现的逻辑》,查汝强、邱仁宗、万木春译,中国美术学院出版社 2008 年版,第 35 页。

② 同上,第 87—88 页。

③ 同上,第 254 页。

④ 同上,第 251 页。

⑤ See Oliver Wendell Holmes, *The Path of the Law*, 110 Harv. L. Rev. 991 (1997).

也是美国宪法的发展之路。面对新问题的新的解决思路,也是对于宪法的新的解释的时机。在思维方式上,坚持实验主义的司法进路,并在功能主义基础上保持系统的开放性,是面向未来的、面向问题的:在诸多不确定性的未来,勾勒出初步的构架,预测也是基于构架和经验的预测。如果实验的结果证明不能有效解释和解决,那么,这种构架就没有经得起检验,就会被修正和调整。在实验主义和功能主义之间,存在内在关联,实验本身涵盖了对于刻板的规范主义的否定或者扬弃。如果以刻板的规范主义为基础,就否定了实验的可能性和存在的空间,功能主义是实验主义的必然选择,也是功能主义定位的结果,二者之间互为因果,抑或是实验主义的司法进路与功能主义进路的强调或强化。

上述思路,要求我们在思维方式上采用更加彻底的实验主义和功能主义。实际上,联邦最高法院在言论自由问题上的实验主义和功能主义的态度是很明显的。比如言论的扩展,从政治言论到商业言论,从言论、象征性言论到信息,言论自由中的"言论"成为法院回应社会发展或技术进步的基本思路。但是,在扩展中,当承认这些"言论"的时候,没有关注或没有过多关注言论背后的价值,甚至远离了第一修正案的初始价值,是否应该反思?这与第一修正案的定位有关,"不得制定法律"的要求是消极的,利用第一修正案对抗政府的言论规制,是第一修正案展开的方式,也是传统套路或范式。问题在于,私人公司对于言论的控制,已经到了对个体言论自由造成前所未有的障碍时,第一修正案是否还将政府看作是消极的存在?更值得反思。如果仅仅坚持言论对于民主的意义或者价值,就很难解释,为什么商业性的言论也需要获得第一修正案的保护。当决定保护商业言论之时,更多的是出于言论的自由本身——即便是追求经济利益而非追求真理的言论,也是应该得到保护的。从另外一个角度看,这是一个经济的自由竞争市场的条件或保障问题,经济生活中的言论的自由发表,给经济竞争创造了条件,这是言论自由的功能理论的体现。

从实验主义立场出发，司法应对技术的态度一直是开放而稳健的。司法涵纳新要素的能力，在一个又一个的案件中得到功能上的实现。比如，联邦最高法院在 1948 年的一个案件中给出判断："我们毫不怀疑，电影，就像报纸和广播一样，包括在第一修正案保护的新闻自由之中"。[①] 同时，法院也注意到不同传播媒介存在的不同性质和问题，即每一种都有它们自身的法则。[②] 与以往的报纸、广播、电影等时代不同，数字（技术）时代以互联网技术以及以互联网技术为起点发展起来的信息技术为存在基础，这种差异前所未有，因而使得言论自由范式面临崭新的考验。在这方面，需要发展"互联网自身的法则"。允许立法试验以积累经验，是法院应对的策略之一。[③]

史蒂文斯大法官认为："在规制这个发展中的产业（指互联网产业）的初期，国会不应该被要求做出完全肯定或完全否定的选择。"[④]承认面对新技术的立法回应的局限性，是重要的。"个别的技术创新隐含着一系列的危险，牵扯到宪法价值，与其他人相比，立法和法院都没有什么特别的见解，可以当创新刚刚开始时在宪法上作出适当的反应。这种建议有利于尊重负责任的民主决定，或者，如史蒂文斯大法官所说的，尊重国会的选择。但是，随着创新和政策试验经验的积累，立法者和法官能够了解更多有关特定危险的信息，以及包含宪法价值的规制回应方式。我们的宪法体制假定，在以有见识的方式实施宪法价值方面，法官具有某种程度上的比较优势，而且约束性司法原理可以发展"。[⑤] 确实，与立法规制的普遍性相比，司法过程具有个案裁判或个案正义的优势。在这

① United States v. Paramount Pictures, Inc. , 334 U. S. 131 (1948).
② Kovacs v. Cooper, 336 U. S. 77 (1949).
③ See Mark Tushnet, *Internet Exceptionalism: An Overview from General Constitutional Law*, 56 WM. & MARY L. REV. 1637 (2015).
④ DenverArea Educational Telecommunications Consortium, Inc. v. FCC, 518 U. S. 727 (1996).
⑤ Mark Tushnet, *Internet Exceptionalism: An Overview from General Constitutional Law*, 56 WM. & MARY L. REV. 1637 (2015).

里,司法回应优势的发挥,也建立在经验积累之上,体现了实验、探索的特征。

那么,这是否意味着必然造成第一修正案领域的"互联网例外主义"呢?图示奈特教授认为,宽泛地构建关于互联网例外主义的讨论是一种误导。[1] 比如,一种规制,当其被用于针对印刷媒介时,可能在宪法上是不允许的;而当其被用于针对互联网传播时,可能就是宪法上允许的。反之亦然,一个对于印刷媒介合宪的规制,运用到互联网上的传播,就可能是宪法不允许的。这在结果层面看似乎是互联网例外主义,但它也可能是第一修正案问题统一处理或一体化处理路径的结果。[2] 或许应该澄清的是,例外,是何种意义上的例外,是技术的例外,是对于技术的规制的例外,还是针对技术规制的宪法审查标准的例外。这三者是相互关联在一起的,技术的例外不容忽视。关键在于,例外能否通过标准的微调得以容纳,以及试验是否到了确立新学说和标准的阶段或时刻,这始终是个问题,正如先例的遵守和放弃。也有学者认为,"技术封建主义"(techno-feudalism)是毫无意义的。最重要的是,决定结果如何的不是技术本身,而是经济和政治制度。如果现有的经济政治制度无法带来我们想要的结果,我们就必须进行改革。[3] 因此,这一思路体现了彻底的功能主义或实验主义面向——一切以结果为导向,否定任何先在的逻辑或者预设。对于言论自由范式而言,即使改变或者重构其核心基石,也是可以的——或者并非不可以或不可能,因为范式本身不是目的,只是解说世界的工具,是解释第一修正案的工具,当这个工具不再有利于言论自由的实现,那么,改变它,就是时候了。

---

① See Mark Tushnet, *Internet Exceptionalism*: *An Overview from General Constitutional Law*, 56 WM. & MARY L. REV. 1637 (2015).

② *Ibid.*

③ See Daisuke Wakabayashi, *Legal Shield for Social Media Is Targeted by Trump*, N. Y. TIMES (May 28, 2020), https://www. nytimes. com/2020/05/28/business/section-230-intenet-speech. html, last visited May 6, 2021.

在一定程度上,不是既有范式对于第一修正案原理的扭曲,使之远离了固有的样子,相反,人们正在经历的世界的基本事实的变化,要求从根本上彻底塑造第一修正案价值的运作方式。因此,没有必要回避旧范式面对新时代的捉襟见肘,尽管存在范式转换的难度,转换的可能性同样存在。这里的问题是,范式确立的事实基础是什么?言论自由的事实基础是什么?如果把先例的形成看作是法律问题处理的经验,那么,先例的变化,即是法律问题处理上的变化,这样的变化,依赖的又是什么呢?是案件的事实问题,这可能是更基础性的,事实变化引发法律变化,由此导致先例的变化。而事实,案件中的事实,又是最难以预测和事先确定的,往往表明某种社会现状和需求以及变化的趋势,也很难用好与坏来判断。

如果新范式出现,其样态是什么样的呢?是完全的改变,还是要素的重组或重新排序?一种观点认为,信息时代是一种新的范式,新的范式不仅仅意味着在新的框架中铸造旧的思想,新范式意味着错位和分裂。新范式要求我们接受——当事实和原则发生分歧时,归根结底,关键在于事实。我们需要一个在功能上而不是形式上运作的第一修正案——最重要的是,一个保留个体参与、加入、发言、说理,依据是非曲直被说服的权利的修正案。我们需要新的第一修正案,如果我们要在新言论的希望和危险之间穿行找到航行的方向。[1] 这一主张暗示了言论自由范式转换的可能切入点或者驱动点,可归为功能性取向或范式的功能性定位。第一修正案演进的历史,是功能性扩张和调适的过程,文字没有改变,法院对它的解释,依据同样的文字作出的决定改变了。因此,功能性定位,一直就是第一修正案范式的基础,或霍姆斯式的思路或者进路。这一点没有改变。

一个相关问题是,宪法应对挑战,与法律应对挑战是否存在不同?差异显而易见,宪法的根本性,以及由此给法律带来的影响,是

---

[1] See Andrew Tutt, *The New Speech*, 41 Hastings Const. L. Q. 235 (2014).

结构性的,远非法律——普通法律——所能及。因此,宪法变革的审慎特点也是题中之义。与此相关的是,在法院系统内部,下级法院的司法实践积累的经验,对于宪法的解释和宪法争诉的判断——当然涵盖第一修正案,能够为联邦最高法院的最终决定提供经验和基础,这可能是范式转换优势之所在。在立法层面,已经有两个州即加利福尼亚和德克萨斯,出台立法对"深度伪造"(deepfake)技术成品进行规制,这种规制将面临第一修正案的挑战。已有学者讨论这一问题的言论自由意义,认为第一修正案保护可能提供给"政治上的深度伪造"(political deepfakes)即含有政治内容的深度伪造成品。[①] 技术的进步与法律的进步之间的关系,一直是一个有吸引力的话题,与司法审查原理的发展和进步密切关联。学者与法官的对话,也在很大程度上促进了范式的完善与法治。

所以,如果用一句话来说明言论自由范式的未来发展趋势的话,就是:一切皆有可能。但是,在未来未来之前,一切照旧。不可否认,一旦改变核心构造,就是宪法模式的根本改变,甚至也是主权国家的颠覆性改变。某些断言认为,互联网,这个人类的创造物,自其诞生之日起,就不再臣服于人类的法律规则,而是有自己的规则,乃至存在其没有宣示的主权,互联网主权的最终命运就是取代传统的国家主权。若果真如此,那么,技术就成了制度的异类,技术成了人类的创造物的敌人,异化成了人类制度的敌人,会不会成为人类自身的敌人呢?机器人的言论自由问题就是一例。或许,任何划时代的技术变革都会带来阵痛。那么,历史上曾经经历过的阵痛和变革,在这个时代也会发生吗?关键是,今人也会像前人一样,度过危机,重现新世界或新世纪的曙光吗?[②]

---

① See Matthew Bodi, *The First Amendment Implications of Regulating Political Deepfakes*, 47 Rutgers COMPUTER & TECH. L. J. 143 (2021).

② 巴尔金教授对此给出了积极回答。参见 Jack M. Balkin, *The First Amendment in the Second Gilded Age*, 66 BUFF. L. REV. 979 (2018).

四、司法的限度

司法范式转换的内生障碍，使得渐进式发展的第一修正案司法规则，很难完全回应和解决技术挑战带来的所有问题。换言之，司法是有限度的。

司法回应与回应的限度，不是一个新问题。但是，在当今时代，这个问题特别突出和明显，这很大程度上归因于技术快速发展带来的社会急剧变化所造成的法律制度的滞后，当所有的宪法机构作出反应的速度赶不上技术、社会变化的速度时，司法机构往往成为滞后责任的最终承担者——人们更多地归咎于司法而不是立法或执法。一个确定的事实是，在立法、执法、司法三者中，司法从来都不是"冲锋陷阵"的一方。① 今天，似乎更显示出司法作为后盾的角色定位缺陷或天然短处。在第一修正案研究中，承认司法的限度具有特别重要的意义，在技术急速发展的时代，尤其如此。

（一）言论自由是一个司法问题，法院解决的方式存在局限

司法过程所能够解决的只是言论自由问题的一个部分，不是全部。不仅如此，司法自身的解决模式也使其回应言论自由新问题的能力受到限制。

司法的个案裁判模式，集中处理和注重解决的是个案正义，这也是司法回应的个案进路。此为普通法的传统，也是优势所在。第一修正案案例法，是基于普通法的机制得以形成和发展的。在这个意义上，普通法的优势，同时也是第一修正案案例法的优势。当然，优势有时也是劣势。上面讨论的范式转换是一种理论上的阐释，旨在

---

① 当然，在美国宪法历史上，有过几个时期，司法走在了立法和执法的前面。比如沃伦法院时期，联邦最高法院通过一系列平等保护案件的判决，应对有色人种对于自由和权利的抗争，有效缓和了社会冲突和矛盾。

明确司法也需要"与时俱进",当社会发展的脚步已经走进自由和权利的领域,司法就不可能再漠视或回避。当然,司法的回应,与立法和执法不同,表现在个案的裁判中实现原理的转变与发展。

一方面,司法的局限带有天然性。

布雷耶大法官(Justice Breyer)曾经总结联邦最高法院"关塔那摩囚犯系列案"判决的特点是"立足当下,就事论事",[①]这正是司法决定的特点。因为,法院或者法官永远都不知道,下一个案件会涉及什么宪法问题,就是涉及第一修正案问题,也不知道是哪一个方面的第一修正案问题,所有的原理原则学说,都只能为解决下一个问题提供思路和根据,但绝对不是标准答案。正如没有疾病是按照病例得的,没有案件是按照案例发生的,这就是不确定性或者或然性。面对不确定状态,法官能够做的就是"立足当下",而且"就事论事"。不可能寻求一揽子解决,也不可能是一揽子解决。司法不是立法,解决问题总是个别的,这也决定了第一修正案案例法会一直处于动态发展之中。在这个层面上,司法是被动的、消极的。

这样的局限难以克服。换言之,在什么时候什么情况下,扣动第一修正案(审查)扳机、触发第一修正案(宪法)问题?很难定义。范式只是一个基本共识,一个思考的起点,仅笼统地提供了一个处理言论自由问题的大致轮廓或常规分析方法。从正面定义言论自由、第一修正案是困难的,法院的实际进路是:言论自由本质上是政府规制或限制言论自由的"自由"。这是一种反向思维,也应和了第一修正案条款的"国会不得"要求。

在言论自由问题上,规制——政府限制言论自由——才是更加恒久的主题,法院所要做的就是审查政府限制言论自由是否符合宪法,规制必须合宪。这里的问题在于,不能确定的是,你不知道政府会如何规制,采取什么样的手段进行规制,又是针对什么样的与言论

---

① 〔美〕斯蒂芬·布雷耶:《法官能为民主做什么》,何帆译,法律出版社2012年版,第271页。

相关的行为的规制。事实是，关于言论规制，只有你想不到的，没有政府做不到的。① 所以，法院具体应对也是不一样的，是因案而异的。不同的言论自由领域，强调的重点也不相同，比如，是个人自治、民主政治，还是经济活动？稳定的言论市场有多重要？个人自治如何运用到经济领域？等等，这可以理解为，法院的活动就是就事论事。先例作为范式的意义只是参考性质的，尽管有引领和引导作用。"联邦最高法院适用第一修正案审查的每一个政府规制，都有几个额外的因素。因此，法院从未把第一修正案对于仅与言论有关的规制的适用性，作为具有普遍适用性的存在，适用于从事言语活动的实体。不同的第一修正案概念会对这些规制有不同的对待。比如，聚焦于自治和自我表达的概念，会因荒谬而拒绝将第一修正案适用于对从事言论活动的实体的经济规制……在对发言者的一般规制上……似乎没有被广泛接受的来源、推理或结论"。② 这或许可以解释，为什么法院从未确定第一修正案的定义。

另外一方面，司法原理本身的问题，也在很大程度上决定了司法处理的局限性。

不同原理之间的纠葛，是局限性的表现形态。比如前文讨论的公共论坛原理和政府言论原理。尤其针对同样的案件事实，运用何种宪法原理是适当的，本身成为选择问题，不同选择也是评判案件得出不同认识的基础——从不同原理进行不同的解释也会得出不同结论。不仅如此，上述不同解释和适用的思路，暴露了言论自由原理的内在张力，言论自由原理之间也会存在某种紧张关系或矛盾之处。③

这可能是案例法的特点或者弱点。在每一个不同案件的裁判

---

① See Lee C. Bollinger, *The First Amendment's Original Sin*, 72 U. CHI. L. REV. 417 (2005).

② Stuart Minor Benjamin, *Transmitting, Editing, and Communicating: Determining What the Freedom of Speech Encompasses*, 60 DUKE L. J. 1673 (2011).

③ See Jason Wiener, *Social Media and the Message: Facebook Forums, and First Amendment Follies*, 55 WAKE Forest L. REV. 217 (2020).

中,法院运用先例、沿用先例,从过去的裁判中找到根据和经验,用于解决和处理眼前的争诉。长此以往,先例形成了原理,原理运用于现在的案例。一个简单的操作规程是,将眼前的案件套用到以往的类型中,找到以往的原理,由此作出裁判。当寻找和澄清的时候,都只是在重复或者发展某一类原理,对于其他原理则不涉及——或不作重点讨论,相当于是一条线延续下来。先例的思维是一种纵向的思维,是过去和现在的关系,而忽略的是横向的思维,即平行地或横向地观察或者考量不同原理之间的关系。比如,在适用中,我们选择公共论坛原理,其发展得到重视,政府言论原理的发展则往往被忽视。当一个案件,运用不同原理都可以得到解释的时候,或者说跟几个原理都相关的时候,一方面需要全面去澄清,以作出准确判断,另一方面也需要反思这些原理之间的关系。比如,不同原理在多大程度上是排斥的,又是相容的,它们之间的区别,是不是没有我们认识和想象的那么大。一个原理如果可以直接被"对号入座"、发挥"自动售货机"一样的功能,法院由此得出肯定结论,固然是好的,但是,也不必将其作为唯一出路。思考和分析不同原理之间的关系是有意义的,在横向上扩展思维,有利于对原理的理解。

换一个角度观察上述问题,也可以看作是推特(还有脸书等)作为数字时代的新型交流手段,对于已有的第一修正案理论构成了挑战。目前几乎每个人(包括政府官员)都使用推特,推特已经成为一种关键又关键的政治交流的重要通道,推特空间也成为异于传统城镇广场的数字时代的标志性交流场所。这种改变,使得采用已有的任何一种原理来进行衡量和判断,似乎都很难得到充分的论证——具有强有力的说服力。Knight 案中,针对一个争诉事实,呈现出法律问题的多元性或多重性,公共论坛原理和政府言论原理纠葛在所难免。

(二)言论自由是一个宪法问题,不单由法院来处理

言论自由涉及立法、执法、司法,在司法过程解决的言论自由问

题,与立法、执法密不可分。在技术变革时代,司法的局限性愈发突出,法官对于专业性问题的理解不足以使得其作出合理判断之时,尊重立法和执法的判断,是一个明智的选择。

事实上,这也是一直以来的"习惯做法",尤其是 20 世纪 70—80年代之后的司法实践,司法审查的重要趋势是对于执法和立法的尊重。比如行政行为司法审查中的"谢弗林原则"(Chevron Doctrine),①反映了以"专家知识模式"为代表的行政法转型,正是这一趋势的体现。巴尔金教授指出:"数字时代提供了先进的技术基础,极大扩展了个人参与文化构造和传播的可能性,从而促进了实现民主文化的可能性。但同样的技术也产生了扩展文化参与的新方法。因此,言论自由的价值——交互性、大众参与以及转变文化之能力——必须通过技术设计以及行政和立法对技术的规制加以保护。言论自由将越来越多地取决于过滤技术基础以及万维网律师,而不是法院判例,因为前者比后者更知道技术设计对言论自由的价值之影响,并可帮助形成促进技术并保护言论的规制方案"。② 这一解释是合理的,言论自由从主要依靠司法发展到也依靠立法和执法,是一个明显的趋势。法院在言论自由保护中不可或缺,但司法可能不是唯一甚至不是最合适判断数字技术时代言论自由问题的机构。司法对于立法判断和执法判断的尊重,十分必要。

立法机关功能的发挥,是克服司法机构和司法行为局限性的途径,特别是在应对社会变迁的新挑战面前。其中,立法和司法的互动是一个重要的方面。比如,立法机关可以给法院更大的自由空间去处理和解决问题——寻求处理的方法。有学者指出,"创造针对媒介(社交媒体平台)的有激励性的责任,是一项典型的立法任务。正如

① Chevron U. S. A. v. Natural Res. Def. Council, 467 U. S. 837 (1984).

② Jack M. Balkin, *Digital Speech and Democratic Culture:A Theory of Freedom of Expression for the Information Society*, 79 N. Y. U. L. REV. 1 (2004). 译文引自张千帆:《美国联邦宪法》,法律出版社 2011 年版,第 471 页。

国会已经认识到的,通过采取不同的规制措施,可以针对互联网媒介的责任进行保护。面对多元的竞争性利益,立法机关应该被允许给予法院实质性的自由空间,来处理和解决……如果存在权利而由法院来实施,可能是更容易的。系统性路径的承诺,揭示了言论在实践中成功或失败的方式,风险在于,我们缺乏政治权力或意愿去通过有益的方式构造制度。"[1]不仅如此,"国会可以在相当广泛的范围内,自由决定适当的媒介责任制度,第一修正案没有要求严格特定的解决方法。话虽如此,如果个体言论是非法的,不可归咎于媒介。我们应该至少考虑某种途径,在其中,当言论是合法之时,可以制止媒介的干涉。目前的制度给了超然于个体发言者和受到言论损害的第三方特权。或许这是一个错误,不是第一修正案禁止我们纠正的一个错误,如果不加改变,交流多样性的愿景很难实现,即使是在互联网上"。[2] 这种担心有道理,确实,在言论自由问题上,需要考量的利益和价值是多元的,其中,以说者和听者的利益最为直接。不过,如果仅仅做如此考虑即改变已有的制度,是否会引起其他的问题呢? 因为取舍和立场总是有关联。这确实值得思考、需要探索。第一修正案就是一种探索,是在规范意义和时代需要之间达成某种良性的平衡。第一修正案的探索之路充满了未知和风险,需要在试错中前行。

(三) 言论自由是一个社会问题,依靠政府和人民的宽容

言论自由问题具有层次性——司法是核心,立法和执法不可或缺,最终扩展至整个社会,政府和人民都在其中。

政府的宽容首当其冲,这也是为什么言论自由是针对政府的自由。第一修正案的历史显示,政府对于审查的冲动是千变万化的。事实证明,政府官员在追求审查制度的目标方面具有创造性。政府

---

[1] Rebecca Tushnet, *Power without Responsibility*: *Intermediaries and the First Amendment*, 76 GEO. Wash. L. REV. 986 (2008).

[2] *Ibid.*

"输了"一种控制异议的手段,很快就会找到一个新手段替代它。第二次世界大战之后,当直接的刑事制裁变得更加困难的时候,政府就迅速转向忠诚测试、立法调查拒绝雇用持不同政见者,让他们遭受公众骚扰和羞辱。当这些压制异议者的手段都被质疑有问题的时候,政府扩大了对监视和干扰的使用,以恐吓和压制或消音批评者。当这些管控异议者的技术受到挑战,政府就转而更加积极地控制信息,拒绝公民获知他们自己政府的活动情况。① 可以说,言论自由的每一个进步都是在冲破形形色色的政府控制之后实现的,对于第一修正案而言,这样的控制无异于罪恶。

言论自由是政府的问题,更是整个社会的问题,每个人都是参与者。尤其在数字技术时代,参与成为习惯性动作,在进入社交媒体平台的那一刻,这样的参与就在不知不觉中完成了。因此,言论自由是每一个人的问题,个体的素质、修养、宽容程度,决定了言论自由的社会风貌,不仅仅是司法风貌或政府风貌。在那些司法过程管不到、政府权力不能进入的领域——这个领域更加广大,个人是决定性的力量。尽管就专业角度看,法官才是"言论专家",法院更有能力鉴定——至少一开始是这样——言论在美国社会生活中的意义。② 但是,在宽泛的视野上,关涉所有人的言论自由,无疑依赖于政府和人民的宽容。

问题在于,针对不宽容心理问题,法律的效用微乎其微。"一个简单又重要的事实是,首先,不宽容心理显现在言论审查之中,也会感染其他各种行为。它扭曲判断,导致其他压制性法律,阻止合理的妥协合作,过度惩罚违反社会规范的人——他们被视为对社会的威胁……不宽容心理的问题是自治政府的问题,不是法律可以治愈的

---

① See Lee C. Bollinger, *The First Amendment's Original Sin*, 72 U. CHI. L. REV. 417 (2005).

② See Marie A. Failinger, *Five Modern Notions in Search of an Author — The Ideology of the Intimate Society in Constitutional Speech Law*, 30 U. TOL. L. REV. 251 (1999).

瘟疫。在美国，言论的社会活动，基本上已经从民主监管的正常领域中移除。在人类行为领域，它相当于受保护和不受管制的荒野区域。因此，言论自由有两个功能——服务于两个民主目的，其一是，为言论本身的活动提供特别的保护，作为一种在有关公共论坛的公共讨论中促进我们社会利益的手段；其二是，去创造公共舞台的一部分，我们可以提高我们的容忍能力，作为更好地面对不容忍心理的危险的一种方式，此种不容忍心理对整个社会结构构成巨大威胁，尤其是在公共领域。"[1]战争时期的言论自由可能是最典型的例子。"战争时期，通常是不容忍的态度达到最高点的时候，公众辩论对信息和思想的需求也是最大的"。[2] 这个国家的言论如何既服务于在良好的讨论中实现的实际利益，又服务于成为更好的人民和更好的社会的更高利益，是一个巨大的考验。[3] 所有人的宽容或所有人对不宽容心理的克服，是言论自由得以存在的社会基础。

如果可以类比的话，不知道从何时开始，总统选举时期接近了战争时期，选举年变成了战争年，整个社会的不宽容也达到了顶点。这一点在 2020 年总统大选期间表现得最为突出。区别于战争时期政府对于异议的控制——表现为"言论的不自由"，大选期间，更多的是"言论的自由"，而不宽容就在自由之中。由政党政治运作失常和其他要素导致的政治极化，使得民主过程的理性对话，演化成为党同伐异的言论角斗，甚至"动口又动手"。言论自由由民主选举的基础，变成了民主选举的障碍——有的选民已经不能"好好说话"，谈何宽容。自由与宽容的相容关系，变成了对立关系。套用霍姆斯的话说就是：在最需要宽容的时候，往往最不宽容。不宽容加剧极化，极化又反过来加剧不宽容，越不宽容越极化，越极化越不宽容，陷入恶性循环。

可以说，第一修正案不仅是宪法层面的法律层面的，也是道德层

---

① Lee C. Bollinger, *The First Amendment's Original Sin*, 72 U. CHI. L. REV. 417 (2005).

② *Ibid*.

③ *Ibid*.

面的,是一种试着用宪法手段来医治人性中与生俱来的不宽容心理的手段——当然,首先是遏制政府的不宽容。正是这个条款,被认为是美国宪法的精神内涵或宽容本质之所在——我们虽然不同,但是我们可以共存。不宽容是人性的弱点,第一修正案控制的对象是政府中人的不宽容。由法律到人性,可能是一种没有选择的选择。有意思的是,法学学者研究法律问题最后总会超越法律,走向法律之外,法律问题的根源不在法律本身而在法律之外。法律是解决问题的重要途径——最低要求,但是这个重要途径解决不了所有的问题,甚至解决不了主要的问题。当问题追溯至人性,往往就是徒劳——无力解决——的代名词。休谟(David Hume)曾言,"一切科学对于人性总是或多或少地有些关系,任何科学不论似乎与人性离得多远,它们总会通过这样或那样的途径回到人性。"[1]法律研究最终上升至哲学层面研究,可能是一种趋势。哲学性问题思考的起点,开始于规范性问题思考的尽头。这里有个度的问题——我们要在解决了多少或者什么层级的规范问题之后,才能或者才应该走向哲学问题的层面? 可能每个人的把握尺度都是不一样的。

(四) 言论自由有代价,需要衡量自由的成本和收益

言论自由是有代价的。人类建立的任何制度,都不可能做到完美无缺或万无一失,实现最好与防止最坏,是两个不同的思路。当我们明白,所有的真理都是经验,我们就能接受不完美的存在,制度,人,都是不完美的。言论自由的前提,也是人的不完美,防止政府干涉的前提在于,即便是政府也不具有先知先觉的能力,可以垄断或宣布真理。自由,在目的层面,必须获得肯定,即使言论自由的结果是什么都得不到,也不影响自由本身。政府,个人,乃至整个社会,都作为代价主体存在。

从广泛的意义上说,言论自由的代价由不特定的人来承担,比

---

① 〔英〕休谟:《人性论》(上册),关文运译,商务印书馆1980年版,第6页。

如,在网络上发表言论的人,或发表不了言论的人,在个案中,可能就是某个特定的人来承担了。这个判断可以通过侵权法和宪法第一修正案的关系得到证明。比如,在 Snyder 案,[①]联邦最高法院判决,一个人或组织的言论自由,给另外一个人造成精神上的伤害,并不因此要承担侵权法上的责任——第一修正案禁止一个人因为言论自由而承担侵权责任。与"纽约时报案"相似——此案关涉的是公共官员的名誉,Snyde 案关涉的是一个普通公民的精神损失。实际上,这与"焚烧国旗第一案"也有某种相似之处,[②]焚烧国旗,也会给人带来反感,甚至有人会认为自己受到了精神上的伤害,但是,并不能就此判处焚烧者有罪。在 Snyde 案这起民事诉讼中,第一修正案再次阻止了侵权法的适用,言论自由免于侵权责任。

正如第一修正案的影响远远超过第一修正案本身,言论自由也远非一个宪法问题或者法律问题所能涵盖,其影响已经扩展至整个社会。正因为如此,言论自由的成本或者代价,就不仅是政府的权力受到限制和控制,而且是所有个人都是成本的承担者,乃至整个社会都是代价主体。这或许是无法否认和回避的事实:宪法、宪法制度对于国家和社会具有决定性作用。

不容忽视的是,言论自由的代价问题在数字时代更加凸显。或者说,数字技术时代的言论自由的代价是可见的,传统社会则不容易暴露。一个突出的例子是,对于"假新闻"以及包括"深度伪造"等数字时代的特殊言论问题,政府是否必须加以规制?有研究指出,相较于对于规制或治理假新闻,容忍其存在,成本更低。换言之,规制假新闻的成本即给言论自由带来的负担和损害更大。言论自由的收益与成本是重要的第一修正案问题,许多支持言论自由的决定背后——比如泄恨言论或谎言的保护——是基于这样一种认知:任何形式的政府审查的社会成本,都要超过规制受争议的有害言论所带

---

① Snyder v. Phelps，562 U. S. 443 (2011).

② Texas v. Johnson，491 U. S. 397 (1989).

来的利益。[1] 因此，言论自由成本的承担者，不仅有政府——比如特朗普总统，而且有人民——比如普通个人。在社交媒体时代，无论是哪一类主体都会遭遇"想发推文发不了"的局面。言论自由的成本和收益，即，第一修正案的代价和回报，关涉所有人的付出。

---

[1] See Brittany Finnegan, *The Cost of Free Speech: Combating Fake News or Upholding the First Amendment?*, 75 U. MIAMI L. REV. 572 (2021).

结论 ⟡ 第一修正案主义？

至此，我们进入总结部分。毫无疑问，在所有宪法问题中，言论自由是最为复杂和最为灵活的，也正因为如此，言论自由理论才丰富多彩又充满变数，未知和待解恰恰成就了第一修正案的魅力。不论如何，暂时性的结论是必要的，作为阶段性研究的回顾，它有助于我们对这一论题形成清晰的认知。与此同时，展望也不可或缺，尤其是在数字信息膨胀的推特时代，第一修正案的重要性大于历史上的任何阶段。经验表明，言论自由的状态，不单直接关系个人权利，更关涉民主运作、宪法政治，甚至社会结构、国家命运。

一、推特总统和言论自由

在上面几章分析的基础上，可以对推特、总统之间的言论自由关系以及相关问题给出以下回答。

按照联邦最高法院的第一修正案案例法，推特封号总统，并不产生第一修正案意义上的言论自由问题，因为推特不是政府，其行为不构成政府行为；相反，特朗普总统要求行政机构解释《通信规范法》第230条的适用空间，以削减包括推特平台在内的网络社交媒体的言论控制能力，存在违反第一修正案和国会立法的嫌疑。

特朗普与推特之间围绕言论自由展开的斗法，从特朗普总统任职期间延续到卸任之后，最终以其提起针对推特（和其他社交媒体平台)的法律诉讼的形式呈现于世。这应当就是推特与总统关系该有的样子吧？在法治国家,一切关系都会转化为法律关系,争诉的提出和裁判是通过法治途径解决矛盾的思维。然而,特朗普的诉求,即要求法院向推特发布初步禁令、要求推特立即恢复他的个人推特帐号,未必能够得到法院的支持。理由很简单,推特与政府不同,在言论规制问题上不受制于政府的约束——不具有第一修正案的责任以保护或保障言论自由。因此,公法上的救济——特殊程序救济即以禁止令或强制令等形式呈现,不能成立。

在私法层面,推特与特朗普之间的关系是平台和用户之间的法律关系,这种法律关系下的纠纷解决首先受到双方服务合约以及法律的约束。作为合约一方的推特,封禁用户账号是其合约中保留的对于用户的权利——类似权力性质的权利,并非是法律上的义务或者责任。权利受司法救济是普通法传统,但是,权利救济的前提是损害方的法律上的或者合约上的义务或责任,这是权利存在或利益保护的基础。用户——被封号者自由发表言论的权利确实受到了损害,但是,此种损害是否意味着被损害方有权要求法院针对私人平台直接发布强制禁令,要求其恢复账户作为救济权利的方式呢？以既往判例看,法院无权判决这样的禁令。在法律层面,根据《通信规范法》第230条豁免条款,推特的封号行为也多半会被法院裁判为符合豁免条件而不承担法律责任。

根据联邦地区法院和上诉法院的 Knight 案判决,总统推特账户的交互空间属于公共论坛,特朗普总统拉黑推特用户账号,违反了第一修正案的内容中立原则,构成内容歧视。从联邦法院系统对这类案件的裁判结果看,适用公共论坛原理只是众多案件中处理方式之一种,不是全部,这至少说明,该案是应该适用公共论坛原理、还是适用政府言论原理,仍然存在探讨空间。当然,这并不影响该案决定。不过,正如许多诉讼的最终结果都会出人意料一样,Knight 案在联邦最高法院的命运也是如此。联邦最高法院判决推翻联邦第二巡回上诉法院的上诉判决,同时将案件退返第二巡回上诉法院,要求后者按照联邦最高法院的指令，以争议已无意义为理由判决驳回案件。在这里，联邦最高法院从程序上给出了决定，没有从实体上判断总统拉黑行为是否构成基于内容的歧视以至于违反了第一修正案。这意味着初审二审阶段的决定本身不会发生实质上的法律效力，相当于原告 Knight 研究所一方没有真正胜诉，被告特朗普总统也没有真正败诉。这个结果或许是特朗普没有想到的，当然可能也没有出乎他的意料，因为在职期间，他曾经——如果不是一次的话——说过，到了联邦最高法院就会改变下级法院对他的不利判决，似乎这一次命运的天平又倒向了他那一边，即使此时该案上诉人已经改成现任总统拜登。

作为民选官员，总统的言论自由受第一修正案保护，但也存在不同于普通公民的限制和责任，这种差序格局，反映了作为总统的公民，以及作为公民的总统的言论自由特殊状态。如果将公民与总统的言论自由进行比较的话，可以归纳为："自由或权利无差异，责任和限制有不同"。特朗普总统与言论自由的"亲密关系"，不仅表现在，任职期间因言论特别是推特言论被诉诸法院，不同争诉——煽动暴力、诽谤侵权、违宪规制等——几乎涵盖了"涉言诉讼"的全部内容，而且表现在国会对他的第二次弹劾，也是确定其言论"煽动暴力"的罪名，尽管参议院最终宣布罪名不成立。当然，在诉讼——无论是一般的司法诉讼还是弹劾诉讼——之外，总统言论自由的状态也与普通公民存在不同。其中，最为突出的是，总统言论的事实上的导向力或控制力，在难以从诉讼角度控制总统言论的时候，总统发表言论的场合往往充满了不受约束的样态或趋势。这也使得人们思考司法对于总统言论限制的限度：在司法之外，即在司法作用不到的地方，才是总统言论自由的任性与任意之所在。这或许是一种无奈的现实，司法总是存在限度的，不可能包罗万象，甚至包治百病，司法的鞭长莫及之处，常常就是言论的恣意和任性之地。事实上，这样的司法限度本身也是法律的限度，对于任何人都是一样的，只不过总统作为民选官员，惹人注目。所以，司法漏洞也是法律漏洞就格外明显——总统的信口开河，让人更加清楚地看到了司法的限度。

在立法层面，国会的《通信规范法》是互联网调控的主导性立法，关于第 230 条豁免条款的存与废，存在不同的观点。在整体上，审慎地对待有关言论自由问题的规制立法乃至案例法，是稳妥的选择。如果说人类社会法律新纪元的开始，是从社交媒体平台的崛起作为标志的，或许不会错的。从时间上看，推特等数字平台的兴起，给立法和司法带来挑战。社交媒体改变了人们的生活，也改变了交流的方式，改变了言论自由原来的模样。立法和司法的应对，都并非是"一切准备停当"之后的措施和处理，毋宁是"兵来将挡水来土掩"的非万全之策。立法如此，比如第 230 条的豁免立法；司法也是如此，比如被认为最重要的第 230 条十大判决。网络发展特别是数字技术高度发展的状态，让人猝不及防，难以准确判断。因此，所有的法律手段实质上是一种权宜之计。问题在于，当我们把社交媒体的言论泛滥以及种种乱象，归咎于立法——第 230 条豁免条款——的负面结果，甚至认为它是罪魁祸首之时，就在很大程度上误读了社交媒体也误读了法律。从实质上说，任何法律都只能解决一部分问题，不能解决所有问题，尤其是在一种技术手段的发明，可以释放出人类本性中的所有弱点欲望而约束不到的时候，人性就会比任何时候都"经不起考验"。法律，永远对于遵守它的人起作用，数字时代与非数字时代，没有差异。

但是，这不意味着我们不需要或不应该面对真正的问题，那就是：第 230 条豁免立法在客观上使得言论自由的宪法问题和法律问题之间的紧张关系加剧。现实是，豁免的结果使得平台对于言论的处理不承担法律责任，更不承担宪法责任——平台的私人主体性质决定了其与宪法责任无涉。在不承担法律责任也不承担宪法责任的情况下，平台对于言论的处理就有任性或任意的意图或动机，或者虽然没有意图，但是会放任这样的处理方式上的不周延和不完善。换一个角度看，这未尝不是一种现实的选择——当法律或政府尚且不能准确或完美应对社交媒体、技术数字技术发展的结果以及社交媒体的问题时,社交媒体本身的应对不应当被求全责备或苛求。对于社交媒体不会任性处理言论的一个基本信任或一个预设支点,在于社交媒体不是一个以规制言论为目的的机构或者场域,相反,尽可能允许自由的言论,才是社交媒体的目标或追求。当然,这样的目标并非终极目标,社交媒体不是毫不利己专门利人的慈善机构,或者侠义般地主动替代政府为所有人言论的表达制造或提供空间,而是,言论的自由本身有利于社交媒体自身的利益。基于此,也仅基于此,才是豁免的实质意义,或者说是豁免能够起作用的根本。

　　跟其他宪法问题领域一样,言论自由也面临新问题和新挑战。作为对新挑战的回应,第一修正案的司法原理处于稳定与变动之间,在言论自由范式的核心构架不变的前提下,部分或个别规则上的修正在所难免,这种应对符合第一修正案案例法自身的发展规律和历史经验。然而,不同于既往经验的是,数字技术对言论自由带来的影响前所未见,言论自由范式的转换也会呈现出新的特点,尤其面对一些社交媒体大公司事实上对于言论的控制状态,究竟是以"权力"对待还是以"权利"对待,即,是否需要或者应当将大公司纳入到政府行为性质之中,可能是今后一段时间的焦点问题。基于联邦最高法院在言论自由裁判中的"路径—依赖"特点,迈出这一步是困难的,但也未必不可能。至于究竟在哪一个时间点,在何种情形下,在哪一个案件上,联邦最高法院会革故鼎新,则不易确切判定。这事实上是一个难题,一个宪法难题。

二、言论自由的用途与滥用

　　探讨推特总统的言论自由问题,难以回避言论自由的固有矛盾或张力:言论自由的用途和滥用。这个张力在当下更加明显地表现出来,引人深思。

　　言论自由的用途,直接体现在言论领域权力与权利之间关系的处理上。言论自由总是伴随言论限制,作为权利,是说的自由(不限于说),作为受到权力限制的权利,自由又是对抗政府的盾牌。在不同的言论诉讼案件中,法院在权利—权力之间以及权利—权利之间进行平衡和裁判,由此确定自由和限制的具体结果,这是诉讼中的第一修正案的意义。

　　司法过程的言论自由构成整个第一修正案问题的核心部分,这意味着,单纯只在司法之外讨论言论自由可能是没有实质意义的,因为自由的边界的划定是由法院决定完成,所以撇开法院谈言论自由只能是纸上谈兵。当然,法院的言论自由裁判并非无懈可击,对于联邦最高法院第一修正案规则的批评之声一直存在,比如尚未形成言论自由的"一般(性)理论",[①]已有规则甚至还存在内在的冲突和不连贯之处。实际上,这种批评也可以看作是对于普通法缺陷——杂乱无章、没有逻辑甚至充满矛盾——的揭示,是可以理解的。但是,理论完美从来都不是司法的追求。第一修正案规则虽然不那么完美,也没有完全理论化,却能够实实在在处理诉讼中的言论自由难题。从另外一个角度看,也未必是杂乱无章的,当我们理解了普通法及其实质,也就理解了言论自由普通法实践。这或许与思考问题的角度有关系。可以确定的是,无论法院的个案决定或司法原理面临多少批评,离开法院裁判,言论自由无处安身。

　　麦迪逊(James Madison)指出,"自由的威胁可能产生于自由的滥用和权力的滥用。"[②]言论自由的威胁也来自于自由和权力两个方面。当第一修正案把防止的对象约束定位在政府,即对权力的控制纳入到宪法和法律的框架之中,法院的任务就在于判断政府权力是否滥用,以至侵害到第一修正案所保护的言论自由。因此,在权力层面,控制是规范化的,也是有力的。无论如何,对于言论自由最大的

---

① See Robert A. Sedler, *The First Amendment in Litigation: The Law of the First Amendment*, 48 Wash. & LEE L. REV. 457 (1991).

② "Liberty may be endangered by the abuses of liberty as well as by the abuses of power." Cf. Carol Brayshaw Longwell, *The Burger Court and Freedom of the Press: The Abuse of Liberty by the Press*, 7 OHIO N. U. L. REV. 1005 (1980).

威胁，依然来自于政府，过去是，现在是，将来也是。对抗政府，是第一修正案立论的基础——言论自由是向政府主张的自由，不是向非公权力机构主张的自由，因而宪法关系的判断仍然延续既有的逻辑和标准。问题的要害可能在于自由层面，即如何行使言论自由，才能不至于滥用言论自由。特别是在法律上不存在责任比如第 230 条对平台的豁免，或者难以追究责任比如法院判断言论不构成煽动或者诽谤之时，言论的自由就是发言者自律的范畴，也是法律难以企及、法院不发挥作用的领域。事实证明，这也是最容易失去控制的领域。自由的滥用不是一个新问题，由来已久。不同的是，当下言论发表途径的便捷，特别是新技术的运用下言论量的膨胀，相较于以往言论的短缺——依赖于各种有限的传播途径，今天的言论呈现出"爆炸"状态，使得这个老问题的固有缺陷得到放大甚至成几十万倍的放大，其坏处也突出地显现出来。

现阶段，如果说言论自由的最大危险，来自于对这种自由的滥用而非控制这一自由的权力的滥用，或许能够成立。那么，技术是不是其中的"始作俑者"？或许技术只是"外衣"，这个外衣下的自由、权力、利益等之间的紧张关系，才是问题的实质。技术的不可或缺与双面效应，只是给这类紧张关系的发生提供了与传统不一样的场域，因此，不变的是基础，改变的是条件。有一点不可忽视：技术外衣下存在用技术塑造出灵魂的问题——人在技术下的异化，技术的拟人化甚至是技术替代人，数字——作为人的拟制，成了发言者，也成了被发言者。这一状态实质上构成了言论自由滥用的技术性支持，也是言论自由的更大威胁。

值得注意的是，言论自由的用途与滥用之间，有时很难绝对分清边界。法院的决定固然是标准和尺度，但要完全澄清二者的关系却并非易事。尤其是，用途和滥用的关系——是否是由用途导致或造成了滥用？如何确定二者的因果？是第一修正案判决导致了今天的局面，还是这样的局面挑战了第一修正案？比如，攻击性言论——这个最易被滥用的领域——是否为第一修正案所保护？这种攻击性言论,本身是一种观念的表达,尽管存在对于个人或群体的冒犯甚至敌意,也受保护。这种保护,第一修正案的保护,导致了更多的攻击性言论的发表,甚至泛滥成灾。特别是,当某种攻击性言论发表之后,不久就发生了攻击性言论提及的伤害行为,比如枪击事件、族群仇恨冲突,是不是意味着,政府就可以不允许这样的言论发表——在网络上发表? 从言论自由原理看,不可以,否则违反第一修正案。关于攻击性言论受保护问题,泄恨言论问题,[1]以及推特宣布无限期关闭特朗普的推特账户问题,等等,都指向一个疑问:言论自由的滥用或误用,在多大程度上是因为言论自由本身而发生的,又在多大程度上与联邦最高法院言论自由规则相关联——司法决定导致了自由的滥用? 这可能是需要反思的。

不可否认,联邦最高法院在言论自由问题上的扩张或能动立场,或多或少加剧了甚至造成了"言论绝对自由"的误读或结果。比如,在以第一修正案对抗政府规制的限度和程度上——具体案件中的权力与权利冲突处理,联邦最高法院的司法审查标准并非毫无疑问。换个角度看,或许正是联邦最高法院的决定,纵容或滋长了言论自由滥用的趋势。在这个方面,最尖锐的批评是,联邦最高法院在第一修正案领域,承袭了"洛克勒诉纽约州案"多数意见的洛克勒主义思维,[2]堪称"洛克勒主义"的第一修正案立场,或洛克勒主义在第一修正案领域的还魂或复兴。存在一个扩大第一修正案范围的加速尝试,扩展到了传统上被认为与任何看似合理的言论自由原则、目的和构想都相去甚远的诉讼、行为和事件之中,包括第一修正案攻击了证券法、反垄断法、消费者保护法、药品和其他产品标签法,以及程序法和证据法的言论限制维度。[3] 第一修正案已经变成了新洛克勒主义的发生地,或者毋宁是旧的洛克勒

---

[1] See Jerome A. Barron, *Internet Access, Hate Speech and the First Amendment*, 18 First AMEND. L. REV. 1 (2020).

[2] Lochner v. New York, 198 U.S. 45 (1905).

[3] See Mark Tushnet, *An Essay on Rights*, 62 TEX. L. REV. 1363 (1984).

主义在新理论标签下的重生，在新的教义标签下旧的洛克勒主义的复兴。尤其是在似乎纯粹是经济问题的法律领域，可能跟言论自由和宗教自由没有任何关系。[①]

对于洛克勒主义色彩的言论自由决定的反思，是第一修正案研究的重要内容。有学者指出，第一修正案逐渐扩展公司权利，言论的地位，实质上是信息经济中企业的商业运作，推动信息经济进入新洛克勒主义。[②] 珀斯特教授曾以"亚当·斯密的第一修正案"为论文主题，评论联邦最高法院在言论自由裁判中的洛克勒主义思路。言论自由正如正当程序，成了对抗政府规制的宪法手段。经济正当程序复活了，披上了并不合身的第一修正案外衣。简而言之，联邦最高法院已经重新构建了洛克勒一案的价值观，将其作为言论自由的组成部分，上诉人利用第一修正案挑战商业规制，在从公共卫生到数据隐私的问题上，第一修正案已经成为宪法放松管制的强大引擎，洛克勒的回响显而易见。[③] 巴尔金教授是充分意识到言论自由原理的新洛克勒时刻及其相关社团主义转向的学者之一。他富有预见性地解释道，关于言论自由，"商业利益集团和其他保守群体发现，财产权利的争议和社会现状可以越来越容易地用第一修正案的语言重新表述，通过使用完全相同的绝对论论证形式"。[④] 越来越多的学者、评论者和法官，已经将最近的第一修正案司法学说比拟为洛克勒案中反对契约自由的规范。[⑤] 言论自由成了自由放任主义的代名词或挡箭牌。

---

① See Daniel J. H. Greenwood, *First Amendment Imperialism*, 1999 UTAH L. REV. 659 (1999).

② See Yochai Benkler, *Through the Looking Glass: Alice and the Constitutional Foundations of the Public Domain*, 66 LAW & CONTEMP. Probs. 173 (2003).

③ See Robert Post & Amanda Shanor, *Adam Smith's First Amendment*, 128 HARV. L. REV. F. 165 (2014 – 2015).

④ J. M. Balkin, *Some Realism about Pluralism: Legal Realist Approaches to the First Amendment*, 1990 DUKE L. J. 375 (1990).

⑤ See Morgan N. Weiland, *Expanding the Periphery and Threatening the Core: The Ascendant Libertarian Speech Tradition*, 69 Stan. L. REV. 1389 (2017).

第一修正案这个利器，并非针对政府对于言论的控制，而是针对政府对于经济的(和其他的)规制，言论自由成了矛——对抗政府规制之矛。换言之，第一修正案或言论自由已经"武器化"。这或许可以解释，为什么大公司被认为滥用言论自由。滥用，成为损害言论自由价值的最直接杀手。正如学界批评的，联邦最高法院在言论自由案件的裁判中已经渗透了洛克勒主义的血脉，以至于以洛克勒主义的思维方式，保护言论自由——特别是大公司的言论自由——对抗政府的规制，这样的规制，涉及传统上与言论自由毫不沾边的领域和事项。虽然，我们不能准确判断法院裁判与大公司滥用之间的因果关系，但是，不能排除裁判的引导性效应。联邦最高法院决定在一定程度上加剧了对于言论自由绝对化的认识，而绝对化加剧了滥用。言论自由的绝对主义权利观，作为伴随联邦最高法院决定所透露出的信息，影响广布，使得公众甚至特朗普总统，误以为言论自由是绝对的，在任何情况下都不得被限制。或许，这种"王牌化"权利认知需要认真对待。[①]

将上述问题归纳起来看，可以说言论自由是有成本或者代价的。成本不仅是政府的，也是每一个人的；是法律上的，也是非法律上的。和任何制度运作都需要成本一样，民主政治、宪法政治的运作也是需要成本和代价的。当我们可以判断言论自由的宪法责任——政府权力层面，言论自由的法律责任——个人权利层面，可能只是解决了问题的一部分甚至是一小部分，更多的部分在于言论自由的道德责任或社会责任，而这可能是最难判断的。与此相关的一个有意思的话题是，审查反而是促进言论的。但是，当这样思考的时候，也是滑向更加危险的边缘——将自由看作是对于权力的依靠，动摇了言论自由的价值基础。如果说第一修正案的成本或者代价是不可避免的，那么，这就是民主政治、宪法政治的代价，也是全社会的代价。只是

---

① See Jamal Greene, *The Supreme Court*, 2017 *Term-Foreword*: *Rights as Trumps*?, 132 HARV. L. REV. 28 (2018).

在数字技术时代,当技术手段和成果都跟言论自由关联在一起,言论自由的成本就会向不确定的方向扩展延伸。言论自由的承认和保护,以其他权利和自由的保护压缩为代价,也以权利王牌对抗政府经济规制造成秩序式微为代价,第一修正案的状态和发展就更具不确定性。言论自由的成本不可避免。"这是代价,第一修正案要求美国社会付出的代价"。[①]

三、第一修正案主义:当下和未来

基于以上研究,若是必须用一个词来概括言论自由原理及其在宪法领域乃至整个社会范围内的地位和作用,"第一修正案主义"无疑是合适的。

通常当人们说某某主义的时候,是说某种思想或理论的体系化、成熟化和影响力,已经达到了一定的程度,足以被冠之"主义"的名号。在美国宪法领域,如果说有哪一种司法原理可以被称作"主义",或者说有哪一个条款可以成为权利条款的引领者,还有哪一个宪法条款的功能远超过宪法本身,以至于可以被冠以主义之名,那么非第一修正案莫属。言论自由问题并非只是司法问题,更不是单纯的宪法问题或法律问题,而是弥散在整个社会的问题,社会生活的方方面面都与言论自由脱不了干系,无论是有意还是无意,有利还是无利,抑或自觉或不自觉。实际上这是美国的特殊问题,就是用第一修正案代表美国宪法——美国宪政是第一修正案宪政,也未尝不可。更进一步看,第一修正案不仅是美国宪法的代表,也是整个美国的代表。在霍姆斯看来,"法律蕴涵着一个国家数个世纪发展的故事",[②]这个判断用在第一修正案法上是最恰当不过的。言论自由作

---

① Robert A. Sedler, *The Law of the First Amendment Revisited*, 58 WAYNE L. REV. 1003 (2013).

② [美]小奥利弗·温德尔·霍姆斯:《普通法》,冉昊、姚中秋译,中国政法大学出版社2006年版,第1页。

为"美国故事"和"美国宪法故事"，历史悠久、妇孺皆知、耳熟能详。第一修正案在很大程度上是一个蕴涵了国家追求的条款，一个司法判决的任何变化都会引发社会强烈关注的条款，也是宪法标志性条款。其不仅具有法律意义或是法律共同体的认知和研究的对象，而且获得广泛的社会认同，成为一种社会标识、想象或符号，抑或美国的偶像甚至美国的信仰。社会化的认同，又反过来强化了这种符号和信仰。第一修正案主义之名，毫不夸张。

在来源上，第一修正案主义一词，是对学界已经存在的"第一修正案帝国主义"或"第一修正案扩张主义"的借用和改造。[①] 与后者集中在对于司法过程第一修正案案例法的发展和扩展的研究不同，第一修正案主义旨在肯定司法过程第一修正案扩展的同时，承认和探讨第一修正案的司法外存在及其意义。第一修正案主义的要义，在于强调第一修正案作为衡量言论自由的最高准则及其在法律领域和超越法律领域的普适性、开放性、延展性。因此，第一修正案主义也可以称作是第一修正案普适主义。仅仅限于司法过程，不足以把握第一修正案言论自由的全貌。从第一修正案帝国主义到第一修正案普适主义，第一修正案成为宪法的标志和国家的标志。

在司法领域，第一修正案几乎无处不在，甚至无所不能。历史地看，第一修正案案例法就是在不断的扩张中推进、演化和成熟的，使得几乎所有的宪法权力问题、宪法权利问题，抑或法律责任问题等，都与第一修正案相干。这样的扩展性，使得它事实上成为美国宪法的黄金条款。第一修正案在司法过程的扩展，主要存在两个路径：一是扩张"言论"，二是扩张"自由"。前者如"象征性言论"和"商业性言论"，乃至将金钱看作言论以确立政治捐款的言论自由性质，代表了言论的方式和内容的扩展；后者如煽动的认定，从宽泛的"清楚与现

---

① See Kenneth S. Abraham & G. Edward White, *First Amendment Imperialism and the Constitutionalization of Tort Liability*, 98 Tex. L. Rev. 813 (2020).

存危险"到严格把控的"勃兰登堡检验规则"，标志着自由的程度的提升。实质地看，这是权力对权利的让步——政府对于人民的让步，在公权力层面，是对抗和平衡的调整和缓和，也是权利对权利的让步——从名誉权到财产权，表现为言论自由的"攻城略地"。如果权利对权利的让步，可以看作是一种权利上的代价或者成本，那么，言论自由的成本主要集中在政府这一方：名誉权的让步主要是政府官员的名誉权让步——比如"纽约时报案"；财产权的让步主要是政府所有的财产权的让步——比如公共论坛。在推特时代，法院面对的第一修正案问题更具复杂性。比如，如何确定"发言者"？聊天机器人是不是发言者，其言论是否受到保护？当社交媒体平台出现各种以数字合成、拼接而成的视频或影像等数字化作品，这些作品是否也应该作为"言论"来对待？如果可以作为发言者或言论来对待，那么，是否意味着技术成果本身也被吸纳到了言论自由之中？当面对新的问题和挑战之时，第一修正案司法演进的步伐不会停止。

如上所述，第一修正案不断扩展到之前没有涉及的宪法和法律领域，堪为"言论自由宪政主义"，似乎宪政主义的整个面貌都可由言论自由来描述。从另外一个角度看，言论自由足以反映宪政主义的全貌，套用窥一斑而知全豹这个成语，我们可以说，观察言论自由就知道美国宪政状态了。第一修正案过于宽泛的范围，以及扩展的趋势，引发思考。尤其是，对于侵权法而言，在多大程度上可以"言论自由"为名进行抗辩？侵权责任的宪法化的限度在哪里？需要谨慎对待。[①] 这或许可以归结为言论自由宪政主义的边界。第一修正案主义所体现的言论自由的重要性，似乎使得言论自由成了无处不在的"支撑"。第一修正案主义的形式意义或规范意义，在于几乎任何争诉都可以与言论自由相联系，第一修正案适用的广泛性，表达——言论——多样性、复杂性、扩展性，无处不在。以堕胎问题为例，它与第

① See Kenneth S. Abraham & G. Edward White, *First Amendment Imperialism and the Constitutionalization of Tort Liability*, 98 Tex. L. Rev. 813 (2020).

一修正案有什么关系吗？有关系。比如,在 2021 年"德州堕胎禁令案"诉状中,①原告方(Whole Woman's Health 等)挑战德克萨斯州议会通过的堕胎禁令[Texas Senate Bill 8, 87th Leg., Reg. Sess. (Tex. 2021),简称 S. B. 8]的合宪性,诉称这一禁令侵犯了原告多项宪法权利,其中包括受第一修正案保护的表达自由。原告认为,S. B. 8 宽泛地禁止"帮助或鼓动"(aids or abets)堕胎行为,只要有参与此类活动的意图——即使没有采取相应行动,也被禁止,加重了原告的言论和表达行为以及向法院申诉的负担。因为 S. B. 8 如此规定并没有充分理由和正当性支持,因此它通不过第一修正案争议适用的严格审查。②

如果说就分裂程度的重要性或严重性来看,美国宪法案件只分为两大类:堕胎案件、非堕胎案件,那么,就争诉的相关性或牵涉性而言,就只分为两大类:第一修正案案件、非第一修正案案件。前者,显示了权利的影响及其不同反映——社会公众的分裂;后者,反映了权利的渗透性或无处不在——几乎涵盖所有争诉。言论自由的范围如此之广,以至于在很多时候,就一项争诉提出第一修正案诉讼基本不会犯错。当然,原告必须论证争诉与第一修正案的关系,但这种关系是如此显而易见,或无处不在,或牵强附会,总能扯上关联。所以,夸张一点说,第一修正案时时在、处处在。从整体上看,言论自由案件,在联邦最高法院每一个开庭期都有,这很能说明问题。如果一个开庭期没有言论自由案件,是不可想象的。未来,言论自由案件将会以相当频繁的频率出现,③目前看不出任何改变的可能性。据观察,21世纪之后,联邦最高法院言论自由案件的审判实践表明,联邦最高法院没有表现出任何背离其对第一修正案扩张性解释以保护言论和结

---

① Complaint, Whole Woman's Health v. Jackson, No. 21 - cv5616 (W. D. Tex. July 13, 2021).

② *Ibid*.

③ See Robert A. Sedler, *The Settled Nature of American Constitutional Law*, 48 Wayne L. Rev. 173 (2002).

社自由的倾向。① 理论界有不少呼吁减少扩展之声,但是联邦最高法院至今没有停止扩展的步伐。

第一修正案勾连了宪法权力,表现为因言论自由而发生的司法与立法、司法与执法之间的对话。在言论自由问题上,法院与国会的对话,反映了对于非主流的声音或观点的态度——因为立法过程体现的民意是民主规则下的多数人的看法。只有在法院,不同意见、少数人观点,甚至不受欢迎的"坏的有害的"言论,才可能得以受到第一修正案的保护。

第一修正案规则体系大约是从 20 世纪上半叶发展起来的,规则创立或演进起点的 20 世纪 20 年代前后,恰恰是政府(立法政府和执法政府)压制异议的时期。比如,思想市场理论这一第一修正案基本理论的诞生,就是在 1919 年"抵制征兵第四案"。② 其时,出于应对政治、军事等方面的各种挑战的需要,政府对于不同声音的容忍程度降低,加之对各种异议言论的没有充分理据的害怕和担忧,使得压制成为立法常态,无论是在联邦层面(主要是国会),还是在各州层面。在这个时期的代表性案件中,法院决定没有能够直接肯定异议者的言论自由,这应了霍姆斯大法官的判断,越是需要保护的时候越得不到保护,在政府压制异议和不受欢迎的思想表达背景下,言论自由变得非常脆弱。即便如此,与法院多数意见不同的少数意见的发表,比如霍姆斯大法官的最著名反对意见——思想市场理论——的发表,实质上给言论自由做了最有力的辩护,无异于留下了保护言论自由的火种,使得后来的言论自由司法保护有可能成为燎原之势,言论自由规则体系也才可能日趋渐丰。在这个意义上,法院,司法过程,成了言论自由的孤岛——最后对抗压制、保护言论自由的地方。不夸张地说,法院是自由的最后避难所,特别是言论自由。

---

① See Robert A. Sedler, *The Settled Nature of American Constitutional Law*, 48 Wayne L. Rev. 173 (2002).

② Abrams v. United States, 250 U.S. 616 (1919).

　　相较于其他的宪法权利，或者正当程序和平等保护两项宪法保护原则所涉及的领域，第一修正案的言论自由是一个在不同宪法机构之间产生较小分歧的权利。在宪法认知上，无论是总统、国会还是联邦最高法院，都对言论自由本身坚信不疑，尽管对于什么是言论自由存在不同的理解，总统的理解，与国会议员、联邦最高法院法官的理解存在差异。就是在国会内部，共和党议员与民主党议员的看法也不尽相同。一个有点偏激的认知是，民主党人会认为言论自由是富人的、有钱人的自由；共和党人则会认为言论自由似乎是左的、是激进的。正如对于社交媒体平台的不同判断：共和党人指责平台对言论过度审查，民主党人则抱怨平台审查不足。第一修正案似乎是立法、执法、司法三种权力之间共识成分最多的宪法权利条款。

　　当然，相较于总统和国会，联邦最高法院在言论自由问题上更具宪法立场或宪法信仰，也是最为坚定的维护者。这也决定了司法过程对于第一修正案的重要性。布雷耶大法官曾指出，"在宪法层面，价值观（Values）相当于立法意图。面对疑难的宪法问题时，法官往往会像诠释其他法律一样，使用语言、历史、传统、先例、目的和后果等解释方法检视宪法条款……一旦涉及宪法对个人权利的保护，我认为，'价值观'一词更适合描述'宪法保护'深刻持久、价值多元的实质。联邦最高法院必须考虑，如何将那些恒久未变的价值观，适用于当下现实，毕竟与两百年前相比，世界已发生了翻天覆地的变化……同样，第一修正案包含的表达自由价值观告诉我们，这条修正案坚决维护互联网上的政治言论，但不会保护网络诈骗行为。"[1]跟立法和执法不同，司法应对变化的挑战可能是更加直接的——个案裁判总是关乎具体个人的自由和权利，因而也被给予或寄予了更大的期待。

　　与言论自由的重要性相关联，第一修正案这一宪法条款渗透到了政治生活的方方面面。这意味着，任何相关立法或者执法、司法行为，

---

① ［美］斯蒂芬·布雷耶：《法官能为民主做什么》，何帆译，法律出版社 2012 年版，第210—211 页。

都有可能面临是否违反第一修正案的问题,有可能面对宪法检验。以选举领域为例,除了竞选资金的限制是否符合第一修正案的传统命题外,近年来,选举和投票规则方面的第一修正案问题也日渐突出。比如,公民"选票自拍"上传互联网或自媒体行为时有发生,州法对于这类行为的禁止,是基于对选举程序的严格性要求而作出的,但这又涉及行为者的第一修正案权利。如何在这两者之间寻求平衡,是一个实践和理论问题。[①] 在民选公共机构内部,成员及其机构之间的关系也可能产生第一修正案问题。在 2022 年 3 月 24 日裁判的一个案件中,[②]联邦最高法院回应了这个问题。该案起因于一个民选机构对其成员的口头谴责决定,被谴责者即该成员向法院提起诉讼,诉称这一谴责违反了第一修正案,侵犯了其言论自由。法院判决,被谴责成员针对民选机构纯粹的口头谴责决定的第一修正案诉求不能成立,这一口头谴责不符合实质性不利行为的条件,没有阻止该成员行使自己的言论权利。法院决定最后指出:"辩论和针锋相对的争论,而不是诉讼,是解决这类争议的可用手段。"[③]这意味着,不是所有涉及言论的问题,都必须或应该通过提起第一修正案诉讼的途径解决。承认这一点,并不意味着言论自由对于民主政治或民选机构运作是不重要的,而是澄清在言论自由与民主政治之间的关系上,第一修正案作用的空间或局限。

更进一步看,当言论自由成为民主政治的前提和条件,言论自由的任何改变,都会引发民主政治的动荡甚至危机,言论自由的危机,也是民主政治的危机,甚至是整个宪法文化的危机。尤其是,当一个国家的总统,最高民选官员,不采用好好说话的方式表达自己的见解和立场,言论自由那层温文尔雅的面纱,不再成为说者与听者之间天然的间隔和屏障——说者与听者的相互尊重或最基本的尊重和礼

[①] See Eric Doster, *So-Called 'Ballot Selfies': Who Should Draw the Line between the First Amendment and the First Amendment in Michigan Elections?*, 65 WAYNE L. REV. 559 (2020).

[②] Houston Community College System v. Wilson, 595 U. S. ___ (2022).

[③] *Ibid.*

貌，言论自由的状态与政治斗争或社会冲突的赤膊上阵、拳脚相加甚至刀剑相接就不远了。在这个意义上，可能真的需要回到"初心"——回到言论自由出发时的样子。跟民主政治需要共和的美德一样——共和的美德，可以理解为共和宪政运作的道德前提或基础，主要表现为政治过程的容忍、妥协、合作，以共存为最低要求，言论自由也需要彬彬有礼。或者可以说，有什么样的言论自由，就有什么的民主选举。这可能不是法院能够解决的问题，尽管法院不可或缺。成文宪法的性质居于政治的和法律的之间，即兼具政治属性和法律属性，第一修正案即是最为典型和最为明显的两种属性交叉混合之地，这也决定了第一修正案在民主政治过程的重要意义。

第一修正案的效应远远超过第一修正案作为宪法条款的法律意义本身。[①] 甚至"公共辩论失真、扭曲的危险，产生于社会要素，而不是法律的或技术的要素"。[②] 换言之，真正的危险不在于法律或技术而在于社会，公共辩论失真恰恰是放大的人性弱点甚至是人性丑恶的必然结果。可以说，对于言论自由的假定，是基于一定层次的"人性善"的预设，即在自立、自主、自治之下的理性、包容、友善。无论如何，从第一修正案的历史看，司法对于言论保护的程度在很大程度上与社会的宽容程度相关，至少可以说，二者之间相互影响。社会宽容度，对言论自由（非其他宪法权利）的影响最大。这是不能回避的事实。承认这一点是重要的，这会让我们对言论自由的研究不局限于狭隘的立场和视域。因此，重新审视司法过程不无意义。尤其是：是第一修正案要求这样的人性（善），还是人性被第一修正案塑造？又或者是相互的塑造？第一修正案对于人民自由的保护，在多大程度上训练了或培训了人民行使自由的能力？还是，第一修正案在多大程度上使得利用自由摧毁自由的概率提升？这是否是出现在司法尽

---

① See David L. Hudson Jr. , *Pearson v. Callahan and Qualified Immunity：Impact on First Amendment Law*, 10 First AMEND. L. REV. 125 (2011).

② Owen M. Fiss, Essay, *Free Speech and Social Structure*, 71 IOWA L. REV. 1405 (1986).

头的危险？当然，我们也必须承认和面对司法的局限，司法审查的局限。因为不是所有宪法问题都由法院来处理和解决，法院解决不了所有的宪法问题，包括言论自由问题。

不管怎样，对于现有范式的反思都是必要的。迄今为止，第一修正案主义已经呈现给世人这样的画面：言论自由条款，是一个"向前看"的条款，一路飞速向前，所向披靡，范围和领域不断扩展，似乎已成定势，在技术迅速革新的时代尤其如此。当今这个时代又进入一个快速发展的时期，远远超过历史上的任何时期，数字技术就是这种变革的引擎，又是最先触及法律的事物——法律直接面对的就是技术，是技术诱发的或导致的事件或是事实。大有技术扩展至何处，第一修正案扩展至何处的意思。当然，宪法规则，法律规则也是一样，扩展的速度总是慢于技术，正如社会的发展的速度总是快于法律发展的速度。司法的优势在于，当立法的缓慢过程——议决的妥协协商争论让步等立法过程的议而难决或议而不决的情况下，司法的应对，基于个案应对的优势得以显现出来。反思，意味着需要或必须"向后看"，比如，看看思路的连贯、逻辑的自恰、价值的坚持，以及有没有偏离了第一修正案的初衷。

不可忽视的是，当第一修正案司法规则体系高度发达之后，技术化和专门化既是优点也是缺点，突出的缺点是，实施或适用的机械性、工具性色彩鲜明，似乎看不到或者淡化了价值。然而，言论自由的价值恰恰是最需要经常被反思的问题，当技术或者手段过于精细，在多大程度上远离了目的或目标本身？技术化和专门化的缺点，是机械性、工具性，价值不再显现。言论自由成了武器，攻陷各种政府的规制，当以第一修正案作为理由，结果几乎是无坚不摧。这是不正常的：自由的天平过度倾斜到自由一方，秩序本身——政府在经济等方面的规制，就可能陷入被动甚至是瘫痪，危及整个经济秩序甚至社会秩序。所以，回到老问题上来，即，什么样的秩序才是对于自由最有效的保障以及什么样的自由才能不损及秩序？这样的平衡如何把握，始终是一个难题。有学者指出，"宪法是对人们广泛承认的基本价值的捍卫——我认为,这一观念仍然是对现代宪法的最好阐说。它说明,当法官根据自己的惯常职责解释基本法时,他们所做的就是确定宪法到底是什么。除此之外,这个观念无法对具体案件提供更多的指导。它只是建议,司法对基本价值的捍卫需要与某种形式的约束结合起来。"①法官的衡量和平衡十分重要。问题是,联邦最高法院能够在持续扩展的道路上一路狂奔之后刹住车吗? 比如,关于侵权法和言论自由的内在冲突问题,采用更加灵活的方法或路径,能合理确定言论侵权法律的宪法边界吗?② 第一修正案主义在侵权法领域的表现,以决定"名誉权为言论自由让步"的"纽约时报案"最为突出,那么,第一修正案的"侵入"还会使得侵权法作出怎样的后退和妥协? 这可能取决于联邦最高法院在扩展之路上还能够或还愿意走多远。

霍姆斯认为,"法律的生命不是逻辑,而是经验。"③霍姆斯的司法哲学影响深远,尤其在第一修正案领域,经验和实践的思维方式一直占据主流地位,影响着法官在言论自由问题上的判断思路。这种思维是问题面向和实践面向的,不为刻板的规范过多地束缚,着力于应对和解决眼前的问题。这是其优势所在,值得肯定。可能的缺陷在于,运用不当,会成为言论自由一路扩展的司法理念基础,最严重或极致状态,是导致言论自由的泛化——在应该规制的场合也会因言论被限制而否定规制。

这样的情形,恰恰走向了霍姆斯大法官在洛克勒案中的反对意见立场的对立面。在该案中,法院多数意见采纳以正当程序对抗州政府关于工时规制的立场,霍姆斯大法官反对这样的对抗,认为多数

---

① 〔美〕西尔维亚·斯诺维斯:《司法审查与宪法》,谌洪果译,北京大学出版社 2005 年版,第 200 页。

② See David S. Han, *Managing Constitutional Boundaries in Speech-Tort Jurisprudence*, 69 DePaul L. Rev. 495 (2020).

③ 〔美〕小奥利弗·温德尔·霍姆斯:《普通法》,冉昊、姚中秋译,中国政法大学出版社 2006 年版,第 1 页。

意见对于宪法的解读是有问题的，"第十四修正案没有规定社会静力学"，①意即宪法并不绝对否定在一定条件下政府对于自由的限制。换言之，自由并非绝对，民主过程的立法对于自由的规制，在能够证明其合法性、正当性的情况下，不应被以违反宪法为由而否定。问题在于，今天的言论自由案件裁判，恰恰是洛克勒案决定的翻版——以言论自由对抗政府规制，使得任何与言论相关的政府规制立法都会面临宪法挑战，挑战的结果往往以被司法判断为违反第一修正案而告终。历史总是吊诡又无情。

霍姆斯的思想是向前的，是面对现实的，也是不拘泥的，甚至不为自己所提出过的思想和立场所拘泥，这是其现实主义或经验主义法学之重点。今天的法院似乎没有注意他的司法哲学的这一要旨。巴尔金教授指出，我们今天所面对的，就像是第一个镀金时代所面对的，尽管有些混乱，但终究迎来了辉煌。今天，第二个镀金时代已经到来，我们也会经历困苦，但也会迎来新的辉煌。② 那么，对于法律而言，对于宪法而言，特别是对于第一修正案而言，霍姆斯式的法官，又会是谁、又在何时出现呢？

展望第一修正案主义的发展，可以说未来有无数种可能。如上所述，值得注意的是，第一修正案主义发展和演进过程中的价值偏离和工具异化。前者是说，言论自由的价值，其核心点应该被坚持，而不是被淡化甚至忽略；后者是说，防止言论自由的工具定位的夸大或走向极致，陷入到第一修正案主义的工具理性的极端状态，产生功能上的异化——最极端的表现是，以言论自由之名对抗言论自由，反对言论自由。这种担心固然不乏道理，但并不需要过分强调，因为司法实践的发展具有自己的规律，未来虽不可测，但基本盘仍然在，方向上就不会产生大的偏差。这种审慎的乐观，在很大程度上是对司法

---

① Lochner v. New York, 198 U. S. 45 (1905).

② See Jack M. Balkin, *The First Amendment in the Second Gilded Age*, 66 BUFF. L. REV. 979 (2018).

的信任。在法治国家或者法治状态下,人们有理由对法院和法官抱有基本的信任。尽管法院解决不了所有的言论自由问题,特别是总统的言论自由问题,但是,必须承认,法院是解决言论自由问题的唯一法律机构。况且,第一修正案主义本身就是司法的产物。

面向未来,我们可能很难准确地预知下一个来到法院的言论自由案件是什么,其事实问题和法律问题的特点又是如何。但是,这不妨碍法官的就事论事,立足当下,面对现实,定分止争。"宪法是一盒巧克力,你永远不知道下一个是什么味道。"[①]这句话用在第一修正案的发展上,也是恰当的。不知或未知是司法的特点,因为不能预设争诉和假定争诉进行判断,但是,司法过程的救济性质——权利救济是司法的本质和性质也是其核心功能,决定了司法延展或者演进的可能性和必然性。未知,也代表了数字技术发展挑战下司法的实践面向和试验应对。无论如何,这就是宪法的命运,也是第一修正案的命运。即便如此,现在对于未来的意义,仍然是不可忽视的。这也是本书的研究价值之一。

---

① J. M. Balkin, *The Constitution as a Box of Chocolates*, 12 Const. COMMENT. 147 (1995).

参考文献

1. Kenneth S. Abraham & G. Edward White, *First Amendment Imperialism and the Constitutionalization of Tort Liability*, 98 Tex. L. Rev. 813 (2020).

2. Thomas E. Baker, *Constitutional Analysis in a Nutshell (Third Edition)*, West Publishing Co. , 2019.

3. J. M. Balkin, *The Constitution as a Box of Chocolates*, 12 Const. COMMENT. 147 (1995).

4. Jack M. Balkin, *Free Speech and Press in the Digital Age: The Future of Free Expression in a Digital Age*, 36 PEPP. L. REV. 427 (2009).

5. Jack M. Balkin, *The First Amendment Is an Information Policy*, 41 Hofstra L. REV. 1 (2012).

6. Jack M. Balkin, *Information Fiduciaries and the First Amendment*, 49 U. C. D. L. REV. 1183 (2016).

7. Jack M. Balkin, *The First Amendment in the Second Gilded Age*, 66 BUFF. L. REV. 979 (2018).

8. Jack M. Balkin, *Free Speech Is a Triangle*, 118 COLUM. L. REV. 2011 (2018).

9. Jack M. Balkin, *Why Liberals and Conservatives Flipped on Judicial Restraint: Judicial Review in the Cycles of*

Constitutional Time, 98 TEX. L. REV. 215 (2019).

10. Jerome A. Barron, *Internet Access, Hate Speech and the First Amendment*, 18 First AMEND. L. REV. 1 (2020).

11. Reese D. Bastian, *Content Moderation Issues Online: Section 230 Is Not to Blame*, 8 TEX. A&M J. PROP. L. 43 (2022).

12. Lawrence Baum, *Ideology in the Supreme Court*, Princeton University Press, 2017.

13. Stephen Behnke & Corey Artim, *Stop the Presses: Donald Trump's Attack on the Media*, 44 U. DAYTON L. REV. 443 (2019).

14. Elise Berry, *Suppression of Free Tweets: How Packingham Impacts the New Era of Government Social Media and the First Amendment*, 9 CONLAWNOW 297 (2017 – 2018).

15. Joey Best, *Signposts Turn to Twitter Posts: Modernizing the Public Forum Doctrine and Preserving Free Speech in the Era of New Media*, 53 TEX. TECH L. REV. 273 (2021).

16. Matthew Bodi, *The First Amendment Implications of Regulating Political Deepfakes*, 47 Rutgers COMPUTER & TECH. L. J. 143 (2021).

17. Lee C. Bollinger, *The First Amendment's Original Sin*, 72 U. CHI. L. REV. 417 (2005).

18. Bradford H. Buck, *Online Defamation Recourse*, 41 NE. J. LEGAL Stud. 1 (2021).

19. Joseph L. Call, *The Constitution v. the Supreme Court*, 11 BAYLOR L. REV. 383 (1959).

20. Clay Calvert, Stephanie McNeff, Austin Vining & Sebastian Zarate, *Fake News and the First Amendment: Reconciling a Disconnect between Theory and Doctrine*, 86 U. CIN. L.

REV. 99 (2018).

21. Clay Calvert, *The First Amendment and Speech Urging Suicide: Lessons from the Case of Michelle Carter and the Need to Expand Brandenburg's Application*, 94 TUL. L. REV. 79 (2019).

22. Michael A. Cheah, *Section 230 and the Twitter Presidency*, 115 NW. U. L. REV. ONLINE 192 (2020–2021).

23. Erwin Chemerinsky, *Constitutional Law* (Second Edition), Aspen Publishers, 2005.

24. Tom S. Clark, *The Supreme Court: An Analytic History of Constitutional Decision Making*, Cambridge University Press, 2019.

25. Terri R. Day & Danielle Weatherby, *Shackled Speech: How President Trump's Treatment of the Press and the Citizen-Critic Undermines the Central Meaning of the First Amendment*, 23 Lewis & CLARK L. REV. 311 (2019).

26. Eric Doster, *So-Called 'Ballot Selfies': Who Should Draw the Line between the First Amendment and the First Amendment in Michigan Elections?*, 65 WAYNE L. REV. 559 (2020).

27. Alison Eleey, *Internet Regulation-Second Circuit Follows Majority of Courts in Broad Application of Communications Decency Act Immunity-Force v. Facebook, Inc.*, 934 F. 3d 53 (2d Cir. 2019), 26 Suffolk J. TRIAL & APP. ADVOC. 169 (2020).

28. Thomas I. Emerson, *Toward a General Theory of the First Amendment*, 72 YALE L. J. 877 (1963).

29. Brittany Finnegan, *The Cost of Free Speech: Combating Fake News or Upholding the First Amendment?*, 75 U. MIAMI

L. REV. 572 (2021).

30. Francis Fukuyama, Barak Richman & Ashish Goel, *How to Save Democracy from Technology: Ending Big Tech's Information Monopoly*, 100 FOREIGN AFF. 98 (2021).

31. Bryan A. Garner, *Black's Law Dictionary* (Third Pocket Edition), Thomson/West Co. , 2006.

32. Erica Goldberg, *Common Law Baselines and Current Free Speech Doctrine*, 66 VILL. L. REV. 311 (2021).

33. Eric Goldman, *The Ten Most Important Section 230 Rulings*, 20 TUL. J. TECH. & INTELL. PROP. 1 (2017).

34. Eric Goldman, *The Complicated Story of Fosta and Section 230*, 17 First AMEND. L. REV. 279 (2018).

35. Eric Goldman, *Why Section 230 Is Better than the First Amendment*, 95 NOTRE DAME L. REV. ONLINE 33 (2019).

36. Eric Goldman, *Tech Policy in President Biden's First 100 Days*, 2021 U. ILL. L. REV. ONLINE 176 (2021).

37. Jack Goldsmith, *The Terror Presidency: Law and Judgment inside the Bush Administration*, W. W. Norton & Company, 2007.

38. Anka Elisabeth Jayne Goodman, *When You Give a Terrorist a Twitter: Holding Social Media Companies Liable for Their Support of Terrorism*, 46 PEPP. L. REV. 147 (2018).

39. Joel M. Gora, *Free Speech Still Matters*, 87 BROOK. L. REV. 195 (2021).

40. Jamal Greene, *The Supreme Court*, 2017 *Term-Foreword: Rights as Trumps?*, 132 HARV. L. REV. 28 (2018).

41. Daniel J. H. Greenwood, *First Amendment Imperialism*, 1999 UTAH L. REV. 659 (1999).

42. Liz Grefrath, #*LosingTheThread*: *Recognizing Assembly Rights in the New Public Forum*, 85 BROOK. L. REV. 217 (2019).

43. Matthew E. K. Hall, *What Justices Want*: *Goals and Personality on the U. S. Supremw Court*, Cambridge University Press, 2018.

44. Alyson R. Hamby, *You Are Not Cordially Invited*: *How Universities Maintain First Amendment Rights and Safety in the Midst of Controversial On-Campus Speakers*, 104 CORNELL L. REV. 287 (2018).

45. David S. Han, *Managing Constitutional Boundaries in Speech-Tort Jurisprudence*, 69 DePaul L. Rev. 495 (2020).

46. Oliver Wendell Holmes, *The Path of the Law*, 110 Harv. L. Rev. 991 (1997).

47. Jeremy Horder, *Online Free Speech and the Suppression of False Political Claims*, 8 J. INT'l & COMP. L. 15 (2021).

48. Allan Ides, Christopher N. May, *Constitutional Law*: *Individual Rights*, Aspen Publishers, 2010.

49. Elizabeth M. Jaffe, *Caution Social Media Cyberbullies*: *Identifying New Harms and Liabilities*, 66 WAYNE L. REV. 381 (2021).

50. Shontavia Jackson Johnson, *Donald Trump*, *Disruptive Technologies*, *and Twitter's Role in the 2016 American Presidential Election*, 27 WIDENER COMMW. L. REV. 39 (2018).

51. Tiffany A. Jones, *Tort Law-Defamation*, *Opinion*, *and Social Media*: *Distinguishing Hyperbole and Constitutionally Protected Opinions from Actionable Defamation*, 41 AM. J. TRIAL ADVOC. 441 (2017).

52. R. Randall Kelso, *The Structure of Modern Free Speech Doctrine: Strict Scrutiny, Intermediate Review, and Reasonableness Balancing*, 8 ELON L. REV. 291 (2016).

53. Ronald J. Krotoszynski, Jr., Steven G. Gey, Lyrissa C. Barnett Lidsky, Christina E. Wells, *The First Amendment: Cases and Theory*, Aspen Publishers, 2008.

54. Allison Orr Larsen, *Constitutional Law in an Age of Alternative Facts*, 93 N. Y. U. L. REV. 175 (2018).

55. Frank D. Lomonte & Linda Riedemann Norbut, *Failing New York Times v. Trump: Is There a First Amendment Claim for Official Condemnation by Tweet*, 33 COMM. LAW. 1 (2018).

56. Toni M. Massaro, Helen Norton & Margot E. Kaminski, *SIRI-OUSLY 2. 0: What Artificial Intelligence Reveals about the First Amendment*, 101 MINN. L. REV. 2481 (2017).

57. Alexander Meiklejohn, *The First Amendment is an Absolute*, 1961 Sup. CT. REV. 245 (1961).

58. John E. Nowak, Ronald D. Rotunda, *Principles of Constitutional Law* (Third Edition), Thomson/West Co., 2007.

59. John E. Nowak, Ronald D. Rotunda, *Constitutional Law* (Eight Edition), Thomson Reuters Co., 2010.

60. Robert C. Post, *Constitutional Domains: Democracy, Community, Management*, Harvard University Press, 1995.

61. Robert Post & Amanda Shanor, *Adam Smith's First Amendment*, 128 HARV. L. REV. F. 165 (2014 – 2015).

62. Monroe E. Price, *Free Expression, Globalism and the New Strategic Communication*, Cambridge University Press, 2015.

63. Neil Richards, *Free Speech and the Twitter Presidency*, 2017 U. ILL. L. REV. ONLINE [1] (2017).

64. Ruthann Robson, *The Sexual Misconduct of Donald J.*

Trump: *Toward a Misogyny Report*, 27 MICH. J. GENDER & L. 81 (2020).

65. Barrie Sander, *Freedom of Expression in the Age of Online Platforms*: *The Promise and Pitfalls of a Human Rights-Based Approach to Content Moderation*, 43 FORDHAM INT'l L. J. 939 (2020).

66. Robert A. Sedler, *The First Amendment in Litigation*: *The Law of the First Amendment*, 48 Wash. & LEE L. REV. 457 (1991).

67. Robert A. Sedler, *The Settled Nature of American Constitutional Law*, 48 Wayne L. Rev. 173 (2002).

68. Robert A. Sedler, *The Law of the First Amendment Revisited*, 58 WAYNE L. REV. 1003 (2013).

69. Sarah S. Seo, *Failed Analogies*: *Justice Thomas's Concurrence in Biden v. Knight First Amendment Institute*, 32 FORDHAM INTELL. PROP. MEDIA & ENT. L. J. 1070 (2022).

70. Bryan C. Siddique, *Tweets that Break the Law*: *How the President's RealDonaldTrump Twitter Account is a Public Forum and His Use of Twitter Violates the First Amendment and the President Records Act*, 42 NOVA L. REV. 317 (2018).

71. Patricia Spiccia, *The Best Things in Life Are Not Free*: *Why Immunity under Section 230 of the Communications Decency Act Should Be Earned and Not Freely Given*, 48 VAL. U. L. REV. 369 (2013).

72. David A. Strauss, *Does the Constitution Mean What It Says*, 129 HARV. L. REV. 1 (2015).

73. S. I. Strong, *Alternative Facts and the Post-Truth Society*: *Meeting the Challenge*, 165 U. PA. L. REV. ONLINE 137

（2016 - 2017）.

74. Nadine Strossen, *Hate: Why We Should Resist It with Free Speech, Not Censorship*, Oxford University Press, 2018.

75. Sara Swartzwelder, *Taking Orders from Tweets: Redefining the First Amendment Boundaries of Executive Speech in the Age of Social Media*, 16 First AMEND. L. REV. 538 (2018).

76. Olivier Sylvain, *Platform Realism, Informational Inequality, and Section 230 Reform*, 131 YALE L. J. F. 475 (2021).

77. Mark Tushnet, *An Essay on Rights*, 62 TEX. L. REV. 1363 (1984).

78. Mark Tushnet, *Internet Exceptionalism: An Overview from General Constitutional Law*, 56 WM. & MARY L. REV. 1637 (2015).

79. Mark Tushnet, *Introduction: Reflections on the First Amendment and the Information Economy*, 127 HARV. L. REV. 2234 (2014).

80. Andrew Tutt, *The New Speech*, 41 Hastings Const. L. Q. 235 (2014).

81. Russell L. Weaver, *Social Media, Section 230, and Free Expression*, 73 MERCER L. REV. 615 (2022).

82. Ellen L. Weintraub & Thomas H. Moore, *Section 230*, 4 GEO. L. TECH. REV. 625 (2020).

83. Jason Wiener, *Social Media and the Message: Facebook Forums, and First Amendment Follies*, 55 WAKE Forest L. REV. 217 (2020).

84. Amanda Marie Williams, *You Want to Tweet About It but You Probably Can't: How Social Media Platforms Flagrantly*

Violate the First Amendment，45 Rutgers COMPUTER & TECH. L. J. 89 (2019).

85. Nathan W. Wilson, *Frog Eyes and Pig Butts：The North Carolina Stalking Statute's Constitutional Dilemma and How to Remedy It*，99 N. C. L. REV. 479 (2021).

86. Tim Wu，*Is the First Amendment Obsolete*，117 MICH. L. REV. 547 (2018).

87. [美]斯蒂芬·布雷耶:《法官能为民主做什么》,何帆译,法律出版社 2012 年版。

88. [英]约翰·格雷:《自由主义的两张面孔》,顾爱彬、李瑞华译,江苏人民出版社 2008 年版。

89. [美]汉密尔顿、杰伊、麦迪逊:《联邦党人文集》,程逢如、在汉、舒逊译,商务印书馆 1980 年版。

90. [美]小奥利弗·温德尔·霍姆斯:《普通法》,冉昊、姚中秋译,中国政法大学出版社 2006 年版。

91. [英]休谟:《人性论》(上册),关文运译,商务印书馆 1980 年版。

92. [美]托马斯·库恩:《科学革命的结构》,金吾伦、胡新和译,北京大学出版社 2003 年版。

93. [英]卡尔·波普尔:《科学发现的逻辑》,查汝强、邱仁宗、万木春译,中国美术学院出版社 2008 年版。

94. [美]罗伯特·C. 珀斯特:《论信息流通》,桂舒、赵娟译,《北大法律评论》2008 年第 9 卷第 1 辑。

95. [美]西尔维亚·斯诺维斯:《司法审查与宪法》,谌洪果译,北京大学出版社 2005 年版。

96. [美]约瑟夫·斯托里:《美国宪法评注》,毛国权译,上海三联书店 2006 年版。

97. [法]托克维尔:《论美国的民主》(上卷),董果良译,商务印书馆 1988 年版。

98. 张千帆:《美国联邦宪法》,法律出版社 2011 年版。

年轻的向往（跋）

这本书是新冠时代居家抗疫、自我解压的产物。

本书最初的酝酿，开始于 2020 年秋公选课"美国宪法第一修正案研究"的备课过程。我初次开设的这门"DIY 悦读研读课程"，得到了全校中高年级本科生的积极响应，肖玥瑶、俞陈远、单潇洒、韩子为、侯靖童、李璠、任子馨、王若然、王心蕙、周全、朱景薇、张铁伦、陈金森、陈心彦、代云秋、王彤、徐晓怡、尹东勇、庄园成功加入。这 19 名同学来自不同专业，个个出类拔萃。看着他们眼里的光彩、脸上的青春，我觉得自己也朝气满满。我知道，惟有保持思想的活力才能配得上如此年轻的模样。我在期末小结中写道："于我而言，这是一次愉快的教学经历。学生们的热情和投入，特别是对于未知的好奇，对于真理的渴求，激励着我，让我感受到教师的价值和光荣。谢谢这群优秀学子。"在这里，请允许我再次致谢这群优秀学子，并特别感谢课代表周全同学对课程的贡献。

感谢责任编辑郑秀艳博士。去年年初，得知我的写作出版意向后，郑博士欣然同意合作，并以极快的速度完成了相关的程序性事宜。惭愧的是，由于各种原因，我迟迟不能定稿，把原计划的出版时间向后推延了一年。每当我为进度迟缓而焦虑，郑博士总以最大的宽容和体谅，鼓励我保持从容的节奏和定力。没有她的信任和努力，本书难以顺利面世。感谢宿锦法官。宿法官以严谨求实的专业精神校读了初稿、二稿、三稿，不放过任何错漏和瑕疵。他对文字表述的准确程度的把握，让我获益匪浅，也使书稿得以逐渐完善。感谢王丽娟书记在百忙之中审阅书稿，并提出宝贵意见和建议。感谢胡晓红教授、肖泽晟教授、田雷教授雪中送炭，鼎力相助。感谢南京大学法学院图书馆、中美中心图书馆的工作人员，特别是曹明老师、咸鸿昌老师、陈诺妍老师、俞晓霞老师、张立老师、范宁媛老师、潘雯老师的帮助。也感谢其他所有支持我的师友——无论身处何地，都向我传递善念和关切。

感谢我的家人。我的父亲年逾耄耋，远在故乡，平素悉赖我的哥嫂殷勤照看，精心奉侍，我每每愧疚于自己对他老人家照顾得太少、太少。父亲非常理解我的事业追求，一直督促和勉励我不断进取，对我寄予厚望。父亲每天跟我微信视频通话，我们在轻松愉快的氛围中交流，大到国际形势，小到日常琐事，无论繁简，父亲皆娓娓道来，谈笑自若。"面对面"聆听父亲亲切的话语，感受父亲温和的目光，我的心中充满了作为人子的幸福和安宁，也感念上苍对我的仁慈。父亲以他的人生态度教导我，年轻，是一种生活方式，更是一种坚持的力量。我的先生也是我的知音，一路走来，甘苦与共。先生平时工作繁忙，严格自律，尽量不让我因为他而分心、担忧，这是一种"做减法"的支持。其实，担忧分心是生活应有之意，有了担忧才有了心安，生活本身远比著述重要。我的女儿一如既往地协助我。女儿的付出从来都是不遗余力，如今，英文优势突出的女婿也加入了协助者之列。巧合的是，我修改书稿的日子里，女儿开始经历孕育新生命的种种磨砺和考验。我不忍心让女儿为我的事劳累，她却说，查找和翻译资料，是帮她分散注意力，她乐在其中。在本书即将付梓之际，我的外孙出世。小家伙的诞生令全家欣喜不已，也给了本书最新鲜的注解。生命和思想的生生不息，正是人类文明最华彩的篇章。家人是我永远的动力和根基，我谨把这部迟到之作献给他们。

"春天是我们的，春潮滚滚而来，就是那寒冬也不曾夺去我们年轻的向往。"这是多年前一首歌的歌词，也是我此刻的心情。

赵娟

2022 年春于南京半山花园

图书在版编目(CIP)数据

推特总统：特朗普与第一修正案/赵娟著.—上海：上海三联
书店,2023.6
ISBN 978 - 7 - 5426 - 7957 - 4

Ⅰ.①推… Ⅱ.①赵… Ⅲ.①言论自由-研究-美国②宪法
-研究-美国 Ⅳ.①D771.209②D971.21

中国国家版本馆 CIP 数据核字(2023)第 059936 号

推特总统：特朗普与第一修正案

著　者 / 赵　娟

责任编辑 / 郑秀艳
装帧设计 / 一本好书
监　制 / 姚　军
责任校对 / 王凌霄

出版发行 / 上海三联书店
　　　　　(200030)中国上海市漕溪北路 331 号 A 座 6 楼
邮　箱 / sdxsanlian@sina.com
邮购电话 / 021 - 22895540
印　刷 / 上海惠敦印务科技有限公司

版　次 / 2023 年 6 月第 1 版
印　次 / 2023 年 6 月第 1 次印刷
开　本 / 640 mm×960 mm　1/16
字　数 / 260 千字
印　张 / 20.5
书　号 / ISBN 978 - 7 - 5426 - 7957 - 4/D・578
定　价 / 88.00 元

敬启读者,如发现本书有印装质量问题,请与印刷厂联系 021 - 63779028